ET가
인간을
보면?

ET가 인간을 보면?

이채훈 지음

다큐PD 이채훈의 빅 히스토리 인문산책

더난출판

창조적인 PD의 자유로운 성찰

얼마 전부터 나는 이채훈 PD에게 설득되어 (사)한국PD교육원에서 정기적으로 PD들을 만나고 있다. 거기서 그들에게 과학적 시각으로 인간과 세상을 이해한다는 것이 무엇인지를 알려주려고 힘껏 노력하고 있다. 예전부터 나는 잘 만든 방송 프로그램 하나가 베스트셀러 열 권보다 더 큰 영향력을 갖는다고 생각해왔다. 이런 맥락에서 PD들을 교육하는 일이 얼마나 중요하고 시급한가를 새삼 깨닫게 해준 분이 바로 이채훈 PD다.

미안한 이야기지만, 몇 년 전까지만 해도 나는 방송PD들을 별로 좋아하지 않았다. 느닷없이 전화를 해서는(작가들이 대신 하는 경우가 대부분이지만) 아이디어를 내놓으라고, 찾아오겠다고(오늘 당장 시간 있냐며) '갑질'을 해대던 그들이 싫었다. 인터뷰를 하겠다며 한두 시간을 빼앗고는 '고

맙다'는 말 한마디로 때우는 얌체 짓도 얄미웠다(대개 그들은 내가 물어봐야만 방영시간을 알려주었다). 심지어 다큐멘터리의 기본 뼈대를 만들어줬는데도, 자막에서 내 이름을 볼 수 없던 황당한 일도 겪었다. 만일 누군가가 PD들에 대해 "그들은 작가에 기생하며 전문가의 생각을 날로 먹으려 하는 못된 직업인"이라고 평했다면, 나는 기꺼이 고개를 끄덕였을 것이다.

하지만 최근 몇 년 사이에 편견은 깨졌다. KBS 〈다빈치 노트〉의 고정 패널을 하게 된 것이 결정적 계기였다. 내가 만난 PD들은 자기 프로그램을 살릴 목적으로 전문가를 소비하는 그런 이들이 아니었다. 전문가에게는 말할 것도 없고 힘없는 작가에게도 존중의 마음을 다하며 함께 일을 해나가는 꽤 괜찮은 이들이었다. 비록 여차저차하여 채 반년도 못 간 아쉬운 프로그램이 되긴 했지만, 그들과의 작업은 PD들에 대한 나의 편견을 부수기에 충분했다.

사실, PD들에 대한 내 생각을 점진적이지만 적극적으로 교정하게 된 계기는 그보다 먼저 있었다. 이태 전에 느닷없는 강연 요청이 날아왔다. 현직 PD들에게 글쓰기에 대한 강연을 해달라는 것이었는데, 조금은 무례해 보일 정도로 적극적인 요청이었다. 'PD들이 하는 게 뭐 다 이렇지'라며 편견을 강화하려던 찰나, 나는 그 이메일과 함께 들어온 첨부파일을 무심결에 열어보게 되었다. 그것은 강연 요청자가 쓴 칼럼 류의 글이었는데, PD의 글치고는(?) 꽤 괜찮아 보였다. 특정 주제에 대해 논점이 분명하면서도 관련된 책과 다큐가 자연스럽게 소개되어 있는 독특한 글이었다. 결국 나는 몇 번 더 그의 칼럼을 받아보았고 몇 번의 밀당을 더 한 후에 강연을 승낙했다. 그리고 그 인연으로 현재 PD교육원의 패컬티(전담교수진)에 합류했다.

이 책의 저자 이채훈 PD와의 만남은 그렇게 시작되었다. 그가 내 책의 열혈 독자라는 사실은 나중에 알게 되었지만, 내가 그와 일을 함께 할 수 있었던 것은 그의 칼럼에 격하게 공감했기 때문이라고 말하고 싶다. 그는 내게 "현대의 도덕과 윤리는 철학이 아니라 진화론과 우주론에서 나온다"고 말한 적이 있고, 내게 요청한 강연 제목도 '21세기 인문학'이었다. 사실(fact)로 축적된 자연과학의 성과를 바탕으로 새로운 인문학을 모색해야 한다는 그의 관점은 나의 생각과 그리 다르지 않았다.

이채훈 PD는 이 책에서 '인간'에 대해 상당히 자유분방한 성찰을 보여준다. 다큐 〈고기 랩소디〉에 대한 단상에서부터 베블런의 '유한계급론'까지, 다루는 주제의 폭이 넓다. 인류의 문명을 논하면서 《마지막 네안데르탈인 아오》라는 소설을 이야기할 정도로 경계가 없다. 그래서 이 책은 장르가 불분명하다. 시사칼럼인 듯하면서도 서평 같기도 하다가 다큐 비평으로 끝나기도 한다. 하긴, 그의 글은 우주에서 단 하나뿐인 그만의 사색의 여정을 담고 있으니 기존 학문의 장르와는 애초에 관계가 없는 것일지도 모른다.

그는 진화론과 우주론, 문명사와 행동심리학, 그리고 자신의 전공 분야인 철학을 자유롭게 넘나들며 '인간'을 고찰한다. 빅뱅 이론을 얘기하다가 부처의 우주론을 얘기하는가 하면, 니체와 키르케고르를 애정 어린 시각으로 검토하다가 이슬람 현자 나스레딘 호자의 유머를 소개하기도 한다. 그가 이 수많은 분야의 전문가일 리는 없다. 아니, 그에게는 학문의 경계에 대한 관심 자체가 없는 것 같다. 오히려, 비전공자이기 때문에 자유롭게 상상하고, 질문하고, 판단할 수 있는 특권을 즐기고 있는 건지도 모른다. 그의 성찰의 중심에는 일관되게 '인간'에 대한 고뇌가 담겨 있다. 인간의 고통과 부조리, 기쁨과 희망을 캐묻고 그 결과를 누구나 흥미롭게 읽고 공감할 수 있도록 차근차근 풀어낼 뿐이다. 이 성찰의 여정에서 그는 우주와 생명에 대한 경이를 느끼고, 인간과 문명의 어두운 측면에 대해 고뇌하는 열정적인 PD의 모습을 드러낸다.

이 책에는 인문과 자연이 절묘하게 공존하고 있어서 누구나 접근이 용이하다. 일반인뿐만 아니라 방송계에 종사하는 분들에게 생각거리를 듬뿍 제공하고 있다. 특히 방송 시청이 어떻게 타임 킬링이 아니라 적극적 사유로 이어질 수 있는지를 맛보고 싶은 분들에게 좋은 길잡이가 될 것이다. 30년 가까이 대중과 소통해온 PD답게 그의 글은 쉽고, 깔끔하고, 흥미진진하다. 자기 머리로 생각하는 창조적인 PD만이 쓸 수 있는 글이다. 그는 이 책의 목적이 인간에 대한 지식 전달이 아니라 읽는 이가 스스로 성찰하도록 옆에서 자극을 주고 응원해드리는 것이라고 내게 말한 바 있다. 이채훈 PD가 정성스레 쓴 이 책은, 스스로 행복을 찾아 지성의 모험을 떠나려는 이라면 가까이 두고 오래도록 음미하며 읽을 가치가 있다고 생각한다.

장대익(서울대학교 자유전공학부 교수)

"머무는 곳 어디서든 주인이 되자, 서 있는 곳 어디에든 진리가 있다"

오늘도 햇살 찬란하고, 나는 살아 있다. 나는 누구일까? 어디서 와서 어디로 가는 걸까? 폴 고갱의 그림(〈D'où venons-nous? Que sommes-nous? Où allons-nous?〉)이 던진 이 질문을 오늘 무수한 '나'들이 되풀이하고 있다. 나에게 내 삶이 가장 중요하듯 다른 모든 생명들도 똑같이 소중하다는 걸 발견하는 데에 인문학의 출발점이 있다고 생각한다.

"갠지스 강에서 목욕해서 해탈할 수 있다면 갠지스 강의 물고기들이 제일 먼저 해탈하겠네." 남의 말에 휘둘려서 멀리 가지 말고 자기 집 마당의 우물에서 목욕하는 게 낫다는 부처님 말씀이다. 《도마복음》 3절을 보면 예수님도 똑같이 말씀하셨다. "(하느님의) 왕국이 하늘에 있다면 새들이 먼저 갈 테고, 바다 속에 있다면 물고기가 먼저 갈 것이다. 왕국은 네 속에 있고, 또 네 바깥에 있다."

내 머리로 생각하자

인문학이 홍수를 이루고 있다. 책 한 권 분량으로 잘 요약해놓은 고전들을 달달 외운다고 삶의 지혜를 얻을 수 있을까? 지혜는 선물처럼 다른 사람이 갖다 주는 게 아니다. 내 머리로 생각하고 내 피와 살에서 솟아나야 비로소 내 지혜라 할 수 있다.

이 책은 남의 이론을 객관적 지식으로 포장해서 제시하지 않는다. 내 몸과 마음과 머리로 부딪쳐서 파악한 것을 내 나름대로 정리한 글일 뿐이다. 인문학의 타이틀을 달고 있는 수많은 책들과 이 책을 구분하는 특징은 '내 머리로 생각하라'는 것, 이것 하나뿐이다. 이 책에서 발견할 데카르트, 키르케고르, 니체에 대한 글들은 특히 이 점을 강조했다.

각자도생(各自圖生)이란 말이 유행이다. 국가가 개인의 생명과 안전을 보호하지 않으니 모두들 생존을 위해 어쩔 수 없이 자기 삶을 스스로 챙길 수밖에 없다는 것이다. 무책임한 정부 아래서 세월호 사건과 메르스 사태를 속수무책으로 겪은 우리는 이렇게 자조(自嘲)할 수밖에 없고, 그래서 슬프다. 모든 노동자를 비정규직으로 만들려 하고, 학습지 재능교육의 방문교육 노동자를 '소경영자'로 미화하며 각자도생을 강요하는 세상이다. 엄기호는 《아무도 남을 돌보지 마라》라는 서늘한 제목의 책에서 신자유주의가 정치·경제를 넘어서 문화와 인간관계까지 단절시키는 팍팍한 현실을 고발했다. 신자유주의가 강요하는 각자도생의 삶은 지속 가능한 삶이 아니다. 함께 살기 위한 대안을 모색하는 것은 이 시대의 엄중한 과제다. 그러나 최악의 사태에 대비하는 것은 여전히 필요하다. 홀로 극한의 처지에 몰렸을 때 자기 머리로 생각할 영혼의 근력(筋力)이 얼마나 절실할까!

요즘 '달관세대'란 말이 논란을 낳고 있다. 대기업에 들어간들 자기 생활이란 게 없는 세상인데, 이럴 바에야 가난해도 나 좋을 대로 자유롭게 살자는 '달관한' 젊은이들이 늘고 있다는 것이다. 이 말은 자칫 불합리한 현실을 그냥 두고 자족하며 살라는 기득권층의 논리로 연결될 위험이 있다. 젊은이들이 미래의 주인이라면 더 정의롭고 합리적인 세상을 위해 힘을 모아야 마땅하다.

그러나 작금의 양극화 현상은 단시일에 매듭이 술술 풀릴 것 같지 않다. 그럼 강요된 가난에 분노하고 좌절하며 지쳐갈 수밖에 없는 걸까? 그래서는 곤란하다. 굳이 자발적 가난이란 말을 쓰고 싶지는 않다. 하지만 가난 속에서도 삶의 경이를 발견하고 넉넉하게 사는 지혜를 익히는 게 꼭 나쁘다고 할 수는 없다. 이 책에 실린 디오게네스, 에피쿠로스, 나스레딘 호자에 대한 글들이 고단한 젊은이들에게 작으나마 위로와 웃음을 줄 수 있으면 기쁘겠다.

과학, 겸손을 가르치다

현대과학은 눈부신 성과에도 불구하고 인간과 우주에 대한 완벽한 지식을 가져다주지 않는다. 오히려 과학의 지식이 쌓일수록 자연의 경이와 신비는 더욱 찬란한 빛을 발한다. 아인슈타인이 말한 '우주적 종교성'이 바로 이런 게 아니었을까. 현대의 뇌과학은 물질로 이뤄진 생물이 어떻게 의식을 갖게 됐는지, 그 궁극의 신비마저 밝히려 하고 있다. 뇌과학을 조목조목 이해하기는 무척 어렵지만, 그 결론은 시(詩)처럼 아름답다.

나의 생각이란 내면화된 나의 행동이다, 식물은 햇빛으로 에너지를 만든다, 동물은 햇빛이 있기 때문에 눈을 갖게 됐고 눈의 도움으로 먹이를 찾아 움직인다, 입이 앞에 달린 것은 먹이와 배우자를 찾으려는 의지 때문이다, 에너지를 섭취하고 남은 찌꺼기는 다시 볼 일이 없기 때문에 뒤로 배출한다……. 지구 위의 생물 중 가장 뇌가 발달한 인간도 예외가 아니다.

이러한 설명에 자존심이 상하는 분도 있을 것이다. 하지만 불쾌해할 필요는 없다. 다른 동물보다 인간이 우월하다는 말을 들어야 안심하는 거야말로 인간을 다른 동물과 비교해서 평가하는, 자신 없는 태도 아닐까? 지능지수가 높고 힘이 세다는 이유로 다른 동물을 멋대로 지배하고 잡아먹는 게 위대함의 증거는 아니다. 정글의 포식자처럼 약육강식의 원리에 따라 살아간다면 인간이 다른 동물보다 낫다고 자부할 근거가 없다. 지구 위의 다른 생명체들과 함께 상생하는 지혜를 앞장서서 실천할 수 있기 때문에 인간은 진정 위대한 동물로 발전할 잠재력을 갖고 있는 게 아닐까? 이 책에 등장하는 개, 돼지, 닭, 침팬지와 보노보 등의 동물을 이해하고 그들과 능동적으로 교감할 수 있는 존재는 우리 인간뿐이다. 다른 동물과의 소통 능력은 인간의 존엄성을 위해서 매우 절실한 덕목이다.

현대의 도덕과 윤리는 철학이 아니라 진화론과 우주론에서 나온다. 과학의 성과는 예외 없이 우리에게 겸손과 상생의 지혜를 가르친다. 인간은 다윈이 제시한 생명의 나무, 그 가지 꼭대기에 달려 있는 열매다. 뿌리에는 단세포 생물들이 있고, 위로 갈수록 점점 더 정교하고 복잡한 존재들로 분화해나간다. 생명의 나무를 보면, 다른 모든 생물들과 뗄 수 없이 연결되어 있는 인간을 발견하게 된다.

우주론에서도 지혜를 배울 수 있다. 은하계에 약 1,000억 개의 태양이 있고, 우주에는 이런 은하가 또 1,000억 개가 있다는 걸 우리는 알게 됐다. 작디작은 지구의 표면에 붙어서 찰나를 사는 인간이 이 광활한 우주의 중심이라고 할 수 있을까? 너무 멀어서 만날 수 없지만 수없이 많은 외계생명체(ET)를 어느 날 갑자기 만난다면 우리는 어떤 태도를 취해야 할까? 빅뱅, 운석, '창백한 푸른 점', 그리고 외계생명체에 대한 글에서 우주와 생명의 경이를 함께 느껴보기를 바란다.

꽃의 지혜, 별의 희망

빅 히스토리가 가르쳐준 인류 역사를 보면, 물질이 풍요로워지고 생활이 안락해질수록 자연과 교감하는 인간의 능력은 무뎌져왔다는 생각이 든다. 인류는 위대한 문명을 만들었지만, 두 발로 서서 걸으며 자유롭게 된 두 손으로 많은 폭력과 살상을 저질러온 게 사실이다. 그래서

김선우 시인은 '직립(直立)의 슬픔'이란 표현을 쓴 적이 있다. 시인은 "사람이 꽃보다 아름답다"는 말에 동의할 수 없다고 했다.

인류 문명의 변화 속도는 점점 더 빨라졌다. 구석기시대, 인류는 수십만 년 동안 큰 변화 없이 사냥과 채집을 하며 무리지어 살았다. 인류가 지구 전체에 퍼져 살며 농업혁명을 이룬 게 약 1만 년 전이다. 산업혁명으로 우리 사는 근대세계가 열린 건 200여 년 전에 불과하다. 200여 년의 변화는 그 이전 1만 년의 변화를 능가한다. 21세기 들어서 인구는 70억 명을 넘어섰고, 에너지 소비량은 수직상승하고 있다. 이 변화를 그래프로 그리면 점점 더 가파르게 올라가는 곡선을 발견하게 되는데, 그 끝은 과연 어디일까? 뻔히 보이는 파국 앞에서 우리는 절망할 수밖에 없는 걸까? 영화 〈인터스텔라〉처럼 다른 별로 이사 가는 불가능한 꿈을 꾸어야 하는 걸까?

2012년 국내에 번역 출간된 《성장의 한계》에 따르면 세계경제는 2015년을 기해 성장을 멈추게 되며, 전체 소비를 지금의 70퍼센트 선으로 줄이고 빈부격차를 당장 해소해야 파국을 피할 수 있을 것이라고 한다. 시간이 갈수록 문명의 질주가 점점 더 빨라진다는 사실을 대다수 인문학 서적들은 간과해왔다. 희망 아닌 것을 희망이라 부르는 오류가 되풀이된 이유다. 물질문명은 막바지를 향해 질주하지만 인간은 큰 흐름을 보지 못한 채 바쁜 일상 속에서 허덕이고 있을 뿐이다. 조금 더 큰 시야에서 인류의 문명을 조감할 필요가 있다. 이 책은 구석기시대, 농업혁명, 산업혁명, 인류의 미래 등 빅 히스토리의 관점에서 인류 문명사를 살펴본 글들을 담고 있다. 진정한 희망을 독자들과 함께 모색할 수 있기를 간절히 바란다.

"내 머리로 생각하자"고 말하고 나니 아득한 고등학생 시절 일이 떠오른다. 단 한 번 살다갈 인생, 남들하고 똑같은 길을 가는 것은 무의미해 보였다. 대학에 진학하여 이미 주어진 코스를 따라 살다 죽는 게 무슨 의미가 있을까? 아무리 초라하고 힘겹더라도 내가 선택한 삶을 살아야 하지 않을까? 내 몸으로 직접 부딪치며 세상을 배우는 게 낫겠다는 생각이 들었다. "대학에 가지 않겠다"고 말하자 아버지께서 어처구니없다는 듯 말씀하신 게 기억난다. "한국에 너를 가르칠 사람이 한 명도 없다는 말이냐?" 용기가 부족했던 나는 결국 대학에 진학했고, 사회의 네트워크 안에서 수많은 약속들에 둘러싸인 채 최근까지 살아왔다. 이제 방송PD 생활에서 한 걸음 물러나 다시 삶을 돌아보니 나를 가르칠 선생님이 많이 계시다는 걸 새삼 발견한다. 아버지 말씀이 옳았다는 것을 이제야 깨닫는다. 하지만 "내 머리로 생각하자"는 고집은 예나 지금이나 변함이 없다.

PD가 모든 분야의 전문가가 될 수는 없겠지만, 어떤 주제든 질문을 잘 할 수 있도록 열심히 공부해야 한다고 생각한다. 공부한 결과를 후배 PD들과 나누고 싶어서 〈PD저널〉에 연재한 글이 어느새 책 한 권 분량이 됐다. 미흡한 내용을 보완해서 더 많은 독자들 앞에 내놓는다. PD는 시청자에게 감동을 드리기 위해 열심히 공부하고 그 결과를 쉬운 언어와 영상으로 방송하는 직업이다. PD가 주제를 확실히 이해해야만 시청자가 보기 편한 프로그램을 만들 수 있다. 글 또한 마찬가지다. 완전히 이해하지 못한 내용은 두고두고 공부해서 최대한 쉽고 재미있게 쓰려고 수정을 거듭했다. 이 글들은 완성된 체계를 갖추고 있지는 않지만, 50대 중반까지 내 머릿속에서 잉태되고 자라난 생각, 인간과 세계와 우주에 대한 나의 성찰을 압축하고 있다.

나도 동물인지라 자식들에게 좋은 것을 남겨주고 싶은 본능을 어쩔 수 없다. 가난하고 미흡한 아비가 진심을 담아 쓴 글들을 아들과 딸이 읽어주기 바란다. 아무것도 모르는 건 20대 젊은 아들딸이나 50대 아비나 마찬가지다. 아니, 나이 들수록 아무것도 모르겠다는 생각을 더 자주 하게 된다. 그러나 딸과 아들이 아버지와 어머니의 경험을 참고해서 자기 나름의 지혜를 스스로 찾아가는 것은 인류 역사에서 언제나 되풀이되어온 일이다. 살아 있는 동안 아들딸과 함께 기억하고 싶은 말, 임제 선사의 "수처작주(隨處作主) 입처개진(立處皆眞)"이란 말씀.

"머무는 곳 어디서든 주인이 되자, 서 있는 곳 어디에든 진리가 있다."

쉽고 재미있는 자연과학 저서들로 새로운 인문학의 지평에 눈뜨게 해주신 서울대 자유전공학부의 장대익 교수님, 카이스트의 뇌과학자 김대식 교수님, 그리고 천문학자 이명현 박사님께 깊이 감사드린다. 동양고전에 무지한 내게 이메일로 친절한 가르침을 주신 김시천 교수님께도 각별히 감사드린다.

차례

3장/ 우주 속의 인간

4장/ 그래서 혹은 그래도 인간

5장/ 인간다움의 길

1장

인간의 거울

과음, 과식하는 동물은 인간뿐이다. 당뇨와 고혈압 같은 병에 걸리는 몰지각한 동물 또한 인간뿐이다. 일부 애완견이 애꿎게 당뇨에 걸리기는 하는데, 이건 먹이를 너무 많이 준 사람 탓이지 강아지 잘못이 아니다. 호랑이도 사냥감을 먹다가 배가 차면 남긴다. 하이에나가 뜯어먹어도 그냥 둔다. 돼지도 먹을 만큼만 먹는다. 돼지가 당뇨 걸렸다는 얘기를 들은 적이 없다. 당뇨는 동물의 본성과 어긋날 정도로 많이 먹고 운동 안 하는 인간만 걸린다.

법륜 스님은 강연에서 "너무 많이 먹는 사람에게 돼지 같다고 하는 건 옳지 않다. 너무 많이 먹는 돼지를 가리켜 사람 같다고 하는 게 맞다"고 지적했다. 백번 지당한 말씀이다. 사람이 돼지보다 나으려면 굶주린 사람을 먹이고, 아픈 사람에게 약을 주고, 외롭고 가난한 사람을 위로해야 한다. (〈PD저널〉 기고문 '돼지에게 배워라' 중에서)

—

치킨 잔혹사

"닭님, 미안합니다"

고소하고 보들보들한 치킨, 자라나는 아이들이 무척 좋아한다. 한국사람의 치킨 사랑은 유별나다. 대학축제나 한일전 같은 축구경기에 치맥(치킨과 맥주)을 빼놓을 수 없다. TV에서는 치맥이 '국민음식'이란다. 중국에 드라마 한류 열풍이 불자 치맥 열풍도 덩달아 불었다며 한때 매스컴이 떠들썩하기도 했다.

좁은 땅덩어리에 많은 사람이 모여 사는 우리나라는 한 해에 7억 마리가 넘는 닭을 도축하여 먹어치운다. 2010년 국민 한 사람당 평균 10마리 즉 10.4킬로그램을 먹었다는데, 최근 통계를 보니 닭 소비량이 더 늘었다. 2015년 2월 농촌진흥청의 조사 결과에 따르면 국민 두

■ 머리가 잘린 채 18개월을 살다간 수탉 마이크. 머리는 있어도 그만 없어도 그만일지 몰라도 먹고 배설하고 번식하는 건 닭이나 사람이나 똑같다.

명 중 한 명은 일주일에 한 번 이상 닭고기를 먹고, 국민 한 사람당 연간 닭 소비량은 12.45킬로그램이라고 한다. 이 어마어마한 치킨은 어디서 오는 걸까?

밀집사육 농장에서 성장촉진제를 먹여서 키웠다는 걸 모르는 사람은 이제 없다. 자연상태에서 닭의 수명은 20년쯤 되는데, 우리가 먹는 닭은 30일 안팎에 치킨이 된다. 사람 수명을 80년이라 치면, 100일 갓 지난 아기를 어른 몸집으로 불려서 먹는 셈이다. 치킨이 통풍을 유발한다고 의사들이 경고했지만, 아무렴 어떠랴, 한국사람의 치킨 사랑은 수그러들 줄 모른다. 사람들 좋아하는 음식 갖고 시비를 걸자는 건 아니지만, 이대로 괜찮은 건지 의문이 드는 걸 어쩔 수 없다.

기억력이 좋지 못하고 어리석은 사람을 놀릴 때 '닭대가리'란 말을 쓰곤 한다. 닭의 지능지수는 16 정도, 사람 평균의 8분의 1밖에 안 되니 그럴 만도 하다. 머리가 잘린 채 18개월을 살다간 수탉 마이크(Mike the headless chicken, '기적의 마이크'라고도 한다)의 실화를 보면 닭의 머리는 있어도 그만, 없어도 그만인가 싶다.

1945년, 미국 콜로라도의 한 가정에서 저녁식사를 준비하려고 집에서 기르던 닭을 잡아 와 목을 도끼로 내려쳤다. 그런데 다행인지 불행인지 머리는 잘렸지만 한쪽 귀와 뇌간은 몸에 붙어 닭은 생명을 유지할 수 있었다. 머리가 없는데도 뛰어다니고 홰를 치자 죄책감을 느낀 가족은 차마 닭을 죽일 수 없었다. 신기해서 구경하려는 사람들이 늘어나자 가족은 '마이크'라는 이름을 붙이고 1인당 25센트의 관람료를 받으며 순회공연을 열기도 했다. 마이크는 머리가 잘리고도 계속 자라서, 도살하려 했을 때 2.5파운드였던 체중이 8파운드까지 불었다고 한다.

닭의 지능지수가 낮은 건 사실이지만 먹고 배설하고 번식하는 건 사람과 똑같다. 아무리 머리가 나빠도 죽기 싫다는 것 정도는 닭도 잘 안다. 닭의 자식 사랑이 사람보다 덜하다고 누가 장담할 수 있을까? 암탉이 알을 품고 싶어 하고, 새끼를 사랑하고, 생존과 자유를 위해 노력한다는 상상은 자연스럽다. 황선미의 장편동화《마당을 나온 암탉》에서 주인공 잎싹(암탉 이름)은 알만 낳다가 죽을 운명이었지만 가까스로 목숨을 건진다. 마당을 탈출한 뒤 우연히 청둥오리 알을 품은 잎싹은 알에서 깬 아기 청둥오리를 자식처럼 보호하며 키운다. 초록머리(아기 청둥오리)가 자기 동족과 함께 떠난 뒤 홀로 남은 잎싹은 족제비의 먹이가 된다. 동화는 암탉에게 감정을 이입한 허구지만, 충분히 개연성이 있기 때문에 감동을 준다.

여주 바보숲 명상농원에서 재래식 양계를 하는 홍일선 시인은 닭을 "닭님"이라고 부른다. 닭에게도 분명 마음이 있다는 것을 그는 오랜 교감을 통해 잘 안다. 그는 어미닭에게서 달걀을 빼앗을 때 "미안합니다" 하고 인사하며 식은땀을 흘리고, 목숨을 빼앗을 때는 '양계를 그만두고 육식 거부운동이라도 해야 하는 게 아닌지' 심각하게 갈등한다. 늘 잘 먹여주던 사람이 어느 날 갑자기 달걀을 빼앗아가거나 옆자리 닭의 목을 쳐 죽이는 걸 목격할 때마다 닭들은 '이 아저씨 좋은 사람이야, 나쁜 사람이야?' 무척 헷갈릴 것이다. 아무튼, 바보숲 명상농원에서 자유롭게 풀어서 키우는 900마리 닭들은 살아 있는 동안만큼은 행복할 것 같다.

그러나 우리나라에 이런 가족식 양계장은 드물다. 대부분 비좁은 닭장에 꽉꽉 가둬서 키우는 공장식 축산이다. 이제 조류독감(AI)은 연례행사가 됐다. 해마다 어김없이 발생하고, 이로 인해 수백만 마리의 닭이 사람 손에 목숨을 잃는다. 2014년의 통계를 보면, 1월부터 2월까지 닭과 오리 380만 마리가 죽었고, 그 결과 조류독감이 진정됐다고 한다. 사람에게 전염되지 않으므로 먹어도 상관없다고 하는데도 다 죽이는 건 고기 등급 판정에 나쁜 영향을 미쳐 가격이 떨어질까 우려되기 때문이란다. 워낙 좁은 곳에 가둬서 키우기 때문에 한번 병이 생기면 급속히 전염될 수밖에 없으니 다 죽인단다.

사람으로 치면 나치의 홀로코스트나 캄보디아의 킬링필드를 능가하는 끔찍한 대학살인데, 감기 걸린 게 무슨 죄라고 전국의 닭이 해마다 집단 처형되는 걸까? 우매한 닭이니까 죽여도 괜찮다고 생각하는데, 그래도 되는 걸까? 제주 4.3, 여순사건, 보도연맹 사건 등 우리 역사에서 학살의 비극이 일어났을 때, 그 학살을 지시하고 실행한 엘리트들도 우매한 민중의 목숨을 닭처럼 가볍게 생각한 게 아니었을까 의심된다. 닭의 경우 '학살' 대신 '살처분'이라는 지극히 냉정하고 사무적인 표현을 쓰는 게 다를 뿐이다.

사람 때문에 닭을 죽이다

'살처분'은 군사작전을 방불케 한다. 이미 여러 차례 조류독감과 구제역을 진압한 경험이 있으니 작전은 늘 신속하고 단호하다. 수만 명의 공무원과 군인을 동원, 발병 농가를 3중으로 포위하고 반경 3킬로미터 이내의 닭과 오리는 모두 살처분한다. 이미 병에 걸린 놈은 물론, 걸릴 가능성이 조금이라도 있는 놈은 모두 죽인다. 이를 '예방적 살처분'이라 부른다. 조지 부시가 '테러와의 전쟁' 때 고안한 선제 타격(preemptive strike)을 신속히 배워서 실행한 걸 보니 역시 인간은 지능지수가 높다. 그러나 미군의 공습 때 오폭이 일어나듯, 예방적 살처분에서도 '부수적 피해(collateral damage)'가 생겨난다. 2014년 2월 전북 고창에서는 개 세 마리가 조류독감 감염이 의심된다는 이유로 매장됐다. '관상용 닭은 살려두고 애꿎은 개를 죽였다'는 비난이 거세지자 당국은 관상용 닭까지 죽여서 응답했다.

'아군' 지역에 대한 오폭도 일어난다. 공장식 밀집사육의 대안인 복지농장도 대학살의 쓰나미를 피할 수 없었다. '조류독감 위험이 없는 동물을 왜 죽이냐'는 동물보호단체의 항의에도 불구하고 음성군 복지농장의 닭 3만 6,000마리가 죽음을 맞았다. 이런 식의 무차별 학살이 되풀이되면 천연기념물인 논산 오계(烏鷄)도 언제 목숨을 잃을지 모른다.

사람이라고 안전할 리 없다. 닭 매몰 작업에 동원된 진천의 한 공무원은 뇌출혈로 쓰러져 말을 제대로 못할 만큼 심각한 상태가 됐다. 어떤 공무원은 "살아 있는 생명을 죽이는 일이 이렇게 힘들 줄 몰랐다"며 "밥을 먹거나 잠을 잘 때 닭이 살려고 몸부림치는 지옥 같은 현장이 떠올라 괴롭다"고 했다. 전쟁의 참상을 겪은 병사들에게 나타나는 외상후스트레스장애(PTSD)다. 이 증세가 심하면 업무에 집중하지 못하고, 잠을 이루지 못하며, 두통, 절망감, 악몽에 시달리게 된다.

'앓느니 차라리 죽는 게 낫지(?)', 감기 걸린 닭의 고통을 덜어주려고 이 학살극을 벌였을 리는 만무하다. 필시 사람의 안전을 위해 부득이 감행한 살처분일 터다. 병든 닭을 먹어도 사람이 조류독감에 걸리지는 않겠지만 이 꺼림칙한 닭을 먹으라 할 수는 없으니 그냥 손쉽게 다 죽이는 것이다. 일단 의심되는 닭과 오리를 모두 살처분하고 피해 농가를 보상해주는 게 훨씬 편리하고 저렴하다는 것이다. 2014년에 380만 마리를 죽인 다음 농민들에게 지급된 보상금은 도합 700억 원 정도였다고 한다. 닭이나 오리 한 마리의 목숨값이 후하게 쳐서 2만 원 남짓이란 얘기인데, 그마저 사람에게만 돌아간다.

■ 우리가 매일 먹는 계란을 생산하기 위해 양계산업에서는 컨베이어 벨트를 통과하는 즉시 병아리 암놈은 부리를 자르고 수놈은 비닐봉지에 넣어 질식사시킨다.

철저히 '사람 중심'이다. 여기서 '사람 중심'이란 말은 '돈 중심'의 반대말이 아니라, 다른 동물을 대할 때 지나치게 이기적이란 뜻이다. 고기를 얻기 위해 키우는 닭과 계란을 얻기 위해 키우는 닭은 따로 있다. 산란용 닭의 경우, 암놈이 태어나면 컨베이어 벨트를 통과하는 즉시 모두 부리를 잘라버린다. 그 부리로 달걀을 쪼아서 깨뜨릴 위험을 제거하는 것이다. 수컷은 병아리 때 아예 비닐봉지에 싸서 질식사시켜 버린다. 알도 못 낳는 놈들은 먹여서 키울 가치가 없다는 뜻이다. 구석기시대의 인간은 동물을 사냥해서 먹을 때, 자기 목숨을 바쳐서 나를 살게 해준 그 동물에게 감사할 줄 알았다. 그러나 요즘 사람들은 식탁에 오르는 다른 동물들에게 미안해 할 줄 모른다.

사람과 닭은 공통점이 더 많을까, 아니면 차이점이 더 많을까? 사람은 닭보다 훨씬 똑똑하고, 문명을 발전시켰고, 옷을 입고 다니며, 다른 동물들을 요리해서 먹는다. 그래서 닭과는 비교할 수 없이 우월해 보인다. 그러나 인간 문명이 발전된 것은 약 1만년 전부터일 뿐, 그때까지 수십만 년 동안을 인간은 벌거벗고 다니며 수렵과 채집으로 생존해야 했다. 인간이나 닭이나 동물이긴 마찬가지라는 것이다. 먹고 배설하고 번식하는 생명체의 기본활동은 차이가 없다. 나는 닭과 인간은 차이점보다 공통점이 더 많다는 데에 한 표 던진다.

극복해야 할 종차별주의

프린스턴 대학교의 교수이며 《동물해방(Animal Liberation)》의 저자 피터 싱어(Peter Albert David Singer)는 "모든 생명은 소중하며, 인간 이외의 동물도 고통과 즐거움을 느낄 수 있는 생명체"라며, "인간의 이익을 챙기기 위해 그들의 이익을 무시하는 것은 옳지 않다"고 강조했다.

MBC 스페셜 〈고기 랩소디〉에 출연한 그는 힘주어 말했다. "우리가 다른 동물을 대하는 태도는 옳지 않다. 간혹 일어나는 동물학대를 말하는 게 아니라 체계적으로 잘못됐다는 것이다. 우리 자신의 이익을 위해 고기를 생산하거나 실험도구로 사용할 때 우리는 다른 동물도 기본권(생명권)이 있다는 점을 진지하게 고려하지 않는다. 특히, 꼭 필요하지 않은 목적, 가령 모피나 가죽구두를 얻기 위해 그들의 기본권을

■ 피터 싱어 교수는 1975년 《동물해방》을 출간하면서 리처드 라이더(Richard D. Ryder)가 처음 사용했던 '종 차별'이라는 개념을 도입해 동물을 착취하듯 대우하는 인간 우월주의를 비판했다.

박탈하는 것은 옳지 않다." 그는 다른 동물의 생명을 하찮게 여기는 태도를 '종차별주의(speciesism)'라고 비판했는데, 이 '종차별주의'를 극복해야만 인간은 닭보다 나은 존재임을 비로소 입증할 수 있게 된다는 것이다.

해마다 조류독감에 걸린 닭들을 대량학살하면서 사람들은 눈 하나 깜짝하지 않는다. 보건 당국은 불가피한 살처분이라 생각할 것이다. 문제는 근본 대책이 없으면 닭과 오리를 살육하고 인간마저 상처 입는 이 악순환이 끝없이 되풀이될 거라는 점이다. 조류독감은 한번 발생하면 걷잡을 수 없이 퍼지는데, 이는 닭과 오리를 좁은 공간에 밀집해서 사육하기 때문이다. 많은 항생제와 성장촉진제를 투여해서 면역력을 떨어뜨린 것도 사태를 악화한다. 결국 좁은 땅에서 더 많은 고기를 얻으려는 인간의 탐욕 때문인데, 잘못은 사람이 범하고 말 못하는 동물들만 희생된다.

해답은 나와 있다. 공장식 밀집사육을 지양하고 복지 축산을 장려하는 것, 육류 가격을 올리고 소비를 줄이는 것뿐이다. 그러나 기대난망이다. 사람들이 닭과 오리를 '생명' 아닌 '음식'으로 보는 한 공장식 축산은 계속 번창할 수밖에 없고, 조류독감과 구제역과 신종 질병이 발생하면 또 대학살이 이어질 것이다.

2014년, 조류독감의 여파로 닭, 오리 고기 소비량이 반 토막으로 줄어들자 정부부처 관계자들이 거리 홍보에 나서기도 했다. '조류독감에 걸린 닭, 오리 고기는 시중에 유통되지 않으니 안심하고 많이 드시라'고 캠페인을 벌인 것이다. 한 부처의 '국민소통실'은 닭, 오리 고기를 먹는 인증샷을 가져온 네티즌 100명에게 선착순으로 치킨 교환권을 나눠주는 기발한 이벤트도 벌였다. 화룡점정은 역시 대통령의 몫이었다. 같은 해 2월 24일, 대통령은 시흥 비즈니스 센터에서 열린 닭, 오리 고기 시식회에 참석하여 '닭고기는 웰빙식품'이라고 선포했다. '기레기' 언론들이 이를 널리 알렸다. "입이 짧기로 유명한 박 대통령은 손수 젓가락을 사용해 닭강정 등을 입에 넣었다."

문득 떠오르는 마르크스의 말, "역사는 두 번 되풀이된다. 한 번은 비극으로, 또 한 번은 희극으로." 조류독감을 처음 겪었을 때는 재난이었다. 그러나 해마다 발생하고, 번번이 대학살이 이어지자 실소가 나온다. 사람 머리가 '닭대가리'보다 그리 나아 보이지 않아서 떨떠름하다.

—

디오게네스와 개XX(?)

개를 모욕하지 말라

"개XX!" 요즘 이 말이 자주 들린다. 세상 돌아가는 꼴에 분노하는 마음이야 충분히 공감하지만 나는 '제발 그 욕 좀 하지 말라'고 사정한다. 대통령을 위시한 권력자와 정치인들, 재벌과 판검사들의 파렴치한 궤변과 거짓말과 말 바꾸기를 보면 화가 치미는 게 당연하다. 하지만 조금만 생각해도 이 말이 개에 대한 부당한 모욕임을 알 수 있지 않은가? 개가 거짓말하는 걸 본 적이 있는가?

잠깐 신문을 훑어봐도 돈과 권력 주변에 '개XX'들이 널려 있는데, 개나 사람이나 먹을 것 챙겨주는 누군가에게 충성하는 건 똑같으니 '개XX'는 '사람XX'란 말과 다름없는, 하나마나한 소리다. 잘 먹여줄 주인을 찾으려고 여기저기 킁킁거리는 건 개나 사람이나 피장파장이다. 하지만 권력과 부를 좇는 사람들이 자기합리화를 위해 거짓말을 하는 바로 그 순간, 개XX란 말은 그 사람에게는 과분한 칭찬이 되고, 개에게는 심각한 모욕이 된다.

개는 사람이나 침팬지처럼 서열을 짓는다. 한 가족이 키우는 개는 대개 자기 서열이 부모보다 아래인 것은 당연하게 인정하지만, 자기가 그 집 어린이보다 높다고 생각하며 고자세를 취하기도 한다. 따라서 힘 있는 사람에게 굽실거리고 힘없는 사람에게 못되게 구는 사람을 가리켜 "개 같은X"이라고 하는 것은 타당하다. 자기가 사람이라고 생각하는 건지 아니면 사람이 개라고 착각하는 건지 분명치 않지만, 개는 사람 가족의 일원 행세를 하는 게 분명하다. 따라서 자기 분수를 모르고 날뛰는 사람을 가리켜 "개 같은X" 하는 것도 일리가 있다.

개는 거짓말을 하지 않는다. 개는 한번 마음을 주면 변하지 않는, 정직한 동물이다. 프랑스에서는 독거노인들이 죽으면, 그가 키우던 개도 죽을 때까지 주인의 무덤을 지키는 경우가 많다고 한다. 박정희라는 독재자에게 충성해서 먹고 살다가 박정희 사후에도 여전히 그를 찬양하는 사람에게 정중하게 "개 같은 분이시군요" 하면 욕이 아니라 좋은 의미의 칭찬이 된다. 하지만 돈과 권력의 해바라기로 살며 편리한 대로 말을 바꾸는 사람에게 "개XX"라고 하면 개에 대한 명예훼손이다.

개는 언제부터 인간의 반려동물이 됐을까? 약 1만 2,000년 된 이스라엘 북부의 고대 나투프(Natuf) 유적에서는 인간의 유골과 함께 강아

■ "햇빛을 가리지 말고 좀 비켜주시오." 알렉산드로스 대왕과 디오게네스의 대화 장면으로 17세기 화가 가스파르 드 크라이에(Gaspard de Crayer)의 작품이다.

지 유골이 발견됐다. 개는 수렵시대에 이미 인간의 사냥 파트너가 됐으며, 강력한 정서적 유대감을 나누고 있었다고 짐작할 수 있다. 소, 돼지, 양, 염소 등 가축사육은 농업혁명과 함께 시작됐다는 게 정설이다. 그렇다면 농업혁명 이전에 인간과 함께 살게 된 개는 제일 먼저 인간의 가축이 된 동물인 셈이다.(잰 페넬, 《개가 행복해지는 긍정교육(The dog listener)》).

구석기시대 사람들이 모닥불 주변에 둘러앉아 식사할 때 개들이 사람 곁으로 먼저 다가왔을 것이다. 개는 사람을 적대시하는 대신 살살 꼬리를 치면 먹을 것을 쉽게 구할 수 있었다. 그 대가로 개는 사람들이 다른 동물을 사냥할 때 앞장섰고, 추운 지방에서 썰매를 끌었다. 농업혁명과 함께 사유재산이 발생했을 때 개는 낯선 이가 접근하면 크게 짖어서 주인의 재산을 보호해주었다. 동아시아, 폴리네시아, 중앙아시아 등지에서 개들은 사람에게 목숨을 빼앗겨 식탁에 오르기도 했다. 인간과 개는 이미 오랜 동반자였지만, 사람은 배가 고파서 못 견딜 지경이 되면 눈물을 머금고 개를 잡아먹었다. 개는 무기를 사용하는 인간에게 저항할 수 없었다. 아니, 인간을 자기 혈육처럼 신뢰한 개들은, 인간이 자기를 죽이려고 덤빌 때 무척 놀라며 서운해 했을 것이다.

부질없는 세상사를 비웃은 견유학파

'아테네의 개'로 불린 디오게네스(Diogenēs, 기원전 400?~323), 사람들을 향해 '더도 덜도 말고 딱 개만큼만 하라'는 메시지를 던진 그는 사회참여를 일체 거부하고 나무통 속에서 지냈다. 알렉산드로스 대왕(Alexander The Great, 기원전 356~323)이 소원을 묻자 "햇빛을 가리지 말고 좀 비켜주시오"라 대답한 유명한 일화는 모두 알고 있을 것이다.

또 다른 이야기로, 그가 통 속에 웅크리고 있을 때 전란(戰亂)이 일어난 적이 있다. 사람들이 창과 칼을 챙기고 방어벽을 쌓으며 분주히 움직이자 통에서 나온 그는 이리저리 통을 굴리기 시작했다. 사람들이 "왜 쓸데없이 통을 굴리고 계시냐"고 묻자 그가 대답했다. "다들 바쁜 것 같으니 나도 뭔가 해야 할 것 같아서…….”

그는 희곡과 대화 몇 편, 무정부의 유토피아를 그린 《공화국(Republic)》을 썼다고 하는데, 전해지지 않는다. 그의 사상을 체계적으로 설명할 수는 없지만, 숱한 일화들로 짐작건대 ‘완전한 무소유가 아니면 자유롭지 않다’는 게 핵심이었던 것 같다.

흑해연안의 도시 시노페(Sinopē)에서 태어난 그는 은행가인 아버지와 함께 위조화폐를 만들었다는 혐의로 고향에서 추방됐다고 한다. 시노페에서 아테네로 가던 중 노예 한 명이 도망쳤다. 이때 그가 한 말이 전해진다. “노예가 나 없이 살 수 있다고? 그럼 나도 노예 없이 살 수 있어.” 그의 재산은 잠잘 때 쓰는 나무통과 밥 먹을 때 쓰는 식기뿐이었는데, 어느 날 한 젊은이가 맨손으로 밥 먹는 걸 보고 밥그릇마저 내버렸다고 한다. “내가 왜 이 거추장스러운 물건을 쓰고 있었을까?”

디오게네스는 아테네에서 거지생활로 연명하면서 사람을 만날 때마다 ‘돈이야말로 사람의 품성을 갉아먹는 악의 씨’라고 설교했다. “사람들의 관습과 규범이야말로 ‘위조화폐’와 다름없다”며 “진실은 자유에서 나온다”고 말했다. 그는 밥을 공짜로 얻어먹은 게 아니라고 자부했다. 그때그때 사람들에게 ‘지혜의 말’로 밥값을 했다는 것이다.

남들에게 나쁜 인상을 주면 어쩌나 하는 공포야말로 문명인이 살면서 느끼는 많은 불안의 원인이다. 디오게네스는 남들과 함께 있을 때의 도덕과 혼자 있을 때의 도덕을 갈라놓는 벽을 허물고자 했다. 그는 “자기 안의 검열관을 공격하고, 머릿속에 있는 경찰관을 죽이고자 했다.”(줄스 에반스, 《철학을 권하다(Philosophy for Life)》) 또한 남들이 비웃거나 무시하는 걸 개의치 않았다. 그는 요즘 기준으로 보면 유치장이나 정신병원에 보내면 딱 좋을 언행을 일삼았다. 저자거리에서 대변을 보았고, 심지어 자위행위도 서슴지 않았다. "배고플 때 배를 문질러서 이렇게 해결할 수 있으면 얼마나 좋을까?"

문명과 인습을 거부한 그는 문명세계의 관습이 통용되는 것 자체를 막는 게 자기 사명이라고 선언했다. 문명 안에 있으면서 그 가치관으로부터 자유로워지는 건 불가능했다. 문명을 아예 버리고 그 잘못된 가치관을 적극적으로 말살해야 했다. 그를 추종하는 무리들은 개처럼 시장바닥에서 뒹굴며 인생을 얘기했다 하여 '견유학파(犬儒學派)'라 불린다. 그들이 머물던 지역 이름을 따서 '퀴니코스(Kunikos) 학파'라고도 하는데, 이 말은 '냉소적(cynical)'이란 영어 단어의 어원이 됐다. 부질없는 세상사를 비웃는 게 그들의 주된 일이었던 셈이다.

대낮에 등불을 들고 다닌 이유는?

알렉산드로스의 정복전쟁은 디오게네스가 볼 때 허망하기 짝이 없었다. 믿거나 말거나, 디오게네스와 알렉산드로스 대왕이 주고받았다는 대화가 전해진다. 디오게네스가 물었다.

"폐하께서 지금 가장 원하시는 게 무엇입니까?"

"그리스를 정복하는 거지요."

"다음엔 또 무엇을 바라십니까?"

"소아시아를 정복하는 거지요."

"그다음은 또 무엇이지요?"

"세상을 정복해야겠지요."

"그다음은 또 뭐죠?"

"그땐 나도 좀 쉬면서 즐겨야지요."

디오게네스의 결론, "이상하군요. 그럼 왜 지금 당장 쉬면서 즐기지 않으십니까?"

알렉산드로스 대왕은 자기가 왕이 아니라면 디오게네스 같은 철학자가 되고 싶다고 말한 적이 있다. 하지만 디오게네스가 볼 때 무수한 인명을 살상하며 영토를 확장하는 알렉산드로스는 가는 곳마다 오줌을 갈기며 영역표시를 하는 개떼의 우두머리에 불과했다. 세상 사람들의 칭송에 그가 우쭐해 할 때, '차라리 개만도 못하다'는 생각이 떠올랐을 것이다.

알렉산드로스 대왕 곁에 머물며 지적 권력이 된 아리스토텔레스(Aristoteles, 기원전 384~322)를 디오게네스는 경멸했다. 우두머리 개에게 빌붙어 먹고 사는 거야 그렇다 치고, 그에게 통치 이데올로기를 제공하며 '석학' 소리를 듣고 칭찬에 취해 있다면 개보다 나을 게 없었다. 디오게네스가 볼 때, 아리스토텔레스는 거창한 이론에도 불구하고 전혀 자유롭지 못했다. "아리스토텔레스는 왕이 원할 때 아침을 먹지만 나는 언제든 내가 원할 때 먹지."

영남대학교의 박홍규 교수는《디오게네스와 아리스토텔레스》에서 디오게네스를 예찬한 바 있다. 아리스토텔레스는 산더미 같은 저술을

■ 19세기 프랑스 화가 장레옹 제롬(Jean-Léon Gérôme)이 그린 디오게네스. 우리는 개들에 둘러싸여 '개 같은(dog-like)' 생활을 했던 디오게네스에게서 무엇을 배울 수 있을까?

남겨 '서양철학의 태두'로 꼽히지만, "돈과 권력-엘리트주의-부자유와 불평등-노예 억압과 인간 예속"의 상징에 불과하다. 반면 개처럼 살며 책 하나 남기지 않은 디오게네스는 "무소유-무계급-자유와 평등-노예 철폐와 인간 해방"의 원류다. 저자는 아리스토텔레스 철학이 결국 기득권층의 이익을 옹호하는 귀족철학이라고 비판하고, 디오게네스가 보여준 무소유의 삶이 이 시대의 대안이라고 주장한다. 금전만능의 경쟁사회에 던져진 오늘, 디오게네스에게서 배울 게 많다고 강조한다.

디오게네스는 실제로 개를 예찬했다. "개는 주어진 상황을 불평하지 않고 걱정 없이 살아간다. 개는 아는 척하면서 추상적인 철학을 하지 않는다. 자기가 사기를 치고 있는지, 사기를 당하고 있는지도 모르는 인간과 달리 개는 진리를 향해 정직한 소리로 짖을 뿐이다."

한 시민이 그에게 물었다. "선생님은 왜 자기가 개라고 생각하십니까?" 디오게네스가 대답했다. "음식을 주는 사람에겐 꼬리치면서 반기고, 아무것도 주지 않으면 시끄럽게 짖어대고, 내게 나쁜 짓을 하는 사람은 달려들어 물어버리기 때문이지."

입으로 전해진 이야기들이 다 그렇듯, 디오게네스의 일화 중 일부는 꾸며내거나 부풀린 얘기일 수 있다. 플라톤과 나눴다는 다음 대화도 아마 픽션일 것이다. 플라톤(Platon, 기원전 427~347?)이 아카데미아에서 설파했다.

"인간은 털 없는 두 발 짐승이다."

이 말을 들은 디오게네스가 닭 한 마리를 잡아서 털을 모두 뽑은 뒤 플라톤에게 달려갔다.

"보시오, 여기 사람을 가져왔소."

플라톤의 논리에 허점이 있다는 걸 증명했다는 일화지만, 더 중요한 것은 권세와 지식을 자랑하는 인간이 결국 벌거벗은 닭보다 나을 게 없다는 걸 보여준 게 아닐까?

디오게네스는 대낮에 등불을 들고 다니기도 했다. 이상하게 생각한 사람들이 이유를 묻자 "정직한 사람을 찾고 있는 중"이라고 대답했다. '더도 덜도 말고 딱 개만큼만 하는 사람'이 그 시절에도 참 드물었다보다.

—

피론의 돼지

현자라면 이 돼지처럼

해마다 3월 3일은 '삼겹살 데이'다. 전 세계에서 우리나라에만 있는 이 날, 한국의 애꿎은 돼지들은 수난을 겪어야 한다. 옛날 똥돼지, 오늘날 흑돼지의 고향인 제주에서 흐뭇한 돼지 얘기가 피어난 적이 있다.

"(국회의원) 4, 5선은 비계가 껴서 맛이 없다. 잠만 자고……." 2012년 4·11 총선 당시 민주당 K후보는 5선에 도전하는 새누리당 H후보를 돼지에 빗대서 깎아내렸다. K후보는 3선에 도전하는 자기를 찍어달라며 의연히 돼지 얘기를 이어갔다. "(돼지로 치면) 초선은 60킬로그램, 재선은 80킬로그램이고, 3선이 딱 먹기 좋고 맛 좋은 100킬로그램."

H후보는 낙선했고, 약이 올랐다. 급기야 1억 원의 손해배상 소송을 냈다. "나를 모욕하고 명예를 훼손하여 지지율이 역전됐다. 정신적 피해를 입었다."

2014년 2월 23일, 법원은 돼지 논란을 명쾌하게 정리했다. "원고뿐 아니라 피고 자신도 돼지로 비유했고, 원고를 돼지에 비유하는 게 주된 목적이 아니라……." 결론은 명예훼손에 해당하지 않는다는 것이다.

H의원이 진짜 돼지라고 생각할 얼빠진 사람은 없으므로 애초 명예훼손도 성립할 수 없었다고 보는 게 옳지 않을까? 오히려 K의원이 염려된다. 당시 그가 자신과 상대방을 돼지에 비유한 덕분에 3선에 성공했다면, 앞으로 4, 5선에 도전할 경우 "비계가 껴서 맛이 없고 잠만 잔다"는 악담이 부메랑으로 자신에게 돌아올 게 분명하다. 그렇다면 송구스럽지만 돼지 혐의가 더 짙은 건 K의원 쪽이다. 총선 유세에서 다름 아닌 자기가 '맛 좋은 돼지고기'라고 강조하셨으니 말이다. K의원은 돼지고기를 무척 사랑하시는 것 같다. 2013년에 열린 출판기념회에서 술과 돼지고기를 내놓았다가 새누리당한테 엄청 씹히신 적도 있다. 아무튼 '맛 좋은 돼지고기' 탓에 몸이 불어나서 자기 말씀이 진리임을 증명하실까 싶어 조금 걱정된다.

네티즌의 다양한 반응은 돼지 논란에 푸짐한 양념이었다. "초선이든 5선이든 사람 나름"이라는 지당한 의견도 있었지만 "2, 3선 넘으면 국회의원이 아니라 돼지 맞다", "돼지는 죽어서 고기를 남기지만 국회의원은 살아서 혈세만 축낸다" 등 삐딱한 의견이 많았다. "돼지들이 기분

나쁘겠다", "돼지가 명예훼손으로 고소하겠다"는 극단적인 댓글도 있었는데, 돼지의 억울한 마음을 대변해준 기특한 사람이다.

법륜 스님의 날카로운 지적. "너무 많이 먹는 사람에게 돼지 같다고 하는 건 옳지 않다. 너무 많이 먹는 돼지를 가리켜 사람 같다고 하는 게 맞다." 돼지가 미련하게 많이 먹고 뚱뚱한 동물이라는 건 사람들의 편견일 뿐이다. 돼지의 체지방률은 평균 15퍼센트 이하로, 성인 여성 20~30퍼센트보다 낮고 성인 남성 10~20퍼센트와 비슷하다. 돼지가 지저분한 것은 땀샘이 없어서 바닥에 뒹굴어야 체온을 낮출 수 있는데, 축사가 좁고 더러워서 어쩔 수 없으니 돼지가 아니라 사람을 탓할 일이다. 지능이 꽤 높아서 축사를 조금만 넓혀주면 용변도 한곳에서만 본다. 사람보다 후각이 뛰어나서 마약탐지 수사관으로도 활약한다.

이 지점에서 '피론의 돼지'가 떠오른다. 이른바 철학사 한구석에 전해지는 이야기. 피론(Pyrrhōn, 기원전 360?~270?)이 배를 타고 항해하던 중 폭풍우를 만났다. 심한 폭풍우 때문에 금방이라도 배가 부서질 것만 같았다. 배에 타고 있던 사람들은 절망에 빠져 야단법석이었다. 탈출을 시도하는 사람, 물을 퍼내는 사람, 기도하는 사람……. 마침 그 배에는 새끼 돼지 한 마리가 있었는데, 사람들이 좌충우돌 떠들어대는 것에 아랑곳 않고 유유히 밥을 먹고 있었다. 피론은 이를 가리키며 "현자는 언제나 이 새끼 돼지처럼 흐트러짐 없는 태도를 유지하고 있어야 한다"라고 말했다.

실제 생사를 다투는 배 위에서 누군가 정색을 하고 "현자는 언제나 이 돼지처럼……" 어쩌고 한다면 〈개그콘서트〉 감일 것이다. 하지

■ 폭풍우에도 아랑곳하지 않고 유유히 밥을 먹고 있는 새끼 돼지와 그 옆의 피론. "현자는 언제나 이 새끼 돼지처럼 흐트러짐 없는 태도를 유지하고 있어야 한다."

만 이 일화는 피론의 사상을 집약해서 보여준다. 몽테뉴(Michel Eyquem de Montaigne, 1533~1592)는 《수상록(Essais)》에서 이 일화를 소개한 뒤 "우리가 자랑으로 여기는 이성이 오히려 평정을 잃게 하고, 지식이란 게 우리의 처지를 '피론의 돼지'보다 못하게 만든다면 이성과 지식이 대체 무슨 소용이 있느냐"고 물었다.

흔히 '회의주의'의 원조로 불리는 엘리스(일리아)의 피론은 소크라테스가 아테네 법정에서 사형을 선고받고 독배를 마신 뒤, 혼란스런 시절에 태어난 인물이다. 그는 알렉산드로스 대왕의 군대와 함께 인도에 다녀왔는데, 인도의 '나가 사두(Naga Sadhus, 벌거벗은 요가 수행자)'를 보고 그들의 철학과 삶의 방식에 깊은 인상을 받았다고 한다.

그는 어떤 판단이 사실인지 아닌지 인간은 결코 알 수 없다고 생각했다. 예컨대 꿀이 사람의 입맛에는 달게 느껴지지만 그게 정말 달콤한지, 단지 그렇게 느껴질 뿐인지는 알 수 없다. 아픈 사람에게, 또는 인간 아닌 다른 종류의 동물에게는 전혀 다른 맛일 수도 있다. 피론은 지나치게 성급한 판단에서 생겨나는 독단 때문에 고통스런 감정이 일어난다고 보았다. 너무 쉽게 결론을 내리고 자기 믿음을 과신하기 때문에 우울해지거나 즐거워하게 되는데, 이 감정은 자꾸 변하며 마음의 안정을 해칠 뿐이다.

정치적 소용돌이의 시대, 마음의 평온을 구하는 철학 사조가 번창했다. 모두 자기가 옳다며 논쟁을 벌이지만 충돌만 되풀이할 뿐 옥석을 가리기는 힘들었다. 어떤 주장을 펴든 반대 주장에도 똑같은 무게의 논거를 댈 수 있으므로 결론이 날 수 없었다. 진리라고 주장하는 의견은 독단이었고, 그것은 허무했다. "아름다울 것도 추할 것도 없으며, 옳을 것도 그를 것도 없다"는 것 하나만 분명해 보였다. 피론은 뭔가 확신하는 태도를 버리고 아는 게 거의 없다고 인정해야 마음이 치유될 수 있다고 생각했다.

극단적 회의주의자의 삶

피론은 회의를 극단까지 몰고 가서 그 결과대로 살고자 했다. 세상

만사를 좋거나 나쁘다고 판단하지 않았다. 그는 행선지도 정하지 않은 채 돌아다녔다. 어느 행선지가 좋은지 판단하지 않은 것이다. 위험이 닥쳐도 회피하거나 망설이지 않았다. 외부에서 일어나는 일을 완벽한 무관심(apathy)으로 대한 것이다. 그는 아무 예방조치 없이 마차든, 절벽이든, 개(犬)든 태연히 부딪쳤다. 피론이 90살까지 장수를 누린 것은 동료들이 그의 곁에 붙어 다니며 보호해준 덕분이었다.

겉으로 드러난 행동보다 중요한 것은 내면의 평정이었다. '판단 중지(epoche)'는 피론이 말하고자 한 핵심이었다. "모든 것에 대해 판단을 유보하라. 부정하지도 긍정하지도 말라." 사물의 진실은 우리가 파악할 수 없으므로 '이렇다, 저렇다', '좋다, 나쁘다' 판단하면 충돌이 오고, 그 주장을 정당화하기 위한 논쟁만 일으킬 뿐이다.

옳고 그름을 판단할 경우 오류를 범하기 쉽다. 한두 번 옳게 판단하는 데 성공한다 하더라도 그 판단들이 쌓여나가면 언젠가는 필연적으로 오류가 발생하게 되며, '부분의 오류'는 결국 '전체의 오류'가 된다. 사람의 인품을 판단해도 오류를 범하게 된다. '이 사람은 이런 사람'이란 식의 판단은 십중팔구 그 사람의 한 부분만 보고 전체를 판단하는 오류에 빠지게 된다. 이러한 허튼 판단을 말이나 글로 표현하는 순간 무례한 짓을 하는 셈이 되며, 이는 갈등과 다툼으로 이어지곤 한다. 지혜로운 사람은 선부른 판단을 경계하며, 이를 말로 옮기기 전에 두 번 세 번 숙고한다.

'판단 중지'에는 흐트러짐 없는 '평온한 마음(Ataraxia)'이 그림자처럼 따라온다는 게 피론의 결론이었다. 판단을 중지한 사람은 어느 쪽에

■ 기원전 4세기 피론의 사상은 20세기까지 이어진다. 위대한 철학자 칼 포퍼는 과학적 지식과 비과학적 지식의 기준으로 반증가능성을 제시했다. 즉, 반증이 가능한 진술과 불가능한 진술을 구분하여 반증이 가능한 진술만을 '과학적 진술'로 보았다.

도 기울지 않고 흔들리는 일도 없을 것이다. 남의 의견에 휘둘리지도 않고 불필요한 걱정으로 위축되지도 않을 것이다. 피론은 언제나 평상심을 유지했다. 이야기하는 도중에 누군가 일어나서 가버려도 그는 혼자, 자신을 상대로 끝까지 이야기를 계속했다.

모든 것에 대한 판단을 유보한 피론이 'OO주의'를 창시했을 리는 없지만 후학들은 그를 '회의주의'의 시조로 떠받들었다. 피론이 세상을 떠난 뒤 400년 뒤 섹스투스 엠피리쿠스(Sextus Empiricus, 160~210)가 쓴 《피론주의 개요(Outlines of Pyrrhonism)》에 따르면 '독단주의'는 진리를 발견했다고 단언하며 탐구를 중단했고, '아카데미아'는 진리에 이르는 게 불가능하다며 탐구를 포기했다. 반면 '피론주의'는 판단을 유보한 채 진리를 계속 모색했다. 아카데미아 학파의 회의론자들은 인간은 현실을 결코 알 수 없지만, 현실에 대해 잠정적 가설을 수립할 수는 있다고 주장했다.

이러한 덜 극단적인 회의론은 근대 경험주의 철학의 기본 태도가 됐고, 가설과 검증을 통해서 사실(fact)에 접근하는 근대 자연과학의 실험적 방법으로 이어졌다. 18세기의 회의론자 데이비드 흄(David Hume, 1711~1776)은 "우리가 지금까지 살아온 동안 매일 아침 태양이 동쪽에서 떠올랐다고 해서 내일도 태양이 동쪽에서 뜨리라고는 확신할 수 없다"고 했다. 19세기의 키르케고르(Sören Kierkegaard, 1813~1855)와 니체(Friedrich Wilhelm Nietzsche, 1844~1900)는 "인간이 진정으로 확신할 수 있는 것은 아무것도 없다"는 흄의 판단에 동의했다. 엠피리쿠스가 소개한 피론의 태도는 검증 가능성(verifiability)과 반증 가능성(falsifiability)을 통해 사실에 다가서는 칼 포퍼(Karl Raimund Popper, 1902~1994)의 20세기 과학철학까지 연결된다.

피론은 피론주의자가 아니다

엠피리쿠스는 피론의 삶을 생략한 채 '피론주의'라는 교의를 설명, 그가 온몸으로 실천한 회의를 이론적 체계로 변질시켰다. 따라서 그의 《피론주의 개요》는 철학에 대한 '지식'을 구하는 사람에겐 좋은 안

내서가 되겠지만, 철학에서 '지혜'를 찾는 사람에겐 실망스러운 책이다. 그에 따르면 '피론주의자'는 어떤 일이든 단정적으로 판단하지 않기 때문에 늘 "……라고 생각된다", "……로 보인다"는 식으로 말했다. 17세기 프랑스의 극작가 몰리에르(Molière, 1622~1673)는 이 애매한 화법을 "……라고 생각된다고 보이는 걸로 사료된다"는 식으로 풍자하여 코미디 소재로 삼았다.

그러나 피론은 '피론주의자'가 아니었다. 예수가 '기독교도'가 아니고 마르크스가 '마르크스주의자'가 아니고, 니체와 키르케고르가 '실존주의자'가 아닌 것과 마찬가지다. 《철학자들의 생애(Lifes and Opinons of Eminent Philosophers)》를 쓴 디오게네스 라에르티우스(Diogenes Laertius, 3세기?~?)의 지적대로 "피론과 같은 자세로 살아야만 그의 제자"라면, 섹스투스 엠피리쿠스는 피론의 제자가 아니다. 흠, 이런 식으로 막 판단해도 되는 걸까?

'피론의 돼지'는 '평온한 마음'을 이미 체득하고 있다. 폭풍우가 몰아쳐도 의연히 밥을 먹는 돼지의 지혜는 예사롭지 않다. 하지만 그 지혜는 조금 의심스러운 점도 없지 않다.

'세상에 옳은 것도 없고 그른 것도 없다면 어떤 행동도 무의미하다는 얘기 아니냐'고 질문할 수 있다. "관습과 규약이 인간의 행동을 지배한다"는 피론의 말을 인정한다면, 인간은 어떤 상황에서도 인습에 따라 행동할 수밖에 없다는 결론이 되는데, 살다보면 부득이 인습과 충돌하는 선택을 해야 할 때도 있게 마련 아닌가? 가난한 사람의 세금을 올리고 이에 항의하면 종북 낙인을 찍는 행태가 되풀이될 경우, 민주

시민의 당연한 책임과 권리로 항의해야 하지 않을까? 관습과 규약에 따라서 살아갈 수밖에 없다면, 기계처럼 자기 눈앞의 일만 하는 숱한 공무원들이 나오고, 심지어 나치의 아이히만 같은 독재의 하수인이 아무 죄책감도 없이 학살을 자행할 수 있게 될 것이다. 이 지점에서 판단 유보를 고집한다면 '침묵하는 너야말로 돼지보다 나을 게 뭐냐'고 항변할 만하다.

국민에게 '마음의 평정'을 주려고 앞장서야 할 사람은 아마 대통령과 정치인과 법조인일 텐데, 그게 잘 안 되니 피론의 돼지에게서 마음의 평정을 배우자는 이상한 사람까지 나타난 셈이다. 상식을 벗어난 주장이 난무하는 세상, 의원 후보 두 분이 벌인 돼지 논란에 웃어야 할지 울어야 할지…….

—

인간의 거울, 침팬지와 보노보

너희들이 우리랑 뭐가 다르냐?

동물원에서 침팬지를 보면 웃음을 참을 수 없다. 여러 가지 표정을 짓거나 바나나 껍질을 까는 등 생김새와 하는 짓이 사람을 닮았기 때문이다. 반대로, 어떤 사람에게 "침팬지 같다"고 하면 심하게 화를 낼 것이다. 이 말을 농담이 아니라 모욕으로 받아들이는 것은, 침팬지와 인간이 '진짜로' 닮았기 때문이다.

19세기 유럽 사람들은 다윈(Charles Robert Darwin, 1809~1882)의 진화론에 격분했다. 인간이 원숭이의 후손이라는 점을 인정할 수 없었기 때문이다. 버밍엄과 옥스퍼드에서 동물학을 공부했으며 런던 동물원에서 포유류를 담당하기도 했던 데스몬드 모리스(Desmond Morris), 그가 1967

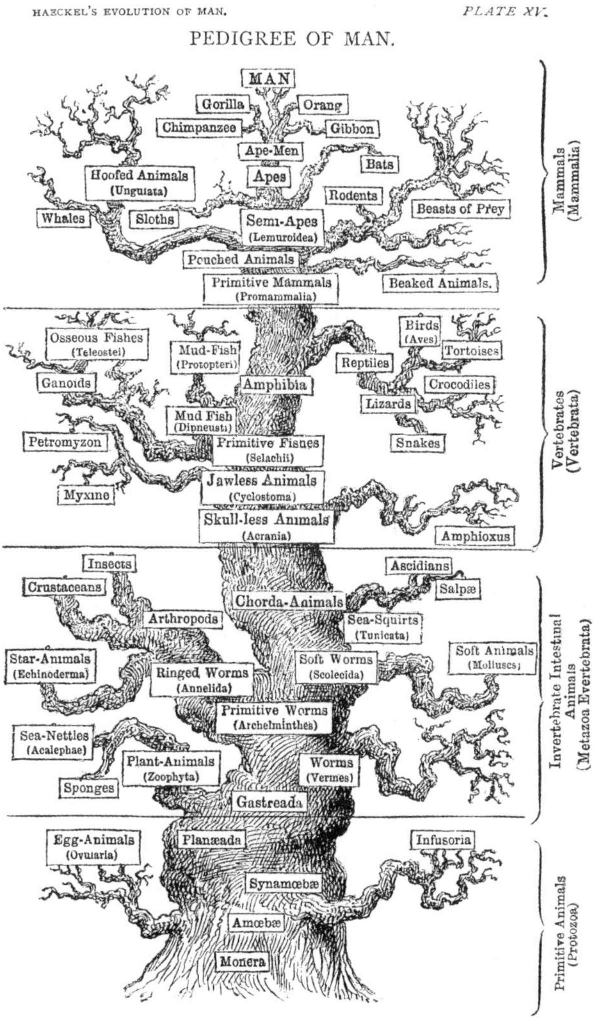

■ '생명의 나무' 정점에 인간이 있다. 이 그림을 그린 독일의 생물학자 에른스트 헤켈(Ernst Haeckel)은 '생태학'이라는 용어를 처음 사용했으며, 다윈의 진화론을 독일에 확산시키는 데 기여했다. 철학, 의학, 예술 등 다방면에 재주가 많았던 그는 니체와 함께 《세계의 수수께끼》라는 책을 쓰기도 했다.

년 출간한 《털 없는 원숭이(The Naked Ape)》가 베스트셀러가 된 것도 이 짓궂은 제목이 많은 사람들을 화나게 만든 결과였다. 인간이 만물의 영장이라는 자기중심적인 신념은 21세기에도 요지부동이다.

침팬지를 아는 게 곧 인간을 아는 건 물론 아니다. 인간의 기원을 탐구하는 것은 결국 고인류학의 몫일 것이다. 그러나 침팬지는 인간을 비춰보는 거울이다. 인간과 침팬지는 500만 년 전 공통의 조상에서 갈라져 진화했다. 지구 위에 존재한 생명체들이 이룬 '생명의 나무(Tree of Life)' 꼭대기에 나란히 서 있는 사촌인 셈이다. 침팬지와 인간은 같은 영장류로서 98.6퍼센트의 유전자를 공유하며, 꼬리가 없다는 점이 원숭이와 다르다. 침팬지는 사람과 오랑우탄 중 어느 쪽과 더 비슷할까? 장대익 교수의 설명에 따르면, 외계인이 세 동물을 분류하면, 사람과 침팬지를 하나로 묶고 오랑우탄을 따로 분류할 것이다. 유전자 구조로 볼 때 침팬지는 오랑우탄보다 사람과 더 가깝기 때문이다.

침팬지가 도구를 사용한다는 건 잘 알려져 있다. 단단한 기름야자 껍질을 돌로 깨뜨려서 알맹이를 먹는다. 기다란 막대기를 나무줄기 속에 넣어서 흰개미를 잡아먹는다. 침팬지는 거울 속의 자기를 알아보고, 제 모습이 멋있는지 유심히 살펴본다. 다섯 살 난 인간과 비슷한 수준의 자의식이다.

알다시피 침팬지는 정치적 행동을 한다. 수컷 사이에 서열과 파벌이 존재하는데 한 놈이 왕좌에 오르면 다른 놈들은 모두 복종한다. 우두머리가 되기 위해 돌을 던지고 나무를 휘두르는 등 화려한 개인기를 구사한다. 30년 동안 침팬지를 관찰한 제인 구달(Jane Goodall)에 따르면 마이크라는 수놈은 깡통 굴리는 재주로 다른 놈들을 압도해 왕좌에 올랐다. 인간 사회의 정치인들이 능력을 과시하려고 벌이는 헛된 짓들을 닮았다. 힘 있는 놈 주변에서 줄을 대는 꼴도 비슷하다.

하지만 강자에겐 언제나 도전자가 있는 법, 약자들이 알파메일(우두머리 수컷)을 몰아내는 쿠데타도 일어난다. 고블린이란 놈은 열다섯 살에 왕좌에 올랐지만 다른 침팬지를 잔인하게 때리고 모욕하는 게 취미였다. 다른 침팬지들은 그를 싫어했지만 어쩔 수 없이 따랐다. 어느 날, 고블린은 젊은 침팬지 윌키에게 흠씬 두드려 맞고 다쳤는데, 다시 집단으로 돌아가려 하자 나머지 수놈들이 힘을 합쳐 그를 몰아냈다.(제인 구달, 《제인구달 침팬지와 함께한 50년》)

침팬지는 전쟁도 한다. 먹이를 놓고 다른 부족과 경쟁하다가 수적으로 우세하면 먼저 공격한다. 침팬지는 잔인하게 상대를 제압하면 고환을 뜯어낸다. 원수의 씨를 말리기 위해 삼족을 멸하던 우리 조상을 닮은 것 같다. 침팬지는 고기를 좋아해서 적의 시체를 먹기도 하며, 인근 마을의 아기를 납치해서 잡아먹기도 한다. 사람에게도 최근까지 식인 풍습이 있었으니, 침팬지만 끔찍하다고 손가락질할 일이 아니다.

수놈은 암놈을 유혹하기 위해 고기를 선물한다. 암놈이 고기를 얻기 위해 매춘을 한다는 주장도 있는데, 좀 과장된 얘기 같긴 하다. 침팬지도 인간처럼 모성애와 가족애가 있고, 종족 전체의 이익을 위해 이타적인 행동을 한다.

제인 구달은 탕가니카 호수 근처의 곰비에서 30년 동안 침팬지를

■ 아리스토텔레스는 "인간은 정치적 동물"이라고 했지만, 침팬지 역시 정치적 동물이다. 침팬지도 사람처럼 수컷 사이에 서열과 파벌이 있고, 전쟁을 한다.

관찰했다. 그는 침팬지와 거리를 두고 연구하는 냉정한(detached) 방식을 거부하고, 감정이입(empathy)을 통해 그들의 친구가 됐다. 주류 학계의 객관적인 태도와 어긋났기 때문에 한때 비난도 받았지만, 침팬지와 우정을 맺고 교감했기 때문에 누구보다 구체적으로 그들을 이해할 수 있었다.

침팬지는 사람을 만나면 장난을 치려 했다. 침팬지는 사람보다 다정하고 싹싹하고 친절해 보였다. 사람처럼 침팬지도 저마다 훌륭한 개성이 있었다. 못된 사람이 있는 것처럼 못된 침팬지도 있었다. 암컷 침팬지 플로는 주먹코에 귀가 째진, 못생긴 얼굴이었지만 훌륭한 엄마였다. 플로의 아들 중 사나운 둘째 프로도는 알파메일이 됐다. 하지만 제인 구달은 다정하고 친절하고 출세에 관심이 없는 큰아들 프로이드를 더 좋아했다.

제인 구달은 연구를 계속하면서 침팬지도 사람처럼 어두운 면이 있다는 걸 분명히 깨달았다. 어른 침팬지가 아기 침팬지를 잡아먹는 것을 보았다. 한 침팬지 집단이 다른 집단과 어둡고 슬픈 전쟁을 벌이는 것도 보았다. 침팬지는 처음에 생각했던 것보다 더 사람을 닮았다는 걸 인정하지 않을 수 없었다. 사람보다 침팬지를 더 좋아하는 게 아니냐는 매스컴의 힐난에 제인 구달은 대답했다.

"침팬지는 매혹적이다. 내가 싫어하는 부류의 사람들보다 침팬지를 더 좋아한다. 그러나 역시 사람을 더 좋아한다."

침팬지의 행태를 보면 싫든 좋든 진화하기 전의 인간을 떠올리게 된다. 그것은 과학적 탐구가 아니라 문학적 상상에 가깝다. 말하자면, 침팬지는 인간에 대한 풍자시(諷刺詩)를 쓰는 시인과 같다. 침팬지는 인간을 향해 "너희들이 우리랑 뭐가 다르냐?"고 말한 뒤 혀를 날름 내민다.

보노보가 평화를 유지하는 비결

보노보는 인류의 또 다른 사촌이다. 보노보는 전쟁을 하지 않는데, 평화의 비결은 섹스다. 침팬지는 오직 번식을 위해 섹스를 하지만 보

■ 보노보는 사랑이 넘친다. 인류의 사촌 보노보를 촬영하러 가는 사람은 갑작스런 포옹이나 키스 세례에 당황하지 않도록 마음의 준비를 해야 한다.

노보는 인사하고 화해할 때 섹스를 한다. 보노보를 촬영하러 가는 사람은 이 키 작은 사촌의 갑작스런 포옹이나 키스 세례에 당황하지 않도록 마음의 준비를 해야 한다.

20년 동안 보노보를 관찰한 일본의 다케시 후루이치 박사에 따르면 보노보 집단 간의 살상은 없다. 보노보는 낯선 집단을 만나 공격적인 분위기가 형성되면 섹스로 긴장을 푼다. 수놈들은 극도로 긴장해서 소리를 지르고 나무를 흔들지만, 암놈은 서로 쓰다듬어주고 함께 먹으며 친선을 도모한다. 자연스레 평화가 이뤄지면 1~2주씩 함께 살기도 한다.

"자매애가 곧 권력이다(Sisterhood is power)." 보노보 사회에서는 여성들의 연대가 곧 권력이다. 침팬지는 수컷이 지배하는 강력한 가부장제 사회지만 보노보는 암컷이 지배하는 모계사회다. 암컷들은 힘을 합쳐 수컷의 폭력을 막는다. 개체의 힘은 수컷이 더 강하지만, 그 물리력은 암컷의 단결 앞에서 별 의미가 없다. 식량을 암수가 함께 찾지만, 분배는 암컷이 한다. 높은 지위에 있는 암컷의 자녀 또한 높은 지위를 갖게 되므로, 다 자란 수컷도 늙은 어머니를 따라다니며 도움을 청한다. 어머니가 죽으면 수컷의 사회적 지위도 하락한다. 더 이상 어머니의 지원이 없기 때문이다.

조직에서 약자를 영원히 왕따시키는 일은 없다. 세 살 때 엄마를 잃은 보노보의 사례가 있다. 슬픔에 잠겨 있는 어린 보노보를 철없는 친구들이 때리고 깨물자, 곧 다른 엄마가 개입해서 말렸다. 친구들은 미안하다는 듯 고아 보노보 곁에 와서 벗이 돼주었다.

보노보는 영장류 중 가장 마음이 따뜻하다. 영국 트위크로스 동물원에 살던 쿠니의 유명한 일화가 있다. 일곱 살 난 말괄량이 암컷 쿠니는 유리창에 부딪쳐 다친 새를 발견하고 두 손으로 들어서 날려 보내려 했다. 새가 힘없이 땅에 떨어지자 쿠니는 높은 나무로 기어 올라가 정성스레 새의 날개를 펴서 우리 밖으로 날려 보냈다. 쿠니의 이 행동은, 보노보도 다른 개체의 어려운 처지를 도와주려는 마음이 있으며, 다른 종의 생명이 소중하다는 걸 헤아리는 능력이 있음을 말해준다. (프란스 드 발, 《보노보》)

침팬지와 보노보가 만나면?

침팬지와 보노보가 만나면 어떤 일이 벌어질까? 침팬지가 공격을 준비하면 보노보가 평화의 메시지를 보낼까? 두 족속은 전쟁을 배울까, 아니면 사랑을 배울까? 인류의 두 사촌은 콩고 강을 사이에 두고 따로따로 살아왔다. 북쪽은 침팬지, 남쪽은 보노보. 그들은 콩고 강의 장벽 때문에 만날 수 없었고, 서로 경쟁하거나 다툴 일이 없었다.

침팬지와 보노보는 둘 다 인간 때문에 멸종 위기에 몰려 있다. 수백만 명의 아프리카 사람들이 기아와 질병으로 죽어갈 때 이들도 안전할 수 없었다. 1994년 르완다 내전, 1998년 콩고 내전 등 인간들 싸움으로 숲속이 시끄러워졌고, 이 와중에 애꿎게 총을 맞아 개체수가 줄었다. 무분별한 벌목과 화전 경작으로 생존의 터전이 좁아졌다. 나뭇가지 위에 모여서 잠든 침팬지와 보노보는 밀렵꾼들의 손쉬운 제물이 됐다. 현재 이들의 개체수는 정확히 알 수 없지만 1만 마리에서 3만 마리 정도 남은 걸로 추정되며, 점차 줄어들고 있는 게 분명하다.

영화 〈혹성탈출(Planet Of The Apes)〉에서 시저는 멸종 위기의 인류를 향해 말한다. "원숭이(ape)는 원숭이를 죽이지 않는다." 인간이 도덕적으로 원숭이만 못하다는 경고 아닌가. 다행히, 남을 괴롭히며 나만 잘살자는 식의 '명박스러운' 형질은 진화하지 않는다고 한다. 인간은 연민(bonding)의 유전자를 보노보와 공유하고 있다고 한다. 마지막 희망은 있는 셈이다.

보노보는 유쾌한 히피답게 아프리카 콩고의 오지에만 산다. 멸종

위기에 몰린 이 평화주의자는 인간을 향해 풍자시를 한 수 날리며 윙크하는 것 같다. '너희는 왜 우리처럼 못 사는 거야?'

제인 구달은 침팬지와, 프란스 드 발(Frans de Waal)은 보노보와, 다이앤 포시(Dian Fossey, 1932~1985)는 고릴라와, 비루테 갈디카스(Birute Galdikas)는 오랑우탄과 각각 교감하며 인류의 사촌을 통해 인간을 성찰한 기록을 남겼다. 유튜브를 조금만 검색해도 이들에 대한 다큐멘터리가 수없이 쏟아지는데, 모두 슬픔과 감동이 있는 아름다운 이야기들이다. 불행히도 침팬지와 보노보는 멸종 위기에 몰려 있다. 이들의 생존문제는 남의 일이 아니다. 인류의 사촌인 이 동물에게 연민을 느끼지 못하는 사람이 어떻게 인류의 아픔에 공감할 수 있을까? 인간이 이들을 멸종으로 내몬다면 그다음에 멸종할 존재는 다름 아닌 인간 자신일 것이다.

SBS의 신동화 PD와 백종호 기자가 쓴 《침팬지, 사람을 말하다》는 인간의 거울인 침팬지와 보노보에 대한 방대한 관찰 기록을 요약한 책이다. 같은 제목의 SBS 창사특집 다큐를 취재한 뒷얘기로, 깔끔한 글솜씨와 삶에 대한 통찰이 돋보인다. 제일 먼저 읽을 입문용으로든 제일 나중에 읽을 정리용으로든 침팬지와 보노보의 속성을 살펴보기에 손색이 없다.

〈고기 랩소디〉의 추억

우리 사회의 육식문화

삼복더위에 사람들이 지칠 무렵이면, 언제 잡아먹힐지 모르는 개들은 덥다고 불평할 여유도 없을 것이다. '꿩 대신 닭'은 옛말, 요즘 복날엔 '개 대신 닭'이다. 삼계탕집 앞에 늘어선 차들이 교통체증을 빚어서 짜증을 더한다. 조류독감으로 수백만 마리를 죽였다는데, 그래도 저 많은 닭들이 살아 있었다니 놀라울 뿐이다.

우리 사회에 대량의 육식문화가 뿌리내린 건 겨우 30년 정도밖에 안 된다. 육식에 대한 생각은 우리 안에서도 편차가 크다. 2011년 방영된 다큐멘터리 MBC 스페셜 〈고기 랩소디〉에 포함된 1분가량의 시민 인터뷰만 봐도 알 수 있다.

PD: 고기 즐겨 드세요?

남자: 네, 잘 먹습니다.

PD: 어떤 고기 잘 드세요?

남자: 쇠고기, 돼지고기 잘 먹습니다.

PD: 개고기는요?

남자: 개고기는 즐겨 먹지 않습니다.

PD: 왜 그러죠?

남자: 개는 가족 같은, 친구 같은 경험이 있기 때문에…….

PD: 고기 먹을 때 불쌍하단 생각 안 들어요?

남학생 1: 먹을 땐 안 들고요, 잡을 때 좀 불쌍해요.

PD: 잡을 때 불쌍하면 먹을 때 생각 안 나요?

남학생 2: 먹을 때만은 잊어요. 잊어야죠.

PD: 개고기는 안 먹으면서 쇠고기는 왜 먹어요?

여학생 1: (고민하다가) 소는 별로 안 불쌍해요.

여학생 2: 소는 다른 사람들도 다 먹는 거고…….

PD: 개고기는 안 드세요?

여자: 먹어요.

PD: 개 키우신 적 있나요?

여자: 키운 적도 있어요.

PD: 보통 개고기를 안 먹는 이유가 반려동물이라 그렇다는데, 괜찮아요?

여자: 식용으로 키우는 건 다르다고 생각해요. 애완동물이랑 다르죠. 괜찮아요.

PD: (함께 있던 남자에게) 어떠세요?

남자: 생각하기 나름이라고 생각해요(!)

PD의 질문이 좀 짓궂지만, 모두 공감이 가는 대답들이다. '생각하기 나름'이란 대답, 정말 대박이다! 사람이 고기를 생각하는 방식은 철저히 '사람 중심'이다. '사람 중심'은 '돈 중심'과 반대되는 뜻이라면 좋은 말이지만, 다른 동물과의 관계에서 보면 이기적이고 자의적이고 불합리하다. 말 못하는 짐승들이 보면 얼마나 억울하겠는가. 인터뷰에 응한 선남선녀들이 나쁘다는 건 절대 아니다. 우리가 다른 동물을 대하는 태도가 이렇게 원칙도 기준도 없다는 것이다.

3N 이데올로기

프랑스 배우 브리지트 바르도(Brigitte Bardot)는 개고기 먹는 한국사람들을 야단치고 나서 거위 간을 맛있게 먹었다. 원숭이 골을 먹는 게 자연스러운 나라가 있는 반면, 인도에서 쇠고기를 먹거나 이라크에서 돼지고기를 먹으면 큰일이 난다. 다른 동물을 대하는 우리의 태도는 결코 일관되거나 합리적이지 않다. 이렇게 맘대로 다른 동물들을 대하는 걸 보면 인간이 '이성적 동물' 맞는지, 의심하지 않을 수 없다. 오히려 얌전히 먹고 군말 없이 살다 가는 다른 동물들이 더 이성적이지 않을까?

미국의 사회심리학자 멜라니 조이(Melanie Joy) 교수는 《우리는 왜 개는 사랑하고, 돼지는 먹고, 소는 신을까(Why we love dogs, eat pigs, and wear cows)》란 책을 펴내면서 내용 중 일부를 동영상으로 만들었다. 고기에 대한 일종의 인식실험이다. 집주인은 손님들을 초대하여 맛있는 고기 요리를 대접한다.

여자 손님: (맛있게 먹다가) 이거 어떻게 만들었어요?

집 주인: 먼저 골든 리트리버 고기 3파운드를 양념에 재운 다음…….

(손님들, 모두 식사를 멈춘다)

남자 손님: 골든 리트리버요?

집 주인: 아니, 농담일 뿐입니다. 그냥 평범한 쇠고기에요.

(손님들, 식사를 계속할 수 없다)

집 주인: 이제 안 드실 건가요?

남자 손님: 그 이미지를 지워버리기가 쉽지 않네요. 골든 리트리버, 개……. 역겨워요, 정상적이지 않군요.

고기 자체는 변한 게 없다. 맛, 냄새, 감촉이 똑같지만 고기에 대한 손님들의 인식이 극적으로 바뀐 것이다. 미국인들은 '개고기' 하면 그 개가 살아 있을 때의 이미지를 떠올린다. '골든 리트리버' 하면 벽난로 옆에 누워 있거나 공을 갖고 노는 개를 상상하며 쉽게 감정이입을 하기 때문에 개고기를 먹을 수 없는 것이다. 하지만 쇠고기의 경우는 살아있는 소에 대해서 생각하지 않고 음식으로만 생각한다. 미국인들이 쇠고기, 돼지고기 등 '정상적인' 고기를 먹을 수 있는 것은 소, 돼지에 대한 감정이입이 차단되어 혐오감이 일어나지 않기 때문이다.

멜라니 조이는 고기를 먹을 때 동물들을 떠올리며 불편해 하지 않는 이유로 '정당화의 3N'을 든다. 육식은 정상적이고(Normal), 자연스러우며(Natural), 필요하다(Necessary)는 견해가 어느새 보편적 진리가 돼버렸다는 것이다. 이 '3N 이데올로기'의 확산으로 사람들은 고기가 다른 생명의 살이라는 사실을 잊게 됐다.

젖소 에밀리는 미국 동물권리의 상징이다. 1995년 도축장 울타리를 넘어 도망친 이 젖소는 한 달 넘게 인간에게 잡히지 않고 버티면서 에밀리라는 이름을 얻었다. 멜라니 조이는 피스 애비의 에밀리 동상 앞에서 책의 한 구절을 읽어주었다.

"피 냄새 때문이었을까, 앞서 들어간 녀석들이 돌아오지 않았다는 사실을 깨달아서였을까. 에밀리는 갑자기 줄에서 뛰어나와 1.5미터 높이의 울타리 위로 700킬로그램 가까운 몸을 날렸다. 이름 없는 젖소였던 에밀리는 이리하여 많은 이들의 삶에 공감과 연민을 불어넣는 존재가 되었다."

멜라니 조이는 다른 동물의 살을 먹는 행위를 '카니즘(Carnism)', 곧 육식주의라고 불렀다. 인간은 먹이사슬의 정점에서 다른 동물의 생명

■ 미국 보스턴의 평화운동단체 '피스 애비'에 있는 젖소 에밀리 동상.

을 맘대로 좌우한다. 원칙과 기준은 '우리 맘대로'다. 말 못 하는 동물들은 인간의 불합리한 처우에 저항할 수 없다. '카니즘'은 강자의 뜻대로 약자의 생명을 좌우해도 좋다는 생각으로, 인종주의나 가부장제의 폭력 이데올로기와 똑같다. 생명체를 물건으로, 동물을 생산단위로 취급한다. 힘 있는 자가 언제나 옳고 힘없는 자의 삶과 죽음을 맘대로 처분해도 좋다는 자기중심적 사고방식이다. 멜라니 조이의 책은 계속된다.

"에밀리에 관한 얘기를 듣고는 세계의 많은 사람들이 바로 고기 먹기를 그쳤다고 한다. 에밀리가 택한 삶의 여정은 끊임없이 우리를 일깨운다. 육식주의라는 폭력적 시스템이 우리를 진실에 눈감게 하는 걸 거부하라고."

그렇게 생명이 소중하면 식물도 먹지 마라!

인간은 지구의 모든 생물 중 최고의 포식자다. '만물의 영장'이라며 다른 종들을 편의에 따라 취해왔다. 문화와 습성에 따라 각각 선택한 동물을 잡아먹었다. 열등한 동물들은 우월한 인간에게 저항할 수 없었다.

인간은 지성이 있으니 다른 동물과 입장을 바꿔놓고 생각해보는 게 가능할 것이다. 인간보다 강한 존재가 맘대로 인간을 잡아먹는 상황을 가정하면 어떨까? 다큐멘터리는 외계인이 인간을 잡아먹는 엉뚱한 상상을 보여준다. 독일 저널리스트 프레히트(Richard David Precht)의 대중철학서 《나는 누구인가(Wer Bin Ich und wenn ya, wie viele?)》에서 따온 이 아이디어를 〈고기 랩소디〉의 예고편에서 구연동화로 꾸며보았다.

"예쁜 동물들이 어울려 살던 옛날 옛적 지구별에, 아뿔싸! 잘난 척 대왕 인간이 나타났어요. 다른 동물들을 마구마구 잡아먹었죠. 동물들은 고통에 아우성쳤지만 인간은 들은 척도 하지 않았어요. 그러던 어느 날, 지구에 나타난 외계인에게 인간은 너무나 먹음직스러워 보였어요. 더 많이 먹으려고 인간들을 많이많이, 빨리빨리 길렀어요."

나는 외계인이 지구를 찾아올 가능성은 제로에 가까우며, 만약 그들이 인간을 만난다면 폭력으로 지배하려 들지 않을 거라고 생각한다. 그러나 다른 동물과 입장을 바꿔 생각하기 위해 외계인을 끌어들인 발상이 재미있는 것 같아서 프로그램에 넣었다. 미국 최대의 동물권 단체 PETA(People for the Ethical Treatment of Animals, 동물을 윤리적으로 대하는 사람들)의 잉리드 뉴커크 대표는 취재진에게 말했다.

"사람들은 마치 자기가 신이라도 된 듯 행동해왔어요. 하지만 이제는 다른 동물들과 이 지구를 함께 나누고 있다는 것을 깨달아야 합니다. 우리는 역사를 통해 다른 인종들을 지배하는 게 옳지 않다는 것을 배웠습니다. 이제 우리와 다른, 세상의 모든 생명체를 알게 되었죠. 그들은 지능이 있고, 존중할 만합니다. 그들은 우리의 소유물이 아닙니다. 그들을 그냥 내버려두어야 합니다."

〈고기 랩소디〉를 방송한 뒤 한 시청자가 의견을 올렸다.

"잘난 PD놈아, 그렇게 생명이 소중하면 식물도 먹지 마라."

못난 PD는 혼자 속으로 변명했다.

'에구구, 저는 채식주의자가 아닙니다. 여느 인간처럼 잡식입니다. 채식주의자로 사는 게 얼마나 고달픈지 봤기 때문에 그렇게 살 자신이 없습니다. 저는 먹는 일에 공을 들일 만큼 부지런하지 못하니, 그냥 앞에 있는 것을 먹을 뿐입니다. 무엇보다, 저도 생명이니 먹어야 살고, 게으르지만 먹을 권리가 조금은 있습니다.'

수많은 인간이 엄청난 동물을 먹어치우는 일이 어떻게 가능한지, 그 시스템을 한번 생각해보자는 프로그램이었다. 공장식 축산이 나쁘다는 것 정도는 모두 공감할 것이다. 하지만 70억 인구가 지금처럼 먹고 살려면 공장식 축산이 불가피한 측면도 있다. 문제는 이 상태가 계속되면 파국이 불가피하다는 점이다.

■ 농작과 축산을 위해 울창한 나무숲을 불태우고 있다. 인간이 먹는 소와 닭 등을 생산하기 위해 이곳에 가축사료로 쓰일 농작물을 심는다. 아마존의 숲은 점점 줄어들어 170년 후에는 사라질 위기에 처해 있다.

난파선을 어떻게 할 것인가

동물자유연대의 활동가 조희경은 "말 못하는 동물의 권리를 위해 일하다가 인권문제에도 눈뜨게 됐다"고 한다. 〈고기 랩소디〉의 마지막 장면에 이 인터뷰를 넣었는데, 인권이 무참히 유린되는 이 엄중한 시기에 동물의 기본권을 얘기하는 프로그램을 만든 데 대한 나의 변명이기도 했다.

철학자 피터 싱어는 마르크스주의가 실패한 것은 인간의 이기적 본성을 충분히 이해하지 못했기 때문이라며, 다른 동물에 대한 연민을 포함, 존재 전반에 대한 인식을 바꿔야 혁명이 가능할 거라고 지적했다. 그게 가능한 일인지 잘 모르겠다. 혁명까지 바라지 않는다. 그저 살아남을 수 있다면 감지덕지고, 이를 위해 이기심을 버릴 필요까지는 없을 것이다. '이성적 동물'답게 생각이라도 합리적으로 해야 살아남을 텐데, 이 또한 쉽지 않아 보여서 문제다.

지구의 허파 아마존 숲이 목장에게 자리를 내주며 해마다 좁아져서 170년 후에는 아예 사라질 거라고 한다. 지구 온난화는 기후변화의 주범인데, 세계 온실가스의 51퍼센트를 가축이 방출한다. 동물성 단백질을 얻으려면 가축에게 6~12배, 닭의 경우 20배의 식물성 단백질을 먹여야 한다. 미국 곡물의 70퍼센트, 전 세계 곡물의 30퍼센트가 가축사료로 쓰이는데, 이 곡물이면 전 세계 인구 20억 명을 먹여 살릴 수 있다. 지금도 세계 곳곳에서 사람들이 굶주리고 있다.

채식을 실천하는 사람들이 늘고 있긴 하지만, 그들은 동성애자보다 더 외롭고 힘든 투쟁을 해야 한다. 채식주의가 아닌 나는 마음속으로 그들에게 존경과 격려를 보낼 뿐인데, '자유육식연맹'이란 듣보잡이 나타나서 채식에 반대한다며 으스대니 참 피곤하다. 세계화된 축산업체와 제약업체의 이익 추구를 막을 힘을 가진 개인이나 단체는 없다. 무엇보다, 성장에 목을 맨 대다수 국가와 회사들의 거대한 질주에 브레이크를 걸겠다고 덤벼들 돈키호테는 이 세상에 없다.

난파하는 배에 탄 채 가만히 있는 게 우리 모두의 자화상이다. 나 역시 손 하나 까딱하지 않고 있으니 남 탓할 일도 없다. 부끄러운 줄도 모르고 팔불출처럼 자기 프로그램 얘기했는데, 주워 담을 기운도 없다. 이래저래 우울한 복날이다.

2장

문명의 고단함

"우리는 눈물로 바닷물을 배출한다. 우리의 피에는 아직도 바닷물의 소금이 포함돼 있다. 이 사실은 모든 생명이 바다에서 시작됐다는 것을 입증한다. 인간의 몸은 지구의 표면과 마찬가지로 65%가 물로 돼 있다."(신시아 브라운, 《빅 히스토리(Big history)》)

세월호 사건 이후 많은 사람들이 참 오래 울었다. 사람이 감당할 수 있는 슬픔에는 한도가 있다. 극한의 슬픔을 완화하려면 눈물을 흘려야 한다. 울 수 없는 사람은 혼절하거나 미치게 될 것이다. "인생은 눈물의 골짜기"란 말이 《구약성서》에 나온다. 인류 문명이 시작되고, 사유재산과 빈부격차가 생기고, 국가와 전쟁이 생긴 이래 사람들은 끊임없이 눈물을 흘렸다. 이 눈물이 모여서 바다가 되고, 그 바다가 다시 눈물이 되어 흘러내린 게 인류의 역사라고 말해도 과언이 아니다.

사람의 몸은 지구에 최적화되어 진화했다. 우리는 모두 지구의 자식들이다. 그래서 과학자들은 지구를 어머니 '가이아(Gaia, 그리스 신화에 나오는 땅의 여신)'라 부르기도 한다. 지구 위의 생물과 무생물은 늘 순환하며, 사람도 예외가 아니다. 모든 생물은 흙에서 와서 흙으로 돌아간다. 인간은 '가이아'가 낳은 가장 뛰어난 자식이지만, 자칫 어머니의 노여움을 사서 절멸할 수 있는 위험한 자식이기도 하다.(〈PD저널〉 기고문 '눈물' 중에서)

—

아웃 오브 아프리카

인류는 어디에서 시작됐을까?

우리는 어디에서 왔는가? 이 물음에 답하려면 빅 히스토리(Big History)로 눈길을 돌려야 한다. 우주의 기원, 지구의 탄생, 생명의 출현, 그리고 인간의 등장…… 빅 히스토리의 거시적인 안목으로 수십억 년의 과정을 돌아보지 않으면 우리가 어디에서 와서 어디로 가는지 알 길이 없기 때문이다.

인간의 출현을 설명하는 일은 기존의 역사로는 가능하지 않다. 역사는 문명이 발생하고 문자를 사용하게 된 뒤의 일만 설명하는데, 실제 인간이 살았던 기간은 역사로 기록된 기간보다 수십 배 더 길기 때문이다. 고고학, 지질학, 비교생물학 등 여러 학문의 통섭과 협업의 결

■ TED에서 강연 중인 빅 히스토리의 창시자 데이비드 크리스천(David Christian) 교수. 빅 히스토리는 인간이 스스로를 이해하기 위해 인문과학과 자연과학의 경계를 두지 않고 빅뱅에서 현대문명과 미래까지 전 지구적 관점에서 접근하는 새로운 융합학문이다.

과 나타난 빅 히스토리 덕분에 우리는 문자가 발명되기 이전의 인류에 대해 지난 세기보다 훨씬 더 많이 알게 됐다. 인류가 옷을 입고 산 기간은 생식기만 가리고 수렵과 채집으로 생활한 기간에 비해 얼마 되지 않는다. 따라서 구석기시대의 사람을 '원시인(原始人)'이라고 부르는 것은 적절치 않다. 오히려 문명 탄생 이후의 인류를 가리켜 '말세인(末世人)'이라고 부르는 게 더 타당하지 않을까?

오늘날 우리가 사는 세상을 일별하기 전에 가벼운 에피소드 하나를 떠올려본다. 2014년 월드컵을 앞두고 유럽에서 인종차별 응원이 말썽을 빚은 일이 있다. 바르셀로나 FC의 브라질 선수 다니엘 아우베스(Daniel Alves)에게 한 관중이 바나나를 던졌다. 아우베스는 의연히 바나나를 집어 먹은 뒤 코너킥을 날렸다. 경기가 끝난 뒤 아우베스는 "인종주의에 대처하는 가장 좋은 방법은 농담으로 받아들이는 것"이라며, "인종차별 행동을 무시하면 그들의 목적은 달성될 수 없을 것"이라고 덧붙였다.

유럽 축구의 인종주의는 뿌리가 무척 깊다. 1960년대부터 악명을 떨친 영국 훌리건들의 폭력은 실제 유혈사태를 일으키곤 했기 때문에 아우베스의 말처럼 그냥 무시해도 좋을 수준이 아니다. 독일과 프랑스 훌리건들도 배타적 순혈주의로 무장하고 있는 건 마찬가지다. 바나나 사건 뒤 인종주의를 축구장에서 몰아내야 한다는 목소리가 이어진 건 다행이었다.

인종 사이에 우열이 존재한다는 생각은 무지의 소치이며, 인종차별 행동은 자기의 무식을 깨닫지 못하고 있다는 고백에 다름 아니다. 지난 세기 초, 미국과 독일에서 인종 개량을 추구하는 우생학(eugenics, 優生學) 열풍이 분 적이 있다. 나치 독일은 순수 아리안족만 남긴다는 명분으로 애꿎은 유태인에게 안락사와 불임을 강요했다. 과학의 이름을 빌린 폭력과 야만이었다. 나치의 유태인 차별은 오히려 유태인에 대한 열등 콤플렉스의 소산 아니었을까 싶다. 열등감도 우월감만큼 어리석다.

인종차별에는 합리적 근거가 없다. 현대 유전학은 피부색과 관계없이 모든 인간의 DNA 구조와 학습 능력이 똑같다는 걸 밝혀냈다.

아인슈타인을 닮은 아기가 아마존 오지에서 태어난다면 평생 사냥을 하며 지낼 수도 있고, 반대로 아마존 유역의 조에족 아기가 피카소와 같은 환경에서 교육받는다면 위대한 화가가 되는 것도 얼마든지 가능하다.

아프리카인, 아시아인, 유럽인은 뿌리가 다를까? 흑인은 아프리카에서, 백인은 유럽에서, 황인은 아시아에서 각각 다른 조상을 뿌리로 발전해왔다는 '다지역 기원설(multiregional continuity model)'이 19세기의 주류 이론이었다. 이른바 '샹들리에 이론'이라고도 한다. 그러나 20세기 들어서는 '아프리카 기원설(Out of Africa)'이 대세가 됐다. 흑인이든, 백인이든, 황인이든 피부색은 다르지만 모두 아프리카 출신이라는 것이다. 20만 년 전 에티오피아의 오모 계곡에서 태어난 호모 사피엔스(Homo sapiens)가 모든 인류의 뿌리이며, 이들이 생존 영역을 넓히며 아시아, 유럽, 아메리카 대륙으로 퍼져서 오늘날 지구촌 공동체를 이루게 됐다는 것이다.

1871년 찰스 다윈은《인간의 유래(The Descent of Man and Selection in Relation to Sex)》에서 '아프리카 기원설'을 처음 제시했다. 아직 인류 화석은 단 하나도 발견되지 않은 시절이었다. 원숭이와 침팬지의 조상들이 유독 아프리카에서만 발견된다면, 인류의 조상도 아프리카에서 기원했을 가능성이 높다는 가설이었다. 그 후 100여 년, 다양한 발굴 작업은 다윈의 가설이 옳았음을 입증해왔다. 숱한 우여곡절이 있었지만 인류학자들은 아프리카의 호모 사피엔스가 전 세계로 이동해서 현대 인류의 조상이 됐다는 견해에 대체로 동의한다.

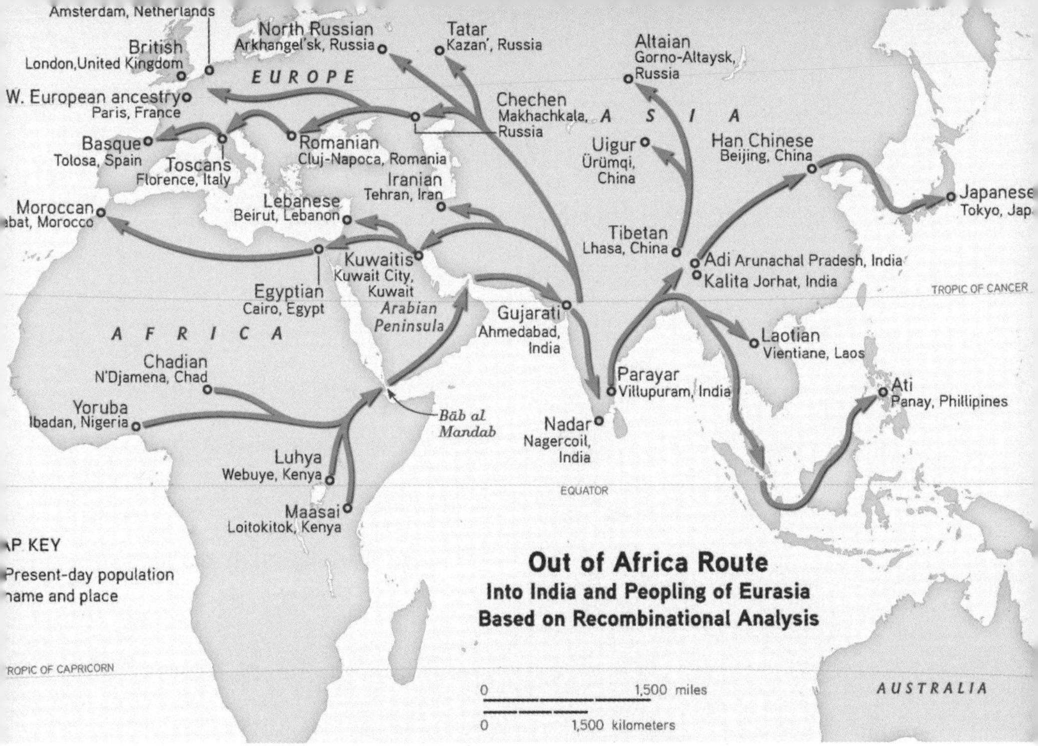

■ 아프리카 기원설을 설명하는 지도. 다윈은 원숭이와 침팬지의 조상들이 유독 아프리카에서만 발견된다면 인류의 조상도 아프리카에서 기원했을 가능성이 높다고 생각했다.

영국의 인류학자 앨리스 로버츠(Alice Roberts)가 쓴《인류의 위대한 여행》은 2009년에 방영된 BBC 다큐멘터리 〈믿을 수 없는 인간의 여행(Incredible Human Journey)〉의 전 과정을 기록한 책이다. 앨리스는 이 책에 "다큐 촬영의 여정, 그리고 우리 조상이 완전한 호모 사피엔스가 되어가는 철학적 여행", 이렇게 두 개의 여행을 담았다.

그녀는 다양한 분야의 전문가들, 그리고 추운 시베리아와 건조한 칼라하리 등 지구촌 곳곳의 원주민들을 만나 인터뷰했다. 사람이든 동물이든 숫자가 많아지면 더 넓은 지역으로 퍼져 나가는 게 순리일 것이다. 우리 조상들은 '아프리카를 탈출해 전 지구로 퍼져나가겠어' 하는 영웅심을 갖고 있지 않았다. 사냥감을 쫓고, 더 나은 환경을 물색하고, 생존영역을 넓혀가는 과정에서 수많은 우여곡절 끝에 살아남았을 뿐이다. 앨리스는 조상들의 독창성과 적응력에 찬탄을 보내며, "그들도 결국 당신과 나와 똑같은 사람일 뿐"이라고 강조한다. 앨리스가 이 여행에서 얻은 중요한 결론은 '인종차별에는 아무 과학적 근거가 없다는 점'이었다. "이 지구상에 존재하는 서로 다른 집단 간의 차이는 그들이 살아온 지역의 기후 등으로 인해 생긴 아주 작은 차이에 불과하다."

지구 위의 인류가 모두 아프리카 출신이라면 피부색 등 신체 특성이 다른 이유는 뭘까? 피부색을 결정하는 건 멜라닌 색소다. 백인과 흑인은 멜라닌 색소의 숫자가 같은데, 흑인의 멜라닌 색소가 더 굵기 때문에 자외선 차단 능력이 뛰어나다. 흑인 중에 곱슬머리가 많은 것도 마찬가지다. 곱슬머리는 직모보다 햇볕을 쉽게 차단하고 체열을 빨리 배출할 수 있다. 일조량의 차이에 따라 자연스레 일어난 진화로, 이러한 외모의 변화가 생기는 데는 그리 많은 세월이 필요하지 않다. 물론 문화와 습성의 차이는 존재한다. 아프리카 사람들은 장거리 달리기에 능하고 북유럽 사람들은 스키와 스케이트 등 겨울 스포츠가 뛰어나다. 이것은 생존환경에 적응한 결과 생겨난 차이일 뿐, 우열의 잣대가 되지는 못한다.

우리 호모 사피엔스보다 먼저 태어나 살다가 멸종한 다른 인류들도 있었다. 약 400만 년 전 아프리카에 살았던 오스트랄로피테쿠스

(Australopithecus, 남쪽에 사는 원숭이)가 최초의 인류로 진화했다. 약 250만 년 전 호모 하빌리스(Home habilis, 손재주가 있는 사람)가, 200만 년 전 호모 에렉투스(Homo Erectus, 똑바로 서서 걷는 사람)가 역시 아프리카에서 태어났다. 이 가운데 오스트랄로피테쿠스와 호모 하빌리스는 아프리카에서만 유골이 발견됐기 때문에 그곳에서 살다가 멸종한 것으로 추정된다. 베이징 원인과 자바 원인은 호모 에렉투스에 해당하지만, 이들은 오늘날 인류의 조상으로 인정되지 않고 있다.

아프리카를 떠나 지구 곳곳으로

우리는 길게 보아 50만 년, 짧게 보아 20만 년 전에 태어난 호모 사피엔스(지혜로운 사람)에 속한다. 호모 하빌리스, 호모 에렉투스, 호모 사피엔스는 조상과 후손의 관계가 아니라 종류가 다른 인간들이었다. 개로 치면 스피츠, 셰퍼드, 불도그, 말티즈가 다른 것처럼 이들은 서로 달랐다. 개들은 여러 다른 종류가 공존하고 있지만, 인류는 호모 사피엔스만 남고 모두 멸종했다. 흑인, 백인, 황인은 모두 호모 사피엔스라는 같은 종류의 인간이다.

우리가 속한 호모 사피엔스는 호모 에렉투스보다 인구가 많고 사냥기술이 뛰어났다. 그들도 아프리카를 중심으로 생존영역을 넓혀갔다. 약 13만 년 전부터 1만 년 전까지 장구한 세월에 걸쳐 진행된 인류의 대이동은 오늘날 우리가 사는 지구촌의 원형을 만들어냈다. 이 대

이동이 끝날 무렵 인류는 수렵사회에서 농경사회로 이행했고, 사유재산과 빈부격차가 생겨났으며, 시장과 도시, 국가와 문명을 만들기 시작했다. 흑인, 백인, 황인의 차이는 그 뒤 약 1만 년 동안 다른 생존환경에 적응해온 결과 생겨난 것이다.

아프리카에 살던 우리의 조상은 인류의 사촌인 고릴라, 침팬지, 보노보처럼 나무 위에서 살며 바나나를 먹었다. 어느 시점 나무에서 내려와 두 발로 서서 걷게 된 인류는 여러모로 생존경쟁에서 유리했다. 과거처럼 나무 위의 열매를 따 먹기도 어렵지 않았고, 얕은 물속의 생선과 조개를 잡는 것도 편리했다. 두 발로 서 있으니 더 멀리 볼 수 있어서 맹수들을 미리 발견할 수 있었다. 인간은 고기 맛에도 일찍이 익숙해졌다. 타고난 장거리 선수였던 인간은, 창을 던져 초식동물에게 상처를 입힌 뒤 지쳐 쓰러질 때까지 추격해서 잡을 수 있었다.

불은 프로메테우스의 선물이었다. 사냥해온 동물의 고기를 불에 구워서 먹으면 소화와 흡수가 빨랐고, 그 결과 두뇌 용량이 비약적으로 커졌다. 불은 추운 밤도 견딜 수 있게 해주었다. 인간은 사냥할 때 입은 부상으로 목숨을 잃거나 맹수의 먹이가 되는 경우도 있었지만, 돌과 불을 사용해서 힘센 포식자를 물리치는 법을 익혔다.

마지막 빙하기였기 때문에 아프리카는 쾌적했고 먹을거리가 풍부했다. 아프리카 전역을 사냥터로 삼은 호모 사피엔스는 더 많은 사냥감을 찾아 시나이 반도와 소말리아 끝자락을 통해 아시아로 건너갔다. 최초의 대이동이 시작된 것이다.

목적지를 향해 봇짐을 싸들고 줄지어 떠난 여행이 아니었다. 사냥과 채취의 영역을 넓혀나간 긴 과정일 뿐이었다. 인도를 거쳐 호주로, 터키를 거쳐 유럽으로, 중국을 거쳐 아메리카 대륙으로 건너가는 데 10만 년의 세월이 걸렸다. 이 여행은 무척 힘들었지만, 놀랍고 경이롭기도 했다. 가는 곳마다 인간의 발길이 닿지 않은 새로운 세계가 펼쳐졌기 때문이다.

당시 기후와 지형이 지금과 달랐다는 점을 염두에 두어야 한다. 빙하기 말기였으므로 지구는 지금보다 추웠다. 불 지핀 보금자리와 순록의 가죽이 없었다면 생존하기 어려운 환경이었다. 극지대의 빙하가 컸기 때문에 바다 표면이 지금보다 낮았다. 동아시아의 우리 조상은 좁은 베링 해협을 잇는 다리가 아니라 폭 320킬로미터, 길이 1,600킬로미터의 광활한 베링기아 평원을 가로질러 아메리카 대륙으로 건너갔다. 그들은 꽤 긴 세월 베링기아에서 살았을 것으로 추정된다. 알래스카에서 캐나다 북서부까지 거대한 빙하가 가로막고 있어서 이동이 곤란했기 때문이다. 우리 조상은 빙하기가 끝나 거대한 장애물이 녹은 뒤 북미 대륙의 바닷가를 따라 남쪽으로 여행을 이어갔다. 베링해 바닥에는 그 옛날 조상들의 유해와 살림살이의 흔적들이 남아 있을 것이다.

단순히 생존만을 위한 여행이 아니었다. 10만 년의 세월, 인간은 더 나은 삶을 추구하면서 자연스레 문화를 발전시켰다. 돌도끼를 개량했고, 요리법을 개발했으며, 모피를 걸쳐 입었고, 동굴벽화를 그렸고, 악기를 연주하게 됐다. 아메리카 남쪽 끝 파타고니아에 도착할 무렵, 인간은 어느덧 정착생활을 시작했다. 사냥과 채집도 계속했지만, 농사가 주된 식량 조달 수단이 된 것이다. 농업혁명과 함께 인간의 역사는 완전히 새로운 국면으로 접어들게 됐다. 이게 약 1만 년 전 일이다.

또 다른 인류 기원설

'아프리카 기원설'을 아주 간략히 요약해보았다. 물론 '다지역 기원설'도 완전히 폐기되지는 않았다. 인류의 대이동은 두 차례 있었다. 아프리카를 떠나 지구 곳곳으로 퍼진 인류는 호모 에렉투스와 호모 사피엔스, 두 종류였다. 호모 에렉투스는 불과 도구를 사용했고 사냥을 할 줄 알았다. 그들은 사냥감을 찾아 멀리 헤매다가 약 80만 년 전 중국의 베이징과 인도네시아의 자바 섬까지 영역을 확장했다. 이들이 바로 호모 에렉투스의 한 갈래인 베이징 원인과 자바 원인이다. 중국의 인류학자들은 베이징 근교 저우커우뎬에서 발견된 80만 년 전의 호모 에렉투스, 즉 베이징 원인이 중국인의 기원이라고 주장하는데, 이를 뒷받침할 분명한 증거는 없다. 중국인의 자긍심과 애국심을 높이려는 의도가 없지 않을 것이다. '아프리카 기원설'을 믿는 사람들은 베이징 원인이 나중에 도착한 호모 사피엔스에게 흡수됐거나 멸종했을 거라고 반박한다. 하지만 동양인이 서양인에 비해 키가 작은 건 호모 에렉투스와 호모 사피엔스가 피를 섞어서 낳은 후손이기 때문 아닐까? 이 가설에 대해 명쾌하게 답하는 책을 아직 찾지 못했다.

난장이족 호빗 이야기도 재미있다. 2003년 인도네시아 플로레스

■ 유적지 안의 박물관 앞에 세워진 베이징 원인의 동상. 1923년 중국 베이징 시 근교 서남쪽 저우커우뎬(周口店)에서 발견된 베이징 원인은 호모 에렉투스에 속하며 불을 사용하였다.

의 한 동굴에서 발굴된 뼈는 10만 년 전의 키 작은 어른이었다. 사람은 사람인데 아프리카에서 건너온 호모 사피엔스보다 훨씬 작았다. 이 호빗은 현지인들의 전설에 '에부 고고'란 이름으로 살아 있었다. 그들은 마을에 내려와 곡물과 과일을 훔쳐갔고, 때로 아이들을 납치해 가기도 했다. 현지조사를 간 인류학자 앨리스 로버츠가 물었다. "아이들을 데려가서 뭘 하려 했을까요?" 현지인의 대답은 간단했다. "아이들을 좋아해서 그랬겠죠." 아무래도 잡아먹으려고 납치해갔을 개연성이 높다. 플로레스 사람들의 조상은 이 성가신 '에부 고고'의 동굴로 찾아가서 불 질러 죽였다고 한다. '에부 고고'는 약 1만 2,000년 전에 멸종한 것으로 보이는데, 이들이 마지막 자바 원인 아니었을까? 아무튼, 지금 살아있는 인도네시아 사람들의 조상은 아프리카 출신의 호모 사피엔스라는 게 정설이다. 그러나 이 경우도 자바 원인과 호모 사피엔스가 피를 섞었을 가능성을 아주 배제할 수는 없다.

우리 조상의 발길이 닿는 곳마다 매머드 같은 대형 포유류의 멸종이 이어졌다는 건 생각해볼 일이다. 매머드, 조상낙타, 검치호랑이, 글루토돈, 디프로토돈 등 큰 동물들이 갑자기 사라진 건 기후변화 때문일까? 1만 3,000년 전 빙하기가 끝나면서 초원이 사막으로 바뀐 결과 먹이사슬이 끊어졌고 그 결과 대형 포유류들이 멸종했다는 주장은 설득력이 떨어지는 것 같다. 지구가 따뜻해진 덕에 먹을거리가 더 많아진 동물들도 비슷한 시기에 멸종했기 때문이다. 그렇다면 인간이 닥치는 대로 사냥한 결과 아닐까? 계급, 국가, 사유재산이 생기기 전에 이미 인간은 다른 동물을 먹이로만 여기는 자기중심주의를 유감없이 발휘한 게 아닐까? 고고학자들은 매머드의 유골이 나온 곳을 조사하면 인류의 이동경로를 파악할 수 있다고 한다.

30만 년 전 유럽에는 네안데르탈인(Neanderthal man)이 번성했는데, 2~3만 년 전에 모두 사라졌다. 네안데르탈인은 호모 사피엔스인 크로마뇽인(Cro-Magnon man)에게 동화된 걸까? 아니면, 인류 역사상 최대의 학살이 벌어진 걸까? 유럽 학자들은 자기 조상이 걸린 문제이기 때문에 네안데르탈인이 사라진 이유를 무척 치열하게 고민하고 있다. 흥미로운 가설들이 난무하고 있지만, 머지않아 구체적인 결론이 나올 것이다. 아무튼 오늘날 유럽인들이 아프리카에서 온 호모 사피엔스의 자손이라는 건 분명하다.

마지막 네안데르탈인

알로? 올라?

"그때 우린 낯선 종족을 만났어. 머리가 큰 인간들이었지. 곰처럼 으르렁거렸고, 손으로 말을 했지. 무척 혼란스러웠어. 사람이 없다고 생각한 지역에 사람이 살고 있었으니 말야. 그들은 수가 적었고, 그때까지 한 번도 마주치지 못할 만큼 넓은 땅에 흩어져 살고 있었어. 그들도 우리 같은 인간을 본 건 처음이었나 봐. 우리처럼 무척 놀랐다고 하더군."

프랑스 소설가 마르크 클라프진스키(Marc Klapczynski)의 《마지막 네안데르탈인 아오(Ao, l'homme ancien)》에서 크로마뇽인 부족의 늙은 샤만은 네안데르탈인과의 첫 만남을 회상한다. 사람은 사람인데 종류가 다

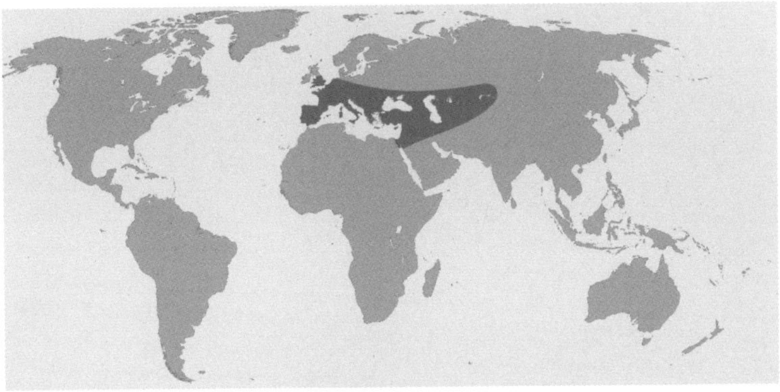

■ 네안데르탈인은 유럽, 중동, 러시아 남부지역에 걸쳐 살았다.

른 사람, 첫 만남은 어땠을까? 소설에서 크로마뇽인들은 낯선 네안데르탈인 소년 아오를 경계하고, 심지어 적대시한다. 크로마뇽인 사냥꾼 카 마이는 처음 마주친 아오를 가리키며 말한다.

"저 자의 목소리는 동물이 내는 소리와 같고, 피부는 부분적으로 털에 덮여 있습니다. 그는 사람도 아니고, 동물도 아닙니다. 그는 위험한 존재입니다. 그를 죽이거나 그가 온 곳으로 돌려보내야 합니다."

네안데르탈인과 크로마뇽인, 양쪽 다 사냥과 채집으로 먹고사는 건 비슷했지만, 언어가 덜 발달한 네안데르탈인은 크로마뇽인의 눈에 '곰 인간'으로 보였다. 크로마뇽인 여성 아키 나아는 위기에 처했을 때 네안데르탈인 소년 아오의 도움으로 목숨을 건진다. 처음엔 의사소통이 안 되지만, 감사와 신뢰가 쌓이면서 마음을 열게 된다. 아키 나아는 아오를 변론한다. "이쪽은 아오예요. 사람이에요. 우리보다 먼저 이 세계 한쪽에 살던 고대인이에요. 이 사람이 절 보호해줬어요. 저와 아기를 위해 사냥을 해주었어요."

네안데르탈인 소년 아오는 새(鳥) 부족, 호수 부족 등 크로마뇽인들 사이에서 우정과 갈등을 경험한다. 크로마뇽인 여성 아키 나아는 아오와 몸을 섞어 아기를 낳는다. 아오가 애타게 찾는 고향의 네안데르탈 부족은 나타나지 않는다. 그가 잠시 떠난 사이, 추위와 굶주림에 못 이겨 모두 죽은 게 아닐까.

유럽 사람들은 네안데르탈인에 대해 관심이 꽤 많은 것 같다. 자기 직계 조상들과 같은 지역에 오래 살았던, 사촌과 같은 존재라서 그럴 것이다. 네안데르탈인의 특성, 멸종 원인, 크로마뇽인과의 만남을 연구한 책들이 많이 나와 있다. 스티븐 미슨(Steven Mithen)의 《노래하는 네안데르탈인(The singing Neanderthals)》, 브라이언 페이건(Brian Fagan)의 《크로마뇽(Cro-Magnon)》, 후베르트 필저(Hubert Filser)의 《최초의 것(Das erste Mal)》 등 훌륭한 책들 덕분에 우리는 네안데르탈인들의 삶을 꽤 자세히 알 수 있다. 크로마뇽인과 네안데르탈인의 만남을 묘사한 소설 《마지막 네안데르탈인 아오》는 탄탄한 기초 조사 위에 문학적 상상력의 날개를 달았으니 이 흥미진진한 시간여행의 훌륭한 안내자가 된다. 이 소설은 프랑스에서 영화로도 만들어졌다.

네안데르탈인은 30만 년 전 유럽에서 진화했다. 아프리카를 떠난 호모 사피엔스가 유럽에 들어와서 이들과 마주친 건 3~4만 년 전이다. 두 인류는 약 5,000년 동안 공존했다. 크로마뇽인(호모 사피엔스)은 살아남아 유럽인의 조상이 됐지만 네안데르탈인은 약 3만 년 전부터 멸종의 길로 접어들었다.

두 인류는 작은 부족 단위로 사냥하고 채집하며 살다가 마주쳤다. 크로마뇽인 부족들끼리 만나서 싸운 적도 있겠지만, 한쪽이 "알로?" 하고 다른 쪽이 "올라?" 하면 적대행위를 피할 수도 있었다. 유럽의 터줏대감 네안데르탈인과 새로 이주해온 크로마뇽인은 의사소통이 쉽지 않았다. 네안데르탈인은 "아오?" "오아?" 허밍 수준의 말밖에 할 줄 몰랐다. 손짓발짓으로 소통하려면 가까이 다가서야 하는데, 그건 위험한 일이었다. 두 인류의 첫 만남은 살얼음을 걷는 긴장 속에 이뤄졌다.

독일 튀빙겐엔 크로마뇽인의 동굴과 네안데르탈인의 동굴이 그리 멀지 않은 곳에 있다. 두 인류가 이웃해 살기도 했다는 증거다. 로널드 라이트(Ronald Wright)는 《진보의 함정(A Short history of progress)》에서 네안데르탈 아이들이 크로마뇽 동네에 돌 던지러 가는 내용의 만화를 소개한다. 후기 네안데르탈인과 초기 크로마뇽인은 상대의 사냥물을 훔치고, 여자나 아이를 납치해오고, 서로 바위를 던지기도 했다는 것이다. "상상할 수 없는 긴 투쟁 끝에 결국 네안데르탈인은 영원히 사라졌다."

인류의 가장 가까운 친척

우리의 직계 조상은 아니지만 가장 가까운 친척이었던 네안데르탈인, 그들의 삶과 죽음은 애틋한 관심을 일으킨다. 그들은 우리 호모

■ 네안데르탈인(좌)과 크로마뇽인(우) 상상도. 아놀드 슈왈제네거와 우디 앨런 정도로 다르게 생겼을 뿐 결정적 차이는 없었다. 네안데르탈인은 멸종했지만 크로마뇽인은 살아남아 유럽인의 조상이 됐다.

사피엔스와 어떤 점이 비슷했고, 어떤 점이 달랐을까? 두 인류는 간혹 물물교환을 했을지도 모르지만, 한정된 자원을 놓고 갈등을 일으켰을 개연성이 높다. 직접 충돌은 피했겠지만, 사냥감을 놓고 경쟁하거나 영역다툼을 벌였을 것이다. 그들은 조심스레 경계하며 서로 살폈다.

네안데르탈인은 체격이 다부지고 억셌다. 서로 맞붙어서 폭력으로 싸웠다면 크로마뇽인에게 지지 않았을 것이다. 네안데르탈인의 외모는 현대인 중 골격이 굵고 땅딸한 사람과 비슷했을 것이다. 외투를 입고 모자를 쓴 채 지하철역에 서 있으면 누가 이상하게 생각하겠는가? 두 인류의 외모는 아놀드 슈왈제네거와 우디 앨런에 비유할 만하다.

서양 인류학자들은 아무도 얘기하지 않지만, 처음 마주쳤을 때 네

■ 네안데르탈인의 최후 유적지 고람 동굴. 인류의 직계 조상인 호모 사피엔스와 더불어 지구상에서 가장 영리하고 강력한 존재였을 네안데르탈인은 모두 어디로 간 것일까?

안데르탈인은 백인이고 크로마뇽인은 유색인이었을 것이다. 유럽에서 오래 살아온 후기 네안데르탈인은 적은 일조량으로 비타민D를 합성할 수 있도록 피부가 희게 바뀌었을 가능성이 높다. 반면, 아프리카에서 터키 일대를 거쳐 유럽에 갓 이주해온 초기 크로마뇽인(호모 사피엔스)는 여전히 유색인이었을 것이다.

네안데르탈인은 나무에 돌을 매달아서 사슴과 토끼, 오리와 메추리, 돌고래와 바다표범을 사냥했고, 홍합과 삿갓조개를 채집했고, 불을 사용했다. 그들은 오랜 세월 먹이사슬의 꼭대기 지위를 누렸지만 생존 조건이 몹시 거칠었다. 사냥하다가 다치거나 목숨을 잃는 경우가 많아서 30살을 넘기기 어려웠다. 그들은 다친 사람들을 보살폈고,

죽은 이를 꽃으로 장식해서 매장했다.

네안데르탈인의 최후 유적지는 지브롤터 해변의 고람 동굴이다. 10만 년 동안 수백 명이 계속 살았던, 무척 큰 거주지다. 마지막 네안데르탈인은 호모 사피엔스에게 밀려서 이곳까지 쫓겨 온 걸까? 빙하기의 추위를 피해 어쩔 수 없이 따뜻한 고향에 돌아온 걸까? 네안데르탈인은 2만 8,000년 전에 지상에서 자취를 감췄다. 그들은 왜 멸종했을까?

추위 때문이란 설명은 충분치 않다. 추운 건 크로마뇽인도 마찬가지였다. 기후변화로 이미 개체수가 줄고 있던 네안데르탈인은 크로마뇽인이란 낯선 존재를 만나 생존경쟁에서 패배했다고 보아야 할 것이다. 오랜 세월 사냥감을 놓고 영역 다툼을 벌인 결과 네안데르탈인은 점점 궁지에 몰렸다.

후기 네안데르탈인과 초기 크로마뇽인의 석기는 비슷한 수준이었다. 그러나 무기의 성능에 미세한 차이가 있었다. 두 인류는 활은 없었지만 창은 사용했다. 크로마뇽인의 창은 작고 날렵했다. 힘껏 던져서 멀리 있는 동물을 잡을 수 있었다. 크로마뇽인들은 집단 구성원이 협동하여 사냥을 하는 데 익숙했을 것이다. 창이 작은 만큼, 큰 동물 한 마리를 여러 명이 함께 공격하곤 했을 것이다. 반면, 네안데르탈인의 창은 크고 투박했다. 사냥감과 마주보거나 등에 올라타서 격투하듯 찔러야 했기 때문에 사냥하는 도중 부상을 입는 경우가 많았다. 두 인류가 일대일로 권투나 레슬링을 벌인다면 네안데르탈인이 이겼겠지만, 집단으로 맞붙는다면 크로마뇽인이 유리했을 것이다.

덩치 크고 효율성 떨어지는 무기는 네안데르탈인이 패배한 이유 중 하나였을 것이다. 네안데르탈인이 육식 위주였다는 점도 멸종을 앞당긴 요인일 것이다. 굶어 죽을 지경인데도 고기만 찾았다면 아무래도 살아남기 어렵지 않았을까?

가장 큰 요인은 문화와 소통 능력의 차이였다고 전문가들은 입을 모은다. 인간의 언어 능력을 결정하는 FoxP2 유전자는 두 인류가 같았지만 뇌에 작은 차이가 있었다. 네안데르탈인의 뇌는 전두엽이 커서 기억력과 공간 지각력은 뛰어났지만 두정엽, 측두엽이 조금 작아서 다양한 정보를 엮는 통합적 사고력이 떨어졌다.

언어는 개인의 사고능력뿐 아니라 집단 내의 소통능력과 직결된다. 후베르트 필저는 "소통하고 협력하는 능력이 생존 비결"이라고 말한다. 호모 사피엔스는 언어, 음악, 미술, 의복의 발전을 통해 튼튼한 정체성과 넓은 사회관계망을 이뤘기 때문에 살아남아 우리의 조상이 됐다. 네안데르탈인은 크로마뇽인과 접촉하면서 뒤늦게 옷, 장신구 등 문화를 발전시켰지만 쇠락의 길을 되돌릴 수 없었다.[1]

살아남은 인류의 조상

호모 사피엔스는 문화예술을 통해 넓은 관계망과 강한 동질성을 키울 수 있었다. 독일의 홀레펠스(Hohle Fels) 동굴에서 발견된 상아 플루트와 백조뼈 플루트는 3만 5,000년 전에 크로마뇽인이 이미 악기를

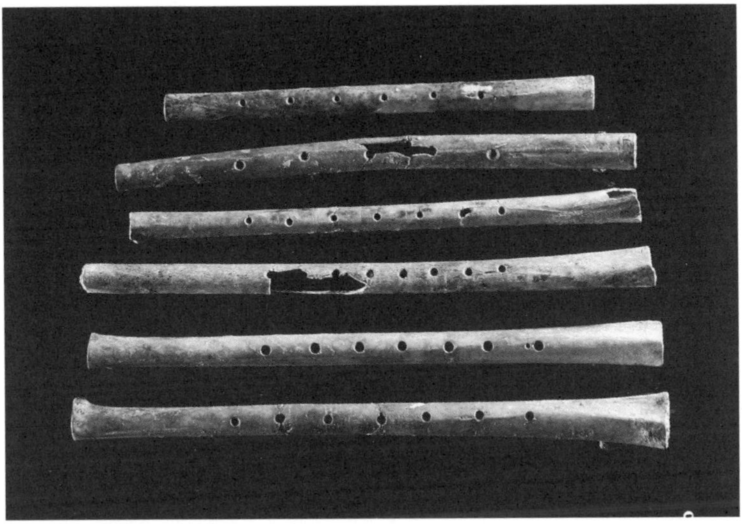

■ 홀레펠스 동굴에서 나온 3만 5,000년 전의 백조뼈 플루트. 가장 오래된 인류의 악기다.

연주했음을 보여준다. 음악은 이성을 유혹하는 강력한 신호이자 공동체를 묶어주는 매체였다. 튀빙겐 대학교의 니콜라스 콘라트(Nicholas Conard) 교수는 "음악은 보다 정교하고 차원 높은 정신세계를 의미한다"며, "호모 사피엔스의 음악은 여러 집단을 하나로 묶어주는 역할을 했다"고 말했다.

프랑스 라스코(Lascaux)와 쇼베(Chauvet)의 동굴벽화는 크로마뇽인에게 종교적 의례가 있었음을 말해준다. 사람과 동물의 형상을 닮은 돌로 가득 찬 동굴은 자연이 건설한 '영혼의 집'이었다. 동굴벽화 전문가 미셸 르블랑슈는 입으로 안료를 뿜어서 벽화를 그리는 과정이 "화가 자신의 혼을 그림에 불어넣는 것과 같다"고 해석했다. 동굴벽화를 통해 인간은 뇌가 아닌 곳에 정보를 저장할 줄 알게 됐다.

인간의 몸에 신성한 동물인 사자의 머리를 붙인 사자두상, 남녀의 생식기를 합쳐 놓은 비너스상 등 매머드 조각품도 유럽 전역에서 출토됐다. 호모 사피엔스가 부족의 한계를 넘어 공동체 의식을 키우기 시작했다는 증거다. 옷과 장신구도 '우리 편'이란 의식을 갖게 했다. 몸에 딱 맞게 재단한 크로마뇽인의 옷은 네안데르탈인이 걸친 동물 가죽보다 편리했다. 이동이 수월했고, 사냥할 때 기동성이 뛰어났다.

두 인류의 경쟁에서 물리적 힘보다 문화의 힘이 결정적이었고, 단순한 기능적 사고보다 융합적 사고력이 생존에 더 유리했다는 사실은 21세기를 사는 우리들이 눈여겨 볼 대목이다.

네안데르탈의 음악성이 호모 사피엔스보다 뛰어났을 거라는 스티븐 미슨의 가설은 퍽 흥미롭다. 네안데르탈인은 언어를 발달시키지 못했는데, 이는 언어와 음악이 분화하지 않은 소리로 소통했다는 뜻이다. '흐으음(Hmmmm: Holistic, manipulative, multimodal, musical, mimetic의 약어)'으로 요약되는 그들의 언어는 멜로디와 리듬 등 음악적 요소를 갖고 있었다.

이들의 음악-언어는 "감정, 의도, 정보를 전달하여 협력을 이루는 수단"으로, 집단의 생존에 필수 요소였다. "사냥할 때, 짝을 찾을 때, 구성원들이 유대를 강화할 때 음악-언어는 훌륭한 소통 수단이었다. 예나 제나 거의 모든 집단활동은 음악을 통해 이뤄졌다." 네안데르탈인들은 크로마뇽인들처럼 악기를 발명하지는 못한 것으로 보이지만, 목소리만으로도 무척 정교하게 소통했을 것이다. 일상생활에서 오

■ 프랑스 쇼베 동굴의 벽화. 3만 년 전, 크로마뇽인은 이 그림 앞에 모여 일종의 제의를 지냈다.

페라의 레치타티보(recitativo)처럼 멜로디가 있는 연극 대사로 대화했다면, 네안데르탈인은 무척 운치 있고 재미있게 살았다는 얘기다. 모차르트의 〈마술피리(Die Zauberflöte)〉 중 거짓말한 대가로 말을 못 하게 된 파파게노의 노래 '흠, 흠, 흠……'이 떠오르는 대목이다.(유튜브 검색어 'Papageno hm hm hm')

언어가 음악이고 음악이 언어였다면, 그들은 호모 사피엔스를 능가하는 친절하고 상냥한 감성을 가졌을지도 모른다. 소설《마지막 네안데르탈인 아오》에서 소년 아오가 크로마뇽인 여성 아키 나아의 곤경을 이해하고 기꺼이 도와주는 것은 충분히 개연성 있는 설정이다. 네안데르탈인의 음악-언어와 비슷한 대화는 요즘 사람들의 실제생활에서도 볼 수 있다. 맘 잘 통하는 서양 부부들은 '으흠?' 하면 '흐음!' 대답하는 걸로 충분하지 않은가.

두 인류가 만나서 교배했을 가능성도 충분히 상상할 수 있다. 유럽의 학자들이 DNA 분석을 했지만 직접적인 교배의 증거는 나오지 않았다. 그러나 '증거의 부재'가 '부재의 증거'는 아니다. 몬트리올 대학의 다미안 라부다(Damian Labuda)는 "두 인류는 중동에서 만났을 가능성이 높다"며, "현대인의 유전자 형질의 1~4퍼센트는 네안데르탈인에게서 왔다"고 주장했다. 네안데르탈인은 머리칼이 붉었다. 라부다에 따르면 "붉은 머리카락 유전자는 네안데르탈인에게서 온 것"이다. '빨강머리 앤'은 네안데르탈인의 유전자를 물려받았을 개연성이 높다.

로널드 라이트는 현대 유럽인의 핏줄 속에 네안데르탈인의 피가 조금은 흐르고 있다고 생각한다. 그는 "네안데르탈인의 멸종은 인류사 최초의 대량학살일지도 모른다"고 우울하게 의문을 제기한다. "폭력을 통한 방법을 제외하면 한 인간집단이 다른 인간집단을 대체하는 것을 상상할 수 없다"며, 두 인류 사이의 긴 투쟁은 결국 대량학살과 다를 바 없다고 지적했다.

인간의 발길이 닿은 곳마다

두 인류가 모두 우리 조상이라고 가정한다면, 그중 주류가 비주류를 멸종시켰다는 얘기가 된다. 로널드 라이트의 곤혹스런 마음에 충분히 공감할 수 있다. 그러나 이 주장은 사유재산, 계급, 국가가 생기기 전에 전쟁이 일어났다는 엄청난 결론으로 우리를 이끈다. 두 인류는 부족 단위로 살았으므로 전면전 같은 게 일어났을 가능성은 없다. 작은 충돌이 이어졌겠지만 이를 일방적인 학살로 규정하는 것은 아무래도 무리일 것 같다.

네안데르탈인이 우리 호모 사피엔스와 함께 지구촌에 살아남았다면 어떤 일이 벌어졌을까? 언어와 문화를 발전시켜 대등한 지구촌의 주인이 되었을까? 호모 사피엔스의 노예로 전락하여 신음하며 생존을 이어갔을까? 거꾸로, 그들이 호모 사피엔스를 지배하게 될 가능성은 없었을까? 두 인류는 농업혁명, 국가의 발생, 전쟁의 일상화를 겪으며 평화와 공존의 지혜를 배울 수 있었을까? 모두 공상과학물의 소재가 될 만한 상상일 뿐, 그들이 영영 멸종해버린 현실을 되돌릴 수는 없다.

인간의 발길이 닿는 곳마다 대형 포유류가 지구에서 사라졌다. 그래서 인류학자들은 대형 포유류의 멸종 지점과 시기를 활용하여 우리 조상의 이동경로를 파악한다. 로널드 라이트의 대학살 가설을 받아들이지 않더라도, 네안데르탈인이 크로마뇽인과의 만남 때문에 멸종하게 됐다는 점을 부정할 수는 없다. 우리의 조상은 대형포유류뿐 아니라 사촌인 네안데르탈인까지 절멸시킨 셈이다. 네안데르탈인이 음악-언어를 사용한 상냥한 족속이었다고 상정한다면 무척 마음 아픈 결론이다. 21세기, 지구촌을 가득 메운 우리 호모 사피엔스를 멸종시킬 능력과 가능성이 있는 종족은 누구일까? 외계인이 쳐들어올 가능성이 극히 희박하다고 볼 때, 우리를 멸종시킬 무서운 종족은 우리 자신일 확률이 거의 100퍼센트다. 물론 운석 충돌 등 자연재해로 멸종할 경우를 제외하고 하는 말이다.

인류가 곧 멸종할 거라고 주장하는 게 아니다. 지속가능한 삶을 위한 지혜를 찾아내고 이를 실천할 주체가 우리 자신뿐이라는 걸 깨달아야 한다는 것이다.

1. 장대익 교수는 2015년 5월 27일 PD교육원의 인문학 포럼(〈진화론적 실존주의-과학은 가치에 침묵하는가?〉에서 크로마뇽인이 네안데르탈인에 비해 활동 영역이 훨씬 넓었기 때문에 생존할 수 있었다고 설명했다.

—

농자천하지대본

모든 걸 바꿔버린 농업혁명

'밥이 하늘'이라 했으니 당연히 '농자천하지대본(農者天下之大本)'이다. 농민이 없으면 아무도 살 수 없다. 농사는 다른 의미에서도 만사의 뿌리다. 1만 년 전 일어난 농업혁명의 결과 우리가 사는 세상의 모든 문명과 제도가 생겨났기 때문이다.

인류가 지구에 존재한 이래 농업혁명보다 더 큰 사건은 없었다. 수렵채집 시대에 한 사람이 먹고 살려면 26제곱킬로미터의 땅이 필요했지만, 같은 면적의 땅에 밀, 콩, 보리를 심으면 50~100명의 식량을 얻을 수 있었다. 소, 양, 염소, 돼지 등을 길들여 키우게 됐으니 굳이 위험한 사냥을 하지 않아도 육류를 얻을 수 있었다. 상상해보라. 사냥하

■ 고대 이집트인들의 농사 장면. 인류가 지구에 존재한 이래 농업혁명보다 더 큰 사건은 없었다.

고 열매를 따려면 한 가족이 날마다 수십 제곱킬로미터의 드넓은 숲과 들판을 헤매야 했는데, 이제 한곳에 정착해서 훨씬 더 많은 수확을 할 수 있게 됐으니 얼마나 큰 변화인가.

'쓰레기더미 이론'이란 게 있다. 채집해온 야생 밀, 보리, 콩 중 먹지 않고 버린 알갱이가 어느새 싹을 틔워 자란 걸 발견하고 파종법을 깨우치게 됐다는 가설이다. 쓰레기에서 농사가 비롯됐다니 조금 꺼림칙하지만, 아주 설득력이 없진 않다. 여성들이 주로 채집을 담당했으니 농사의 원리를 제일 먼저 알아낸 사람은 아마 여자였을 것이다. 그리스 신화의 데메테르(Demeter), 우리 설화의 자청비(自請妃) 등 농사의 시조는 거의 다 여자였다.

야생동물들을 길들여 가축으로 만든 사람은 남성이었을 것이다. 이 동물 저 동물 사냥하다가 고분고분 말 듣는 놈을 산 채로 집에 데려온 게 목축의 시작이었을 것이다. 야생개는 인간이 피운 모닥불 근처를 맴돌며 먹을 것을 찾다가 인간을 우두머리로 받아들여 지금의 개가 됐다. 개는 인간의 재산인 가축들을 지켜준 대가로 안정된 먹이를 얻을 수 있었다. 일방적 지배가 아니라 일종의 공생관계인 셈이었다. 고양이는 이집트에서 처음 인간의 반려동물이 됐는데, 창고 가득 쌓아 놓은 곡물을 쥐로부터 지키는 역할을 했다. 매머드, 마스토돈 등 대형 포유류는 인간이 집에서 키우기에는 너무 컸기 때문에 가축이 되지 않았고, 인간의 사냥으로 멸종의 길을 걸었다. 그러나 소, 돼지, 양, 염소, 낙타 등 13종의 동물은 인간의 가축이 된 덕분(?)에 멸종을 피할 수 있었다.

농업혁명 초기에는 수렵하는 사람과 농사짓는 사람이 공존했을 것이다. 프랑스 인류학자 파트리샤 발라레스크(Patricia Balaresque)는 최초의 남성 농민이 무척 매력적이었을 거라고 말한다. "그들은 처음 보는 동물들을 데리고 왔다. 날카로운 돌도끼로 견고한 천막을 짓는다. 진주로 된 팔찌 등 장신구도 근사하다. 아이란, 되너, 플라덴 등 낯선 요리 솜씨도 뛰어나다. 그들은 눈빛이 푸르고 밝게 빛난다. 여자들은 이들과 물건을 교환하면서 낄낄거린다."

요즘은 농촌 총각이 장가가기 어려운 세상이지만 당시는 가축을 거느린 농민이 수렵채집민보다 더 섹시했고, 생식 면에서 유리했다는 것이다. 사람들은 먹고 남은 식량을 저장했고, 물물교환을 위해 시장을 열었다. 거의 모든 게 인류 사상 최초였으니, 무척 흥분되는 나날이었을 것이다. 낮에는 흥청거리는 시장에서 최초의 맥주를 마셨고 저녁엔 모닥불 주위에서 최초로 와인잔을 기울였을 것이다. 수메르 사람들은 맥주를 '카슈'라 불렀는데, '카스' 맥주의 이름은 여기서 왔을 것이다. 농업혁명으로 인류는 처음 풍요란 것을 맛보게 됐다.

농사짓기의 고단함

그러나 인류는 물질적 풍요의 대가로 과거보다 몸이 고달파졌다. 수렵채집시대의 노동시간은 평균 4~5시간이었지만, 농사를 지으려니 해 뜰 때부터 해질 때까지 일해야 했다. 인류는 처음으로 만성 스트레스를 겪게 됐다. 복잡해진 사회관계 때문에 직업이 분화됐고, 사유재산과 빈부격차가 생겼다. 이따금 열리던 시장이 상설화되면서 도시가 생겨났다. 농촌의 품에서 태어난 도시가 거꾸로 농촌을 지배하는 전도현상이 일어났다. 부자들은 재산을 지키기 위해 성곽으로 도시를 에워쌌고, 도시 간의 경쟁이 격화되어 전쟁이 멈출 날이 없었고, 결국 여러 도시를 아우르는 국가가 탄생했다.

전쟁 포로를 노예로 삼으면서 노예제도가 생겨났고, 여성 포로를 강제로 아내로 맞으면서 남성 중심의 유산 상속을 위해 가부장제가 자리 잡았다. 갈등과 시비와 범죄를 규제할 법률이 필요해졌다. 세상살이는 피곤해졌다. 문명은 여전히 농경사회에 뿌리를 두고 있었지만, 사람들은 농부의 마음을 일찌감치 떠나고 있었다. 농업혁명은 인류에게 물질적 풍요를 가져왔지만 이와 함께 모든 재난과 불행의 싹이 된 '판도라의 상자'이기도 했다.

터키 남부의 괴베클리 테페(Göbekli Tepe)에는 약 1만 년 된 최초의 농경사회 유적이 있다. 밀을 재배한 흔적과 함께, 강력한 지도자의 종교적 권위를 보여주는 석조 건축물들이 즐비하다. 이 유적 바로 남쪽, 이란 접경지대에 《성서》의 '에덴동산'이 있었다는 건 흥미롭다. 농경사회에 접어든 인간은 이미 과거가 된 원시공동체사회를 이상향으로 그리워한 게 아닐까?

농업혁명은 1,000년이 넘는 세월에 이뤄진 과정이었지만, 구석기시대의 기나긴 정체상태에 비하면 모든 변화가 순식간에 일어난 것처럼 보인다. 이 시대를 신석기시대, 청동기시대, 철기시대로 구분하는 건 큰 의미가 없어 보인다. 도구의 재료와 제조법이 발달했고 생산기술과 전쟁능력이 향상됐지만, 모두 농경사회라는 큰 틀에서 일어난 변화였기 때문이다. 메소포타미아, 이집트, 인더스, 황하 등 인류문명은 음악의 변주곡처럼 비슷하게 발전했다. BBC 다큐멘터리 〈인류, 20만 년의 여정(The Incredible Human Journey)〉은 이 과정을 생생하게 보여준다.

이집트의 경우, 나일 강의 홍수가 가져오는 비옥한 흙은 농사에 결정적이었다. 사람들은 물이 빠지기를 기다려 씨를 뿌리고, 돼지를 풀어서 밭을 밟게 하고, 곡식이 익으면 거둬들였다. 농사는 날씨에 의존했기 때문에 하늘과 땅과 태양의 신이 필요했다. 이 신들은 빛과 어둠,

■ 최초의 농경사회 유적인 터키 괴베틀리 테페 유적. 삶이 고달픈 농경시대 사람들은 수렵채취로 살던 구석기시대의 삶이 그리웠을까? 이 유적 남쪽에 실제로 있었다는 《성서》의 '에덴동산'은 구석기시대 사람들의 삶터로 추정된다.

비와 가뭄을 주관했다. 태양신의 아들 파라오는 모든 관개사업을 손수 지휘했다.

고대의 전제군주들은 태양신 숭배를 대중 지배에 활용했는데, 이집트의 파라오처럼 절대적인 효력을 발휘한 경우가 없었다. '나일 강의 선물'은 10년에 한 번꼴로 이 지역을 비껴갔는데, 9년 동안 농사가 잘 된 건 파라오의 지배에 복종한 대가였다. 10년에 한 번 나일 강이 범람하지 않아서 농사를 망치면, 그건 대중이 잘못을 저질러서 태양신의 천벌을 받은 것이었다. 절대 권력자가 태양신의 이름으로 대중을 벌벌 떨게 만든 것은 매우 효과적인 전략으로, 고대 이집트뿐 아니라 아스텍과 잉카 문명, 일본의 천황제와 북한의 김일성 숭배까지 긴 그림자를 드리웠다.

고대사회에서 가장 중요한 재산은 가축과 노예였는데, 둘 사이의 경계가 애매했다. 노예는 지능 있는 가축으로 여겨졌고 소처럼 멸시받았다. 이들도 사람이니 당연히 자신을 착취하는 지배계층에 대해 반감을 갖지 않을 수 없었다. 고대 이집트의 노예가 소 먹일 때 불렀다는 노래가 지금까지 전해진다.

"소야, 이삭을 짓밟아라! 이삭을 짓밟아 뭉개버려라! 모두 다 주인 것 아니더냐."

고대세계에서 전쟁은 다른 나라의 가축과 노예를 빼앗아오는 일상사였다. 베르디(Giuseppe Verdi, 1813~1901)의 오페라 〈아이다(Aida)〉에 나오는 〈개선행진곡(Grand March)〉은 에티오피아를 정벌하고 돌아오는 이집트 병사들을 환영하는 음악이다. 병사들이 입장하고 한바탕 춤판이 벌어지면 곡식, 가축, 옷감, 무기, 장식품 등 온갖 전리품이 퍼레이드를 벌이고, 맨 뒤에 포로가 등장한다. 노예로 활용할 수 있는 포로가 가장 비싼 전리품이었다. 〈개선행진곡〉은 약탈전쟁에 기반을 둔 이집트 신왕국 파라오의 영광을 한눈에 보여준다.(유튜브 검색어 'Triumphal March Aida')

'빅 히스토리'로 분류되는 책들은 인류 역사에서 가장 중요한 사건을 농업혁명이라고 일치되게 서술한다. 농업혁명을 기준으로 인류의 역사는 20만 년의 수렵채집시대와 1만 년의 문명시대로 나뉜다. 농업혁명이 촉발한 문명과 역사, 그 커다란 흐름은 18세기의 산업혁명을 거쳐 첨단정보시대인 지금까지 본질적으로 변하지 않았다.《인류의 역사(The Story of Man)》를 쓴 시릴 아이돈(Cyril Aydon)은 "인류 역사에서 가장 큰 사건은 기원전 8000년경의 신석기 혁명과 17~18세기 유럽의 산업혁명"이라고 주장했다. 크게 공감할 수 있는 관점이다. 자칫 지루해지기 쉬운 통사를 구체적인 사례와 이야기로 풀어가는 글쓰기 솜씨도 참 매력적이다.

—

함무라비 법전

"눈에는 눈, 이에는 이"

함무라비 법전(Code of Hammurabi)은 무척 잔인해 보인다. 모든 폭력에 똑같은 폭력으로 보복한다면 얼마나 살벌한 세상이 될까. 이 원칙은 남에게 피해를 준만큼 대가를 치러야 최소한의 정의가 이뤄진다는 뜻으로 읽힌다. 눈 다치게 한 사람을 죽이거나 이 부러뜨린 사람을 반신불수로 만드는 지나친 처벌을 막자는 취지도 있을 것이다. 문명종교라는 기독교의 모세 율법도 같은 원칙을 말하고 있으니, 유독 함무라비 법전만 잔인하다고 비난하긴 어렵다.

"함무라비, 당신은 찬양받을 군주요, 신들의 충실한 신하다. 정의를 사방에 전파하고 사악함을 없애버렸으며, 강자를 누르고 약자를 도

와주었다. 당신은 만인을 교화하고 행복하게 만들어주었다."(함무라비 법전 서문)

최초의 성문법인 함무라비 법전은 기원전 1772년, 바빌로니아의 6대 왕 함무라비가 선포했다. 사람 키 높이의 비석에 282개 조항을 설형문자로 새겨 넣었다. 함무라비의 별명은 '적을 향해 돌진하는 황소'였다. 35년간의 정복전쟁으로 티그리스-유프라테스 유역을 통일한 그는 백성을 편안하게 다스릴 방법을 고민했다. 함무라비 법전은 고대 바빌로니아가 200년 동안 번영을 누릴 수 있게 해준 초석이 됐다.

"법전이란 강한 자가 약한 자를 모욕하지 않게 하고, 고아와 과부가 머물 곳을 갖게 해주는 것이다. 손해 입은 자가 정의를 펼칠 수 있게 하는 것이다."

농경사회로 접어든 뒤 인간사회는 신속히 변화했다. 잉여 농산물에서 사유재산이 발생했고, 계급과 신분이 분화했고, 상거래와 도시가 발달했고, 국가가 탄생했고, 약탈전쟁이 일상화됐다. 복잡한 이해관계가 충돌하자 이를 조정할 법이 필요해졌다. 함무라비 법전보다 300년가량 앞서 우르남무(Ur-Nammu) 왕이 법을 제정한 바 있다. 기원전 2100~2050년에 점토판에 새긴 우르남무 법전은 오늘날 약 40개 조항을 판독하는 데 성공했지만, 매우 불완전한 모습이다. 이에 비해 함무라비 법전은 우르남무 법전에 비해 훨씬 더 구체적이고 완전한 모습으로 남아 있기 때문에 '최초의 성문법'으로 불린다. 무법천지가 될 수도 있는 세상에 법의 지배를 확립한 함무라비 법전은 왕권과 지배질서를 유지하는 수단이기도 했다.

■ 태양신 샤마슈가 함무라비 왕에게 법전을 주고 있다. 샤마슈는 정의의 신이기도 했다. 282개 조항으로 된 함무라비 법전은 '왕권신수설'의 원조가 됐다.

초기 국가의 생활상을 엿보다

농업혁명 이후 초기 국가를 이룬 당시 사회는 어떤 모습이었을까? 함무라비 법전은 재산을 둘러싼 분쟁, 부부와 부자(父子) 사이의 갈등, 의사와 소몰이꾼의 서비스에 대한 급료 등 인간사의 문제들을 해결하는 원칙을 규정하여 당시 사람들의 삶을 상상하게 해준다.

우선, 사유재산을 엄격히 존중한 게 두드러진다. "도둑질한 사람은 사형에 처한다"(6조), "남의 집에서 물건을 가져가다 잡히면 사형에 처한다"(22조)고 규정했다. 원시수렵사회에 없던 '소유'의 개념이 최고 가치로 자리 잡았음을 알 수 있다. "도둑질한 물건을 받은 사람도 사형에 처한다"고 하여 남의 재산을 건드리는 건 꿈도 꿀 수 없게 했다. "금, 은, 노예, 가축을 주인의 동의 없이 가져간 사람은 절도로 간주, 사형에 처한다." 당시 사람들이 소중히 여긴 재산 목록을 보여준다.

상거래의 발전을 보여주는 조항도 있다. "옥수수, 모직, 기름 등 물건을 주면 그에 해당하는 영수증을 받고, 이 영수증을 제시하면 보상 받는다"(104조)는 구절이 있다. 이 영수증은 초기 화폐의 맹아(萌芽)라 할 수 있다. "남녀 노예를 성문 밖으로 데려간 사람은 사형에 처한다"(15조), "노예가 주인에게 반항하면 귀를 자른다"(282조)라는 조항을 보면 노예를 재산으로 여긴 엄격한 신분사회였음을 알 수 있다. 노예가 사람대접을 받지 못했음을 암시하고 있다. "노예의 눈을 상하게 하거나 뼈를 부러뜨린 자는 벌금을 (자유민의) 절반만 낸다"(199조)고 했다. "눈에는 눈, 이에는 이" 원칙도 신분에 따라 다르게 적용된 셈이다.

가부장제의 규율도 있다. "아버지를 때린 자는 손을 자른다"(195조)고 했다. 모계 중심의 원시 공동체에서 일부일처 사회로 이행했다는 증거도 보인다. 여자는 '동의서'가 있어야만 아내로 인정됐는데, 여자를 납치하거나 폭력으로 데려가는 걸 막는 규정으로 보인다. 남편이 학대할 경우 아내는 친정으로 돌아갈 권리가 있었다. 여자의 기본권을 보장하려는 의지가 있었다고 해석된다. 간통에 대한 처벌도 무척 상세히 규정했다. "외간 남자와 누워 있다가 잡혔을 때 남편이 용서하지 않으면 (두 남녀를) 목 졸라 죽여서 물에 던지도록"(129조) 했다. 부부관계에 대해 10여 개 조항에 걸쳐 장황하게 설명하고 있는 걸 보니, 예나 제나 남녀관계는 말도 많고 탈도 많은 게 분명하다.

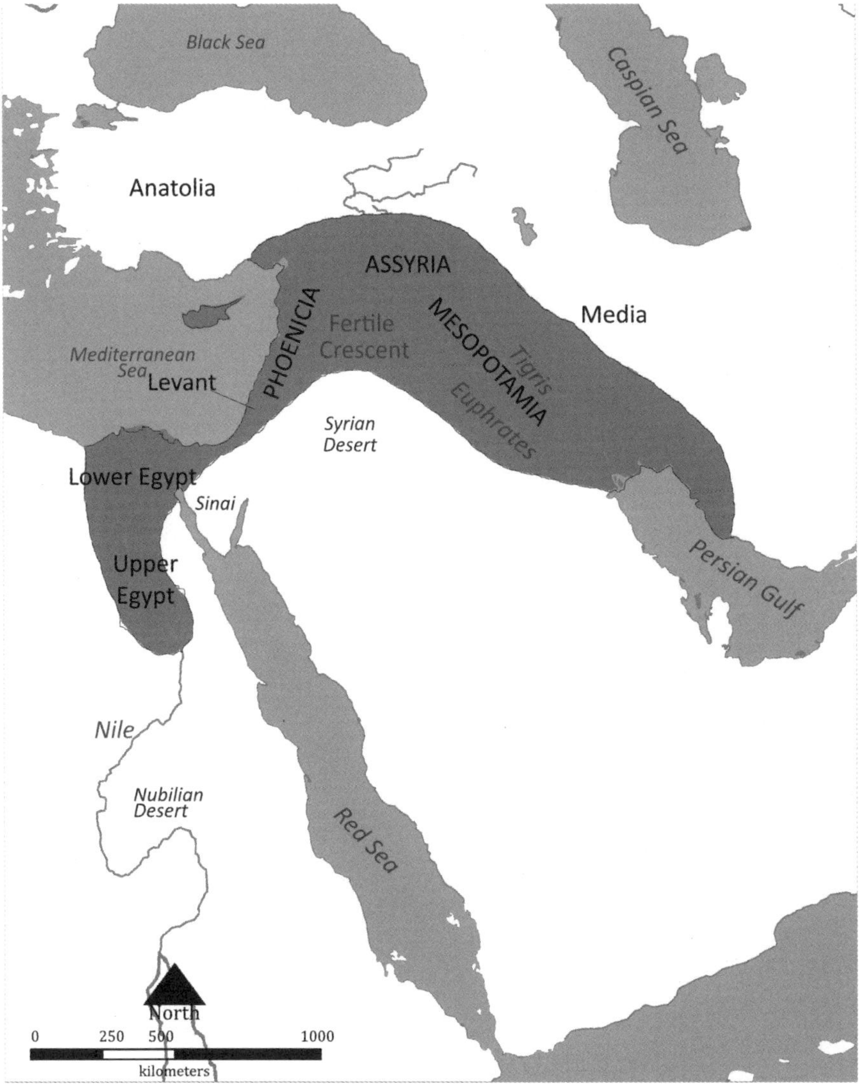

■ 함무라비 법전이 '비옥한 초승달' 지역에서 생겨난 것은 이 지역에서 국가와 문명이 충분히 발전했고, 사회 구성원 사이의 갈등이 매우 복잡하게 전개되고 있었음을 보여준다. 아프리카에서 전 세계로 퍼진 인류는 모두 이 비옥한 초승달을 통과했을 것이다. 이 지역에서 인류 최초의 문명이 발생한 것은 '교통의 요지'이기 때문이기도 했다.

왕의 말이 곧 법이다

함무라비 왕은 하늘의 신 아누(Anu), 땅의 신 엔릴(Enlil), 태양신 샤마슈(Shamash)의 권위를 상징했으니, 왕의 한마디가 곧 법이었다. '법(法)=왕(王)=신(神)'의 등식은 이른바 '왕권신수설'의 기본 전제였고, 이 권위에 도전하면 신의 저주를 면할 수 없었다. 사형을 남발하지 않았을까 궁금한데, 실제로 얼마나 자주 사형이 집행됐는지는 아직 잘 모르겠다.

우리나라 최초의 성문법인 고조선의 팔조금법(八條禁法)은 정확한 제정 시기를 알 수 없지만 함무라비 법전과 비슷한 시대상을 보여준다. 조선 후기의 실학자 지봉 이수광이 지은 《지봉유설(芝峰類說)》에 일부 내용이 전해진다.

첫째, "사람을 죽인 자는 즉시 사형에 처한다"고 했다. 농경사회에서 사람은 농토를 가꾸는 노동력이고, 인구는 국부와 국력의 상징이었다. 따라서 고조선은 사람의 목숨을 중요하게 여긴 사회였다. 둘째, "다른 사람에게 상해를 입힌 자는 곡식으로 보상한다"했다. 고조선은 이미 사유재산이 일반화되어 있던 사회였음을 알 수 있다. 셋째, "남의 물건을 도둑질한 자는 노비로 삼는다"고 했다. 고조선은 지배계급-평민-노비로 구성된 계급사회였다. 고대국가는 전쟁을 통해 정복한 부족의 사람들을 노예로 삼았는데, 고조선도 예외가 아니었다. 이 조항으로 볼 때, 고조선은 외부에서뿐만 아니라 자신의 사회에서도 노예를 충당했다고 짐작할 수 있다.

국가와 통치자의 권력을 제한하여 개인의 기본권을 보호하려는 근대 법치주의가 싹튼 건 함무라비 법전과 팔조금법의 시대로부터 3,000년이 지난 뒤였다. '최초의 헌법'으로 불리는 1215년 영국의 마그나 카르타(Magna Carta)가 처음으로 왕권을 제한했다. 이 법의 39조는 "법에 의하지 않으면 자유민을 함부로 체포하거나 구금하지 못하고, 권리나 소유물을 박탈하지 못하며, 범죄자 취급하거나 추방하지 못한다"고 하여 법치주의 원칙을 세웠다. 그러나 마그나 카르타는 영주와 기사 등 10퍼센트의 자유민을 위한 법이었다(조효제, 《마그나카르타 800년의 무게》). 대헌장이 나온 뒤 인류는 800년 동안 자유를 위해 투쟁해왔고 그 투쟁은 지금 이 순간도 계속되고 있다. 크게 보면 인권이 진보한 것 같지만 권력의 지배욕은 결코 사라지지 않았다.

18세기 시민혁명 이후 서구 여러 나라들이 근대 헌법을 제정했고, 1948년 우리나라도 어엿한 헌법을 갖게 됐다. "대한민국은 민주공화국이다. 대한민국의 주권은 국민에게 있고, 모든 권력은 국민으로부터 나온다." 대한민국 헌법 제1조는, 법에 의하지 않으면 개인의 자유를 침해할 수 없다는 법치주의의 기본을 밝혔다. 근대 헌법은 개인의 자유를 확대하는 쪽으로 발전해왔고, 최근에는 복지국가의 이상을 추구하는 경향이 두드러진다.

우리 사회는 왕권신수설의 원조라 할 함무라비 법전의 시대보다 나은가? 꼭 그렇다고 주장하기는 어려워 보인다. 통치자가 법 위에 군림하며 국민들에게만 엄격한 법의 잣대를 들이미는 행태가 요즘도 심심찮게 눈에 띄는데, 이를 법치주의라고 강변하는 건 무지의 고백이자, 유체이탈 화법의 극치다. 법치주의는 국가의 통치를 법에 따라

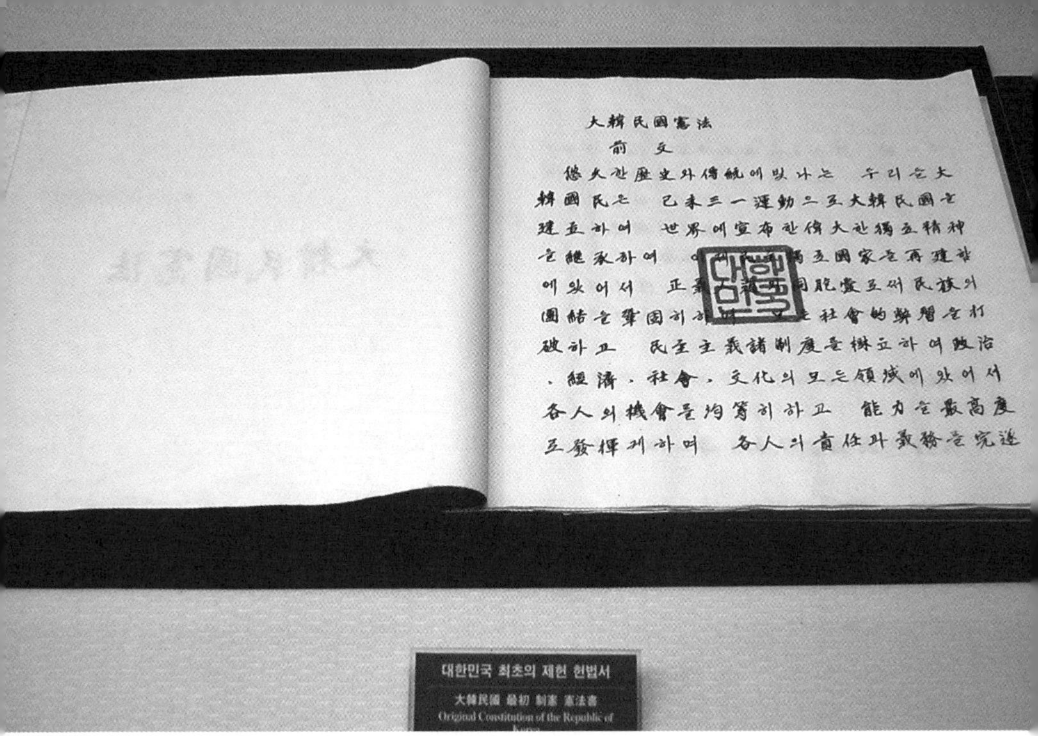

■ 대한민국 최초의 제헌 헌법서. 1948년 7월 17일 제정된 제헌 헌법에는 국호, 3권 분립, 대통령 선출 등에 관한 조항이 들어 있다.

해야 한다는 뜻이지, 서민들에게만 법을 준수하라고 윽박지르는 말이 아니다. 법치주의는 누구도 거스를 수 없는 대세가 됐지만, 일부 권력자에겐 왕권신수설이 여전히 달콤한 유혹이다. 이 유혹을 잘 참고 법대로 하는 건 그나마 옛날에 비해 발전된 모습이다. 권력자는 자기에게 유리한 법을 만들고, 법 조항을 입맛대로 골라 적용하고, 법을 집행하는 자리에 자기 편 사람을 합법적으로 앉힌다. 법치주의의 발전과 나란히, 법의 허점을 이용해서 사익을 챙기고 교묘한 법 적용으로 법체계를 무력화하는 테크닉도 무척 발전했다.

함무라비 법전에 따라 사형!

함무라비 법전은 공적인 거짓말을 엄하게 다스렸다. "법정에서 위증한 사람은 사형"(3조)이었다. 위증을 사회 전체의 신뢰, 그 뿌리를 흔드는 극악한 범죄로 간주한 것이다. 함무라비 시대라면 국회 청문회에서 거짓말을 한 공직 후보자는 사형이다. "사형에 해당하는 죄로 다른 사람을 거짓 고발한 사람은 사형"(1조)이다. 인혁당 사건을 조작하여 무고한 사람을 죽음으로 몰아넣은 검사들, 박정희와 전두환 시절 고문으로 가짜 간첩을 양산하여 사법살인을 저지른 뒤 청와대, 국회에서 출세가도를 달리는 판검사들도 모두 사형이다. 함무라비 법전은 "허술하게 지은 집이 무너져서 사람이 깔려 죽으면 그 집을 지은 사람을 사형에 처한다"고 했다. 이 원칙에 따르면 1995년 삼풍백화점 붕괴사건의 책임자도 사형이다.

이들은 자기 행위가 사회 전체에 얼마나 끔찍한 해악을 미쳤는지 전혀 생각하지 않는다. 작은 거짓이 쌓이고 쌓여 상식과 진실을 뒤덮어버렸는데, 정작 본인들은 이 사실에 눈을 감기 일쑤다. 하지만 사실 이들을 사형시킨다고 하면 나는 물론 반대할 것이다. 죄는 밉지만 인간은 미워하지 말자는 쪽으로 사법제도가 발전해오지 않았는가. 사형제를 폐지하자는 쪽으로 인간 이성이 모아지고 있지 않은가. 교화가 불가능해 보이는 사람도 살려놓고 대화해야 할 것이다. 그러나 이들이 얼마나 중대한 범죄를 저질렀는지 분명히 깨달을 수 있도록 엄중히 처벌해야 한다고 생각한다.

사형제에 찬성하지 않지만, 엄격한 처벌 규정이 있었기에 함무라비 시대에 엉터리 건축이 발붙이기 어려웠을 거라는 생각이 든다. 함무라비 법전은 '눈에는 눈, 이에는 이' 원칙에 따라 "남의 자식을 죽게 한 자는 그 자식을 사형에 처한다"고 했다. 글자대로 하면 세월호 사건의 책임자는 그 자식을 사형으로 다스려야 한다. 물론 실제로 그럴 수 없고, 그래서도 안 될 것이다. 어린 생명들의 무고한 죽음에 대해 진지하게 책임을 느끼고 아파해야 마땅하다는 얘기다.

인간의 사회적 삶에서 생겨나는 갈등을 해결하기 위한 원칙들이 쌓여서 법이 생겼고 변화해왔다. 법은 인간처럼 생물이기 때문에, 저절로 정의를 가져다주지 않는다. 한순간도 방심하지 말고 권력의 전횡을 감시해야 한다. 정의를 추구하는 인간의 노력이 있을 때만 법을 개선할 수 있고, 정의에 한걸음 다가설 수 있다.

자본주의 탄생의 잔혹사

학살과 수탈로 성장한 자본주의

20세기의 100년 동안 인간이 스스로에 대해 알아낸 정보는 그 이전의 인류사 20만 년 동안 축적한 역사적 지식을 모두 합한 것보다 더 많았다. 인류 문명은 기원전 5000년경 메소포타미아와 이집트에서 싹텄고, 갠지스 문명과 황하 문명이 뒤를 이었다. 농업혁명, 시장과 도시의 탄생, 국가와 계급의 분화, 그리고 문명의 발전이 장구한 세월 이어졌다. 그러나 다른 어느 문명권의 사람들도 호모 사피엔스가 아메리카 대륙에 거주하고 있다는 걸 알지 못했다.

신화시대가 펼쳐졌다. 아인슈타인(Albert Einstein, 1879~1955)의 분류에 따르면 인간은 자연에 대한 공포에서 '공포의 종교'를 만들었고, 계급과 국가가 발생한 뒤에 '도덕의 종교'를 만들었고, 과학과 철학이 분화되기 이전에 '우주적인 종교적 감수성'을 발전시켰다. 그러나 자기 문명권 밖의 세계에 대해 인간은 알 수 없었다. 어느 누구도 아메리카 대륙의 원주민들은 물론, 대륙의 존재 자체를 상상할 수 없었다.

문명은 성쇠를 거듭했다. 알렉산드로스 대왕의 정복전쟁으로 유럽인들이 인도에 처음 도착했다. 실크로드는 중국과 중앙아시아와 유럽을 연결했다. 로마가 유럽을 통일하고 기독교를 국교로 삼은 뒤 중세의 어둠이 오랜 세월 이어졌는데, 그사이 동방의 몽골과 티무르가 유럽인들을 유린했다. 유럽인들에게 동방은 오랜 세월 신비의 세계였다. 13세기 마르코 폴로(Marco Polo, 1254~1324)가 전해준 원나라의 이야기는 경이와 충격이었지만 유럽 사람들은 이게 꾸며낸 얘기 아닐까 의심했다. 콜럼버스(Christopher Columbus, 1451~1506)가 1492년 대서양을 가로질러 항해를 떠났을 때, 유럽인들은 중국과 일본은 알았지만 아메리카 대륙에 대해서는 듣도 보도 못한 상태였다.

다른 문명권에 대해 모르기는 아메리카 원주민들도 마찬가지였다. 인류는 약 13만 년 전부터 아프리카를 벗어나 새로운 생존무대를 찾아 이동했다. 이중 한 갈래가 아시아를 거쳐 약 2만 년 전부터 베링 해협 건너 아메리카에 정착했다. 콜럼버스가 마주친 아메리카 원주민들은 바로 이들의 후손이었다. 아메리카로 건너온 인류는 들소를 사냥하고 밭을 일구며 초기 농경사회의 삶을 이어갔다.

그들은 문명 역시 비교적 늦게 발전시켰다. 마야 문명은 300년경 꽃피었지만 곧 쇠락하고 말았다. 콜럼버스 일행과 마주칠 당시 아메리카 원주민들은 고대 이집트와 비슷하게 태양신을 숭배하는 고대국가를 이루고 있었다. 코르테스(Hernan Corteś, 1485~1547)가 정복한 아스텍 제국, 피사로(Francisco Pizarro, 1475~1541)가 정복한 잉카 제국은 당시 유럽 문명과 적어도 3,000년이 넘는 시대 격차가 있었던 것이다.

유럽인들과 아메리카 원주민의 만남은 훗날 보면 필연적이었지만, 당시로서는 아무도 예측하지 못한 사건이었다. 콜럼버스 일행도 아메리카 원주민도 상대가 누구인지 몰랐다. 이제 우리는 알고 있다. 아프리카에서 태어난 인류의 조상이 아시아를 거쳐 아메리카로 생존 영역을 확장했으며, 콜럼버스와 마주친 아메리카 원주민들은 바로 그들의 후손이었음을 콜럼버스 일행과 아메리카 원주민들은 원래 같은 조상의 후손이라는 것을 말이다.

이 만남으로 인류는 비로소 지구 전체 규모로 연결됐다. 지금 우리가 목도하고 있는 글로벌 시대, 신자유주의 시대는 그 순간에 첫발을 내딛었다. 그 시점에서 18세기 자본주의 형성까지 300년의 역사는 인류 역사상 가장 참혹한 학살과 약탈의 기간이었다. 콜럼버스는 물론 코르테스와 피사로의 군대는 앞 다투어 금과 은을 약탈했고 무수한 아메리카 원주민을 살육했다. 이 살인강도 행각에 네덜란드, 영국, 프랑스도 가세했다. 이보다 앞서 아프리카 해안과 인도양을 거쳐 말래카 해협까지 진출한 포르투갈은 아시아의 선단과 맞딱뜨려 경쟁해야 했기 때문에 일방적인 약탈을 자행할 수 없었다. 대서양의 유럽 노예상들은 아프리카에서 흑인들을 헐값에 사서 금광과 플랜테이션(plantation, 서구 제국이 열대와 아열대 지역에서 개척한 농업의 일종)에 팔아넘겼다. 자원 약탈과 노예노동으로 얻게 된 잉여자본이 축적된 결과 유럽 자본주의가 탄생했다. 이 체제는 우여곡절을 거쳐 신자유주의가 지배하는 21세기 지구촌의 원형이 됐다.(주경철,《문명과 바다》)

콜럼버스와 인디오의 만남

1492년 10월 12일, 카리브 해의 과나하니 섬에 상륙한 콜럼버스는 이 섬이 스페인 국왕의 땅 '산살바도르(San Salvador)'라고 일방적으로 선언했다. 이미 오래전부터 그곳에 살고 있던 사람들의 의견 따위를 들을 필요는 없었다. 콜럼버스 일행이 원주민들과 처음 만난 순간을 콜럼버스 자신이 기록했다.

"잠시 후 사람들이 우리 주위로 몰려들었다. 챙 없는 붉은 모자, 목걸이를 만들 수 있는 유리구슬 등 몇 가지 물건을 그들에게 주었다. 그들은 믿을 수 없을 정도로 기뻐하면서 열정적으로 우리를 환영했다. 앵무새, 무명실, 투창 같은 물건을 들고 우리 보트까지 헤엄쳐 와서 유리구슬이나 매방울 등과 교환했다. 그들은 자신이 갖고 있는 것을 무엇이든 기꺼이 내주었고, 주는 대로 받았다."

외계인과 처음 마주친 것 같은 충격적인 순간이었다. 원주민들은 낯선 배 세 척이 도착하는 광경을 놀라움과 두려움으로 지켜봤고, 수염 달린 흰 사람들이 해변으로 올라오는 모습을 숨죽이며 살펴보았다. 이들이 들고 있는 총, 깃발에 그려진 왕관과 십자가는 신기해 보였

■ 1492년 콜럼버스 일행과 인디오의 첫 만남(1590년 제작된 동판화 '위대한 여행').

다. 하늘에서 온 신일까? 우리를 죽이러 온 건 아닐까? 조심조심 다가가 보았다. 이 사람들은 난생처음 보는 구슬과 모자를 우리에게 주었다. 아, 안심이다, 친구가 되려고 온 사람들이구나. 콜럼버스의 일기는 이어진다.

"원주민들은 벌거벗고 있었는데, 아주 아름다웠다. 몸매도 훌륭하고 얼굴도 잘생겼다. 머리카락을 이마 위까지 짧게 깎았지만 뒤통수의 머리카락을 꼬아서 길게 늘어뜨리고 있었다. 그들은 무기를 지니고 있지 않았고, 놀라운 점은 무기가 뭔지도 모른다는 사실이었다. 칼을 보여주자 아무 생각 없이 칼날을 잡아서 손을 베기도 했다."

철기시대의 유럽인들과 석기시대의 원주민이 처음으로 조우한 것이다. 콜럼버스의 머리에 떠오른 생각을 원주민들은 짐작조차 할 수 없었다. "이들에겐 종교가 없으니 아주 쉽게 기독교도로 만들 수 있다. 이들은 영리하고 훌륭한 노예로 적격이다. 내가 하는 말을 하나도 빠뜨리지 않고 즉각 되풀이하는 걸 보면 알 수 있다."

중세시대의 서양인들은 아시아의 동쪽 끝 지팡고(일본) 근처에 에덴동산이 실재한다고 믿었는데, 콜럼버스도 예외가 아니었다. 그는 자신의 항해가 이 낙원을 발견하는 신성한 일이라는 자부심이 넘쳤고, 스스로 감격했다. 그러나 더 중요한 것은 황금이었다. 페르난도 국왕이 말하지 않았는가. "황금을 가져와야만 한다. 가급적 인도적인 방법으로."

콜럼버스는 새로 발견한 땅의 총독 지위와 수익금의 10퍼센트를 약속받은 터였다. 도착한 첫날부터 그의 관심사는 황금이었다. "그들 중 몇몇은 황금으로 된 코걸이를 하고 있었다. 이 섬의 남쪽에 사는 추장이 엄청난 황금을 항아리 가득 채워 두고 있다는 얘기를 들었다. 나는 이 사람들에게 함께 가자고 설득했다." 원주민들은 무엇이든 달라고 하면 다 줄 태세였지만, 콜럼버스가 끝도 없이 더 많은 황금을 요구하는 이유를 이해하기 어려웠다.

2차 원정대와 광란의 황금사냥

콜럼버스는 1차 원정에서 자기 역할이 '정복자'가 아니라 '정찰병'이란 점을 잘 알고 있었다. 황금이 급하다고 원주민들을 너무 다그치면 일을 그르칠 수 있었다. 스페인의 페르난도 국왕(Fernando Ⅱ, 1452~1516)과 이사벨 여왕(Isabel Ⅰ, 1451~1504)에게 보여줄 황금 몇 조각과 노예 몇 명만 싣고 돌아가면 그런대로 만족할 수 있었다. 이왕이면 성당도 하나 짓고 돌아가면 칭찬 받을 일이었다. 본격적인 정복은 나중 일이고, 신중하고 용의주도하게 처신해서 무사히 스페인에 돌아가는 게 중요했다. 원주민들은 이러한 콜럼버스 일행에게 먹을 것과 마실 것을 제공하며 환대했다. 황금에 대한 유럽인들의 끝없는 집착이 곧 인류 역사 최악의 비극을 낳게 되리라는 걸 아직 누구도 짐작할 수 없었다.

첫 항해는 성공이었다. 콜럼버스는 유럽에서 일약 영웅이 됐고, 곧 2차 원정대가 조직됐다. 이번에는 17척의 배에 1,500명이 탄 대규모 부대였다. 이들이 인디오의 땅에 도착한 뒤 벌어진 일은 상상을 초월하는 비극이었다. 카리브 해 섬 전역에서 광란의 황금사냥이 벌어졌다. 아름다운 땅 곳곳을 파헤쳐 광산을 만들었고, 살육과 파괴가 이어졌다.

콜럼버스는 약탈자의 본색을 감출 필요가 없었다. 할당량만큼 황금을 캐오지 못한 원주민들은 팔을 잘라버렸다. 반항하는 원주민들은 개를 풀어서 물어뜯어 죽게 했다. 우는 여자의 손에서 아기를 빼앗아 바위에 쳐 죽였다. 예수의 희생을 본받으라며 13명의 원주민을 십자가에 매달아 불 질렀다. 콜럼버스가 에덴동산이라고 묘사한 인디오의 땅은 콜럼버스 자신에 의해 생지옥으로 바뀌었다.

서로 다른 문명의 첫 만남, 꼭 그래야만 했을까? 원주민들은 뭐든지 다 주려고 하지 않았는가? 그렇게 잔인하게 행동하지 않아도 스페인 사람들은 원하는 것을 다 얻을 수 있지 않았는가? 스페인이 이베리아 반도에서 무슬림을 몰아낸 직후였고, 군대가 남아도는 가운데 제국주의 팽창 기운이 넘쳐났고, 신대륙의 정복자들이 눈에 띄는 성과로 국왕의 인정을 받아야 했다는 점을 감안할 수 있다. 하지만 사람과 사람의 첫 만남이 꼭 학살과 증오로 얼룩져야만 했는지, 인간의 탐욕이란 건 통제할 수 없는 것인지, 근원적 물음은 사라지지 않는다.

'콜럼버스의 달걀'은 상식을 뒤엎은 그의 참신한 발상을 예찬할 때 즐겨 인용된다. 그의 신세계 원정을 시샘하는 사람들이 많았다. 이들에게 달걀을 세워보라고 했을 때 아무도 성공할 수 없었다. 콜럼버스는 달걀의 한쪽 끝을 깨서 거뜬히 세워 보였다. 누구나 머릿속으로 인정하면서도 정작 행동에 옮기지 못하는 일을 주저 없이 결행했기 때문에 콜럼버스는 위대했다. 그러나 '콜럼버스의 달걀'은 생각보다 훨씬 더 심각한 비극의 씨앗이었다. 달걀을 세우는 데는 성공했지만 그 달걀은 깨져서 죽었기 때문이다.

콜럼버스 시대에 지구가 둥글다는 것은 이미 상식이었다. 서쪽으로 계속 항해하면 언젠가 육지에 도달할 수 있다는 걸 이론상으로는

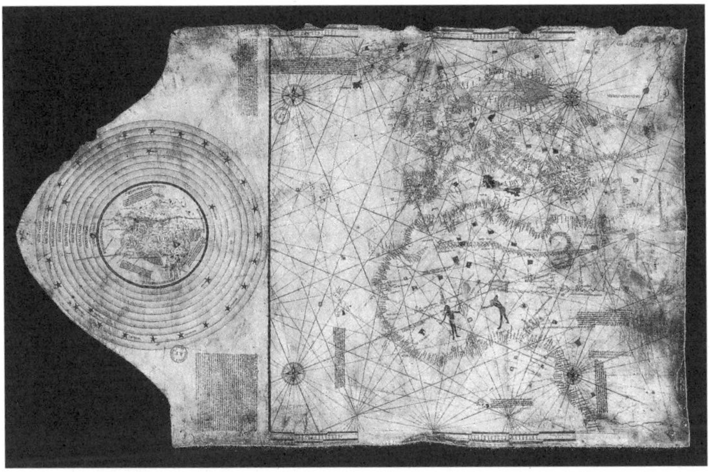

■ 1490년경 리스본에서 콜럼버스와 그의 동생 바르톨로메오가 함께 만든 '콜럼버스 지도'.

누구나 인정했다. 그러나 아메리카 대륙이 존재한다는 건 아무도 몰랐다. 전인미답의 서쪽 바다는 두려웠다. 그 바다 끝에는 괴물들이 우글거린다고 했고, 낭떠러지에 떨어져 죽을 위험도 배제할 수 없었다. 콜럼버스는 위험을 무릅쓸 용기와 배짱이 있었기 때문에 세계사에 이름을 남길 수 있었다.

콜럼버스의 엄청난 업적에 비추어 볼 때, 그가 거짓말과 임기응변에 능했다는 사실을 문제 삼는 사람은 별로 없었다. 당시 유럽 사람들은 서쪽에 미지의 대륙이 있다는 걸 상상하지 못했다. 콜럼버스는 서쪽으로 항해해서 일본까지 가는 거리가 4,450킬로미터라고 우겼다. 실제로 2만 2,000킬로미터 정도라는 걸 아는 사람들이 이미 있었지만, 그보다 훨씬 더 가깝다고 주장해야 항해 허가를 받을 수 있었던 것이다. 그는 항해 도중 하루에 항해한 거리를 실제보다 줄여서 발표, 피로와 갈증에 지친 선원들을 속였다. 한 달 넘게 항해했는데도 육지가 나타나지 않으면 선원들이 폭동을 일으킬까 두려웠던 것이다.

원주민들이 순박하고 친절하다는 것을 간파한 콜럼버스는 그들의 환심을 산 뒤 본격적으로 뒤통수를 치기 시작했다. 훗날 인디오 출신의 한 역사가는 "(콜럼버스가) 친구의 가면을 쓰고 접근한 뒤 약탈자의 본색을 드러낸 게 가장 악랄했다"고 썼다. 콜럼버스는 제국주의 강도의 선봉이었지만 《콜럼버스 항해록(Libro de la primera navigacion)》에 나오는 몇몇 구절들은 그가 양심을 가진 인간이었음을 보여준다.

"원주민들은 세상에서 가장 선량하고 온화한 부족이다. 그들은 믿을 수 없이 마음씨가 곱고 친절하다. 항상 미소를 지으며 온순하고 상냥하게 말한다. 자신이 소유하고 있는 것을 모두 주려고 한다. 그들 중 몇몇은 황금조각으로 된 귀걸이나 코걸이를 하고 있었는데, 우리에게 그것을 기꺼이 주었다."

콜럼버스는 자기 일행의 배가 암초에 걸려 부서졌을 때의 일도 기록했다. "추장은 우리의 불행한 소식을 접하고 눈물을 흘렸다. 원주민들은 우리의 손실을 마음 깊이 아파하면서 계속 눈물을 흘렸다. 그들은 사랑이 넘치고 탐욕이 없었다. 심지어 선원들을 등에 업어주겠다고 고집을 부리기도 했다. 원주민들은 실제로 강과 진창길을 지나갈 때 그렇게 해주었다."

예수의 이름으로 강도짓을 하다

낯선 문명과의 조우, 스페인 정복자들은 인디오들에게 외계에서 온 경이로운 존재로 보였을 것이다. "그들은 우리가 하늘나라에서 왔다고 생각했다. 인디오들은 우리가 '카스티야'라는 다른 왕국에 사는, 그들과 똑같은 사람이라는 걸 믿으려 하지 않았다. 그들은 카스티야의 국왕과 여왕이 다스리는 왕국이 이 세상이 아니라 하늘에 있다고 생각했다." 인디오도 유럽인과 똑같은 사람이지만, 아직 물질주의에 오염되지 않았기 때문에 훨씬 순박했다.

콜럼버스가 도착한 뒤 2년 동안에 카리브 해역의 원주민 25만 명 중 절반 이상이 죽었다. 콜럼버스가 찾아낸 땅에서 기대만큼 황금이 나오지 않자 스페인 왕가는 그를 버렸다. 그는 네 차례 원정을 마친 뒤 55살의 나이로 바야돌리드에서 쓸쓸히 죽었다.

스페인 정복자들이 특별히 사악한 종자는 아니었을 것이다. 원주민들이 천사였다고 주장하려는 것도 아니다. 원주민 사이에서도 강한 부족이 약한 부족을 정복하고 약탈하는 일은 이미 벌어지고 있었다. 유럽인들이 곧 궤멸시키게 될 멕시코의 아스텍과 페루의 잉카 문명 또한 전제군주가 다스리는 계급사회였다. 이것은 사람과 사람, 문명과 문명의 첫 만남이었다. 인간이란 동물의 본성은 원래 약육강식일까? 오늘날 지구촌을 옭죄고 있는 신자유주의의 맨얼굴을 콜럼버스가 일찌감치 보여준 건 분명한 사실이다.

주경철 교수는 《문명과 바다》에서 "바다를 지배하는 자가 세계를

■ 카스티야의 이사벨 여왕 앞에 선 콜럼버스. 여왕의 적극적인 지지를 받은 콜럼버스는 신대륙에서 가져온 황금으로 여왕에게 보답했다

지배한다"며, 콜럼버스의 항해 이후 세계사의 흐름이 이 말을 입증한다고 지적했다. 스페인은 대서양을 가장 먼저 횡단하여 중남미의 지배자가 됐다. 영국은 1588년 스페인의 무적함대를 궤멸시킨 뒤 '해가 지지 않는 나라'가 됐다. 20세기 중반 맥아더 장군은 '태평양의 시저'라 불렸는데, 이는 미국이 세계 최강자로 떠올랐다는 뜻이다. 콜럼버스 이후 세계의 바다를 지배하는 나라가 세계 자본주의를 맨 앞에서 이끌어왔다.

바다는 피로 얼룩진 폭력의 세계였다. 《문명과 바다》에는 정복자 콜럼버스, 코르테스, 피사로 이야기가 나오는데, 주 교수는 뼈아픈 역사를 돌이켜 보며 반사실적 가정을 해본다. 스페인보다 모든 면에서 앞섰던 명나라 정화(鄭和)의 함대가 아메리카 대륙에 먼저 도착했다면 세계사가 어떻게 바뀌었을까? 지구의 인류가 하나의 사슬로 연결되는 순간, 중국이 왔더라도 마찬가지로 끔찍한 약탈과 학살을 빚었을까? 꼭 무의미한 상상은 아닐 것이다. 정화의 함대는 원주민들을 폭력으로 굴복시키지 않고, 명나라의 권위를 보여준 뒤 평화로운 교류를 하는 걸로 만족했다. 정화는 코뿔소, 기린 등 열대지방의 동물들을 명나라로 가져왔다.

21세기 제국주의의 중심인 미국은 기독교 신앙이 거의 국교 수준이다. 예수의 이름으로 제3세계에 대해 강도짓을 일삼는다면 그들이 신봉하는 기독교는 도대체 뭐란 말인가? 콜럼버스는 원주민들에게 기독교를 전파하려 했지만, 기독교도들이 훨씬 더 탐욕스러운 게 곤혹스러웠다.

"인디오들은 마음씨가 매우 고운 반면, 우리 선원들은 지나치게 탐욕스럽다. 선원들은 깨진 유리나 도자기의 파편 등 아무 쓸모없는 물건들을 인디오에게 주고 그들이 원하는 황금을 받아냈다."

아메리카 원주민들을 기독교도로 개종할 전망이 밝다고 강조해야 스페인 국왕의 지속적인 지원을 기대할 수 있기 때문이었을 것이다. 그러나 이 말이 거짓말이라고 볼 이유는 없다. 콜럼버스가 항해록에 두 차례나 이렇게 기록한 건 흥미롭다.

"원주민들은 이웃을 자신의 몸처럼 사랑합니다."

이 여행에서 가장 중요한 날은 10월 12일, 콜럼버스 일행과 원주민들이 처음 마주친 순간일 것이다. 미국은 이 날을 아메리카 대륙의 자랑스러운 새 역사가 시작된 '콜럼버스의 날'로 기념한다. 그러나 역사상 가장 처참한 약탈, 살인, 파괴가 시작된 비극의 날로 여기는 사람들도 있다. 미국의 버클리처럼 진보적인 도시에서는 이 날이 '원주민의 날'이다. 볼리비아는 2002년부터 이 날을 '원주민 저항의 날'로 부른다. 우루과이의 인디오들은 하루 전인 10월 11일을 '마지막 자유의 날'로 애도한다. 아르헨티나, 칠레, 멕시코, 베네수엘라에서는 10월 12일이 '인종의 날'이다. 스페인, 인디오, 흑인들의 피가 합쳐져 하나의 인종이 되었다는 뜻이다.

1492년 8월 3일 출항해서 이듬해 3월 스페인에 돌아올 때까지 콜럼버스가 기록한 일지를 바르톨로메 라스카사스(Bartolome de Las Casas) 신부가 엮어서 《콜럼버스 항해록(Journal of Christopher Columbus)》으로 펴냈다. 이 책을 통해 우리는 인류 역사의 가장 극적인 여행에 동참한다. 책으로 읽는 이 여행은 안전하다. 서쪽 바다 끝에서 낭떠러지로 떨어질까 두려워할 필요도 없고, "곧 도착한다"는 콜럼버스의 약속을 의심하며 갈증과 멀미에 시달릴 필요도 없고, 인디오를 학살하고 금을 빼앗으라는 콜럼버스의 명령 앞에서 얼굴이 하얗게 질릴 필요도 없다.

당시 일부 유럽인들은 원주민들이 사람이 아니라고 생각했다. 그래야 약탈을 합리화하고, 양심의 가책을 덜 수 있었던 것이다. 그러나 라스카사스 신부는 인디오도 유럽인과 똑같은 인간이므로 잔혹한 약탈과 살육을 중단해야 한다고 주장했다. 1550년 스페인에서 벌어진 유명한 바야돌리드 논쟁이었다. '인디오들이 우리처럼 진정한 인간인가?'라는 주제로 벌어진 논쟁에서 라스카사스 신부는 "그들도 우리와 똑같은 인간이며, 스페인은 중남미에서 철수해야 한다"는 입장을 펼쳤다. 그러나 중남미의 비극이 이미 돌이킬 수 없이 진행된 뒤였다. 콜럼버스를 기억할 때 그의 항해록을 펴낸 라스카사스 신부의 이름을 함께 떠올릴 수 있어서 퍽 다행이다.

코르테스와 피사로의 정복

콜럼버스의 뒤를 이은 정복자 에르난 코르테스는 아스텍 문명을 말살했다. 지금 멕시코시티 자리에 있던 테노치티틀란……. 선인장의 땅, 호수 한가운데 위용을 뽐내던 아스텍 제국의 수도. 1519년, 정복자의 한 명이었던 카스티요(Bernal Díaz del Castillo, 1496~1584)는 이 도시를 멀리서 바라본 느낌을 전한다. "물 위에 솟아오른 수많은 건물과 시가지는 경이로웠다. 우리는 이게 꿈이 아닌가 의심했다. 듣지도 보지도 못한 풍경, 꿈에도 상상하지 못한 도시의 위용이 펼쳐지고 있었다."

코르테스 일행은 이 도시의 심장을 향해 걸어갔다. 유럽의 파리, 세비야, 베네치아만큼 거대한 이 도시에서 그는 20만 인파가 붐비는 떠들썩한 시장을 보았고, 정교하고 화려한 공예품을 보았고, 태양신에게 심장을 바치는 종교의례를 보았다. 황제 몬테주마 2세는 코르테스 일행을 환대했고 원하는 것을 모두 주려고 했다. 그는 말을 타고 동쪽에서 온 이들이 신의 자손이라고 생각했다. 그러나 이들의 정체를 미심쩍어 한 원주민들이 더 많았고, 코르테스 일행은 목숨을 부지하기 위해 도시를 탈출해야 했다.

2년 뒤 코르테스는 반란군을 인솔하여 테노치티틀란을 포위 공격했다. 닥치는 대로 살육하고 불 질렀다. 유럽에서 건너온 천연두가 창궐했고, 아스텍 사람들은 힘없이 죽어갔다. 테노치티틀란은 지구 위에서 모습을 감추었다.

프란시스코 피사로의 잉카 정복도 비슷한 과정을 밟았다. 1532년, 그는 168명의 병력을 이끌고 잉카 제국에 도착했다. 엄청난 인파가 황제 아타우알파(Atahuallpa, 1497~1533)를 호위하며 광장을 메웠다. 스페인 선교사는 아타우알파에게 《성서》를 내밀며 "예수 그리스도의 율법에 복종하고 스페인 왕의 지배를 받으라"고 요구했다. 잉카 황제는 황당한 농담을 들었다는 듯 《성서》를 바닥에 던졌고, 이 순간 스페인 병사들이 일제히 총을 쏘며 닥치는 대로 학살을 시작했다. 비무장의 잉카 사람 7,000명이 목숨을 잃었고, 황제 알타우알파는 포로로 잡혔다.

아타우알파는 자기를 풀어주는 대가로 방 하나(가로 6.7미터, 세로 5.2미터, 높이 2.4미터)를 황금으로 가득 채워주겠다고 했다. 잉카 전 지역에서 5톤의 황금이 모였는데, 이는 유럽 전체의 1년 생산량보다 많은 분량이었다. 피사로는 금을 모두 챙긴 뒤 자기 손으로 아타우알파를 목 졸라 죽였다. 잉카 사람들의 저항은 계속됐지만 잔인한 진압으로 서서히 몰락했다. 잉카 제국의 마지막 상징인 마추픽추의 유적은 아무 말

■ 아스텍 제국의 수도 테노치티틀란. 1521년 완전히 파괴되어 멕시코시티 외곽에 폐허만 남아있다. 20세기 멕시코 화가 디에고 리베라(Diego Rivera)의 작품이다.

이 없다.

천연두가 창궐하여 잉카 주민들이 죽어가는 모습을 보며 스페인 정복자들은 '신의 뜻'이라고 주장했다. 약탈이 어느 정도 완료되자 금광을 개발하기 시작했다. 신은 하늘 위에 있고 스페인 왕은 대서양 건너에 있으므로 정복자들은 거리낄 게 없었다. 무자비한 강제노동으로 숱한 사람이 죽어갔다. 1550년 무렵, 잉카 주민의 인구는 절반으로 줄어들었다.

인디오들은 스페인 사람들이 왜 이렇게 황금에 집착하는지 이해할 수 없었다. 황금은 잉카 사람들에게도 아름답고 희귀한 금속으로, 귀한 사람의 몸치장에 제격이었다. 하지만 끝도 없이 황금을 소유하려는 스페인 사람들의 충동은 이상했다. 잉카의 한 추장에 따르면, "그들은 안데스 산맥의 눈이 모두 황금으로 변해도 만족하지 않을 것 같았다." 스페인 정복자들은 스스로 "황금 없으면 살 수 없는 병에 걸렸다"고 웃으며 농담을 했다. 인디오들은 질문했다. "당신들은 황금을 먹기라도 한단 말이요?" 스페인 정복자들의 대답은 "그렇다"는 한마디였다. 금광의 살인적인 강제노역에 동원된 인디오들은 반란을 일으키기도 했다. 그들은 악랄한 스페인 감독관을 죽여서 입을 벌리게 한 뒤 펄펄 끓은 황금을 부어넣었다. (킴 매쿼리, 《잉카 최후의 날》)

누가 문명인이고 누가 야만인인가?

2012년 방영된 EBS 다큐프라임 〈인간탐구 욕망–황금〉은 에콰도르 남부 사모라(Zamora)의 한 금광을 보여준다. '아무도 찾을 수 없는 지역'이란 뜻의 남비하 광산에는 500년 전 금광의 흔적이 그대로 남아 있다. 지금도 다이너마이트를 터뜨리며 더 깊이 금을 찾아 들어가는 남미 광부들은 위험하기 짝이 없어 보였다. 16세기 스페인으로 가는 금의 4분의 1을 이곳에서 생산했다고 한다.

장면이 바뀌면 스페인의 세비야 대성당. 27미터 높이의 중앙제단은 모두 황금으로 돼 있다. '황금의 빵(빤 데 오로)'으로 불리는 이 제단은 가톨릭 신자들이 기부한 10만 개의 금화로 만들었다고 한다. 남미에서 가져온 황금의 20퍼센트는 국왕에게 세금으로 바쳤고, 나머지는 대부분 성당으로 왔다. 세비야 성당의 가이드에 따르면 "가장 좋은 걸 신에게 바치고자 하는 열정"으로 엄청난 황금이 모였고, "황금을 낸다는 건 영혼의 천국행을 도와주는 일"이었다.

이 성당에는 콜럼버스의 관이 안치돼 있다. 그의 항해록에는 한 달 사이에 90번 이상 황금 얘기가 나온다. 콜럼버스, 코르테스, 피사로의 목적은 단 하나, 오로지 황금이었다. 신을 위해 황금이 존재하는가, 아니면 황금을 위해 신이 존재하는가. 태양신에게 사람 심장을 제물로 바친 인디오들, 황금을 얻기 위해 수백만 명의 인디오를 학살한 유럽인들. 누가 문명인이고 누가 야만인인가?

스페인의 펠리페 2세(Felipe Ⅱ, 1527~1598)는 대서양의 패권을 놓고 영국, 네덜란드와 격돌했다. 더 많은 황금을 차지하기 위해 황금을 판돈으로 걸고 벌인 도박이었다. 네덜란드 독립전쟁(1568년), 레판토 해전(1571년), 그리고 스페인 무적함대가 궤멸된 영국 해군과의 전쟁(1588년)……. 신교로부터 가톨릭을 수호한다는 명분이었지만 사실상 최초의 제국주의 전쟁이었다. 최후의 승자는 영국이었다. 펠리페 2세는 전쟁 비용을 대느라 4차례 파산했다. 스페인은 라틴아메리카의 금을 모두 쓸어 왔지만 영국함대와의 전쟁에서 패배한 뒤 2류 국가로 전락하고 말았다.

주경철 교수는 《문명과 바다》에서 낭만적 상상을 자극하는 해적 이야기를 소개한다. 해적들은 기존의 해양 질서에서 소외된 선원들의 자발적인 공동체로, '최초의 프롤레타리아'였다는 것이다. 대서양

■ 스페인 세비야 대성당의 제단 장식. 높이 27미터의 중앙제단은 모두 황금으로 돼있다. 콜럼버스가 남미에서 가져온 황금도 상당량 이곳에 사용되었다.

을 주름잡아 영국 여왕으로부터 작위까지 받은 프랜시스 드레이크(Sir Francis Drake, 1540~1596)는 해적이었다. 책에 인용된 하버드 대학교의 니알 퍼거슨(Niall Ferguson) 교수에 따르면 "영국은 해상 폭력과 도둑질의 소용돌이에서 해적 국가로 출발했다." 고대 세계에도 해적은 있었다. 알렉산드로스 대왕에게 포로로 잡힌 한 해적의 말이다. "저는 세계 각지에 출몰하는 당신과 다를 바가 없습니다. 저는 작은 배를 타니까 해적이라 불리고, 당신은 막강한 해군을 이끌고 있으니 황제라 불릴 뿐이지요." 근대의 해적보다 고대의 해적이 더 철학적이랄까, 멋있어

보인다.

정복자 프란시스코 피사로의 고향 트루히요에는 그의 동생 에르난도가 지은 '정복자의 궁전'이 있다. 시가 300만 유로, 약 44억 원 상당의 이 건물은 지금 그의 후손 알폰스 데 에라스티의 소유다. 그는 "잉카 제국을 정복한 뒤 피사로가 후작 칭호를 받고 재산이 늘어난 건 사실"이라고 인정했다. 이어지는 제작진의 불편한 질문에 그는 대답했다. "황금 채굴은 약탈이 아닙니다. 인디오들은 스스로 금을 채굴하지 않았으니까요. 인디오들은 황금의 가치를 몰랐습니다. 스페인 사람들이 그것을 가르쳐줬을 뿐이지요."

'친일파의 재산은 정당한 사유재산'이라고 강변하는 한국의 친일파 후손들이 떠오르는 대목이다. 사람들은 동서고금 어쩌면 이렇게 똑같을까. 탁재형 PD가 취재한 EBS 다큐프라임은 충격과 감동이었지만, 보는 내내 마음이 무거워지는 걸 어쩔 수 없었다.

마이클 우드(Michael Wood)가 쓴 《태양의 제국 잉카의 마지막 운명(conquistadors)》은 BBC 고대문명 다큐멘터리 시리즈 중 라틴아메리카의 정복 과정을 정리한 책이다. 코르테스의 아스텍 정복, 피사로의 잉카 정복을 다큐멘터리처럼 생생하게 묘사한다. 유럽 정복자와 아메리카 인디오의 만남은 오늘날 지구촌의 전모를 처음으로 드러냈다. 저자는 유럽의 양심적인 다큐멘터리스트답게 인간과 인간, 문명과 문명의 첫 만남이 왜 피비린내 나는 살육으로 끝났는지 애통하게 뒤돌아본다.

모든 역사는 승자의 관점에서 기록되지만, 그것만으로는 완전한 역사가 아니다. 피맺힌 원한을 안은 채 죽어간 인디오들의 이야기를 빼놓고 중남미 역사를 말할 수는 없을 것이다. 철기시대의 유럽과 청동기 시대 아스텍·잉카 문명의 만남, 숨을 멎게 할 정도로 극적인 장면들이지만 가볍게 '재미있다'고 얘기할 수는 없다. 뼈에 사무치는 인디오들의 아픔이 매순간 전해져오기 때문이다.

목숨을 걸고 표류하다가 얼떨결에 아마존을 발견한 프란시스코 데 오레야나(Francisco de Orellana, 1511~1546), 미국 남부를 걸어서 여행하며 원주민에 동화됐던 카베사 데 바카(Álvar Núñez Cabeza de Vaca, 1488?~1557?)의 이야기도 나온다. 저자는 이들의 사연을 넣음으로써 유럽인의 원죄의식을 조금이나마 덜고 싶었을 것이다.

최초의 정복자(Conquisista) 콜럼버스에게 스페인 왕 페르난도 2세는 신신당부했다. "황금을 가져오라. 가급적 인도적으로. 그러나 무슨 수를 써서라도 반드시 가져와야 한다. 어떤 위험을 무릅쓰고라도……."

EBS 〈인간탐구 욕망-황금〉 3부작은 피로 얼룩진 탐욕의 역사를 그리고 있다. 유럽과 라틴아메리카, 500년을 이어온 두 대륙의 운명은 피의 역사였다. 황금은 세계화의 출발점이었다. 그것은 약탈과 폭력의 시작이기도 했다. 16세기 스페인의 번영은 라틴아메리카 인디오의 피 위에 쓴 역사였다. 에콰도르의 역사학자 블라디미르 세라노(Vladimir Serrano)는 말했다. "황금은 라틴아메리카의 저주였다. 황금은 인간의 피로 변할 수 있다."

카를 마르크스(Karl Marx, 1818~1883)는 유럽의 산업혁명이 콜럼버스의 발견에서 비롯됐다고 갈파했다. 그는 1847년 《철학의 빈곤(Misère de la philosophie)》에서 "제조산업의 출발을 위한 자본은 아메리카 대륙의 발견과 그 대륙의 귀금속 유입으로 축적됐다"고 썼다. 산업혁명은 재정적으로 잉카 황제 아타우알파의 금에서 시작됐다. 유럽인들은 죽어간 아메리카 원주민을 대체하기 위해 아프리카인들을 배로 실어 날랐다. 수세기에 걸쳐 대서양을 가로질러 유럽으로 흘러간 막대한 재화와 노예노동, 무수한 이의 피눈물과 죽음을 딛고 유럽은 현대 세계의 강자로 떠오르게 됐다.

콜럼버스, 코르테스, 피사로의 적나라한 폭력은 제국주의의 민얼굴이었다. 500년 전 고삐가 풀린 세계화의 광풍은 21세기로 이어지며 다양한 가면을 쓴 채 막바지를 향해 치닫고 있다.

—

아프리카의 눈물

인디오에서 아프리카 흑인으로

MBC에서 〈W〉를 맡았을 때 아프리카를 취재한 적이 두 번 있다. 에티오피아 커피 기행, 말라위의 일부다처제. 호텔에 물이 안 나와서 몸의 먼지를 씻어낼 수 없었다. 호수가 말라서 목초지로 변했다니, 물 문제가 심각한 게 분명했다. 외계인 보듯 나를 신기하게 구경하던 에티오피아 시골 아이들의 눈빛, 낯선 취재진에게 무릎 꿇어 예를 갖추던 말라위 산악지역 사람들. 장님 코끼리 만지기 식의 피상적인 취재 여행에서 아프리카를 제대로 체험했을 리 없다. 한 PD의 조각난 기억만으로는 이 대륙의 비극을 짐작하는 것조차 불가능했다.

가는 곳마다 중국의 손길을 목격할 수 있었다. 도로와 관공서를 지어준 중국에게 아프리카 사람들은 감사하고 있었다. 말라위 대통령이 군중집회에서 "차이나 오예, 말라위 오예(중국 만세, 말라위 만세)"를 외치는 걸 촬영하기도 했다. 그러나 이들은 중국이 아프리카 여러 나라에 무기를 판매하고 있다는 사실은 몰랐을 것이다. 중국은 유럽을 대신하여 아프리카에 들어선 마지막 제국주의 국가인 셈이었다.

아프리카의 역사는 스페인 정복자들의 중남미 수탈사와 직접 연결된다. 16세기, 중남미에서 스페인으로 유입되는 황금은 해마다 증가했다. 1500년에 5톤, 1510년에 9톤, 1530년에 15톤, 1540년에 25톤, 1550년에 43톤……. 이 50년 동안 인디오의 인구는 절반으로 줄었다. 그들은 금광의 강제노역을 못 견뎌 쓰러져갔다.

무엇보다 치명적인 것은 천연두였다. 유럽인들은 천연두에 면역이 되어 있었지만, 이들의 몸에 들어있던 천연두 병균 앞에 인디오들은 힘없이 무너졌다. 새로운 질병에 면역력이 전혀 없었던 것이다. 스페인의 정복전쟁은 인류 역사상 최초이자 최대의 세균전이었다. 라스카사스 신부는 스페인 정복자의 손에 죽은 인디오가 1,500만 명에 달한다고 기록했다.

유럽인들은 황금에 대한 탐욕으로 인디오를 아무렇지도 않게 죽였지만, 그 뒤에는 인종주의가 도사리고 있었다. 상당수 스페인 정복자들은 인디오가 인간이 아니라고 생각했다. 이미 살육의 비극이 갈 데까지 간 뒤, 인디오가 사람인지 아닌지 따져본 게 바로 바야돌리드 논쟁(Valladolid debate, 1550~1551)이었다.

상당수 스페인 사람들은 인디오들이 인간이 아니라고 생각해야 대량학살과 노예노동을 합리화할 수 있었다. 세풀베다(Sepulveda) 신부는 주장했다. "인디오들이 죽은 건 당연한 운명이었다. 그들은 우상숭배로 하느님을 모독하지 않았는가? 그들은 천성이 노예다. 질병까지도 우리 편이었다. 천연두는 하느님의 역사였고, 우상숭배자들은 빈대처럼 죽어갔다. 이 모든 게 하느님의 뜻이었다." 라스카사스 신부는 반박했다. "그들도 우리와 똑같은 인간이다. 스페인 사람들은 신대륙에서 철수해야 한다. 우리는 그들에게 고문을 가르치고 질병이나 퍼뜨렸다."

세풀베다 신부는 사람의 심장을 제물로 바치는 '인신공희' 등을 근거로 그들이 사악하다고 주장했다. 인디오의 예술품이 우수하다는 반론에 대해 "짐승이나 새, 거미도 인간이 따라갈 수 없는 뛰어난 작품을 만든다"며 그들이 인간이 아니라고 맞섰다. 반면, 라스카사스 신부는 "그들 또한 하느님의 형상으로 만들어진, 이성과 의지를 지닌 인간"이라고 강조했다. "노동과 교육을 통해 풍족하고 유익한 열매를 거둘 수 있는 존재"라며 인디오에 대한 학살과 약탈을 중단해야 한다고 역설했다. 라스카사스의 논지가 더 설득력이 있는 것 같았다. 그러나 추기경은 국익을 내세우며 이렇게 결론지었다.

"에스파냐에 손실이 생기면 안 된다. 인디오들은 우리의 형제로 보는 게 맞다. 이에 비해 아프리카 사람들은 훨씬 더 짐승에 가깝다. 아프리카 노동력을 구하기는 쉬우니 부족한 노동력을 아프리카에서 충원하자."

엄청난 희생을 치른 뒤 가까스로 '인간'으로 인정받은 라틴아메리

■ 스페인 세비야에 있는 바르톨로메 라스카사스 기념비. 라스카사스 신부는 인디오도 인간이냐를 묻는 바야돌리오 논쟁에서 "그들 또한 하느님의 형상으로 만들어진, 이성과 의지를 지닌 인간"이라며 인디오를 변호했다.

카 원주민들은 기뻐했을까? 인디오의 죽음은 바야돌리드 논쟁 뒤에도 이어졌고, 부족한 노동력을 충원하기 위해 아프리카에서 노예수송이 진행됐다. 중남미 약탈을 촉진하는 노동력으로 아프리카 사람들이 동원된 셈이다. 가나, 베넹, 카메룬의 항구에서 대서양 건너 멕시코의 벨라크루즈, 콜롬비아의 카르타헤나로 흑인들을 짐짝처럼 운반했다. 위생이 엉망이라 항해 도중 3분의 1가량이 죽었는데, 이들은 가차 없이 바다에 던져졌다. 노예수송선에는 아프리카산 상아를 함께 싣기도 했는데, 항해 도중 노예들이 너무 많이 죽을 경우 손실을 보전

■ 노예무역선에서 3분의 1가량의 흑인이 죽었고, 이들은 가차 없이 바다 속으로 던져졌다.

하겠다는 계산이었다. 두세 달이 넘게 걸리는 항해 기간에 노예들은 가끔 갑판 위로 끌려나와 햇볕을 쬐거나 춤을 춰야 했다. 벼룩과 이를 제거하고 근력을 유지시켜야 상품 가치가 있었다. 바짝 말라 다 죽을 것 같은 흑인을 시장에 내놓으면 누가 사가겠는가.

콜럼버스의 정복이 시작된 해로부터 꼭 100년이 지난 1592년, 스페인은 공식적으로 노예무역 허가서를 발급하기 시작했다. 포르투갈, 영국, 네덜란드, 프랑스가 가세했고, 대서양의 주도권을 다투는 제국주의 국가 사이에 전쟁이 이어졌다. 노예무역은 19세기까지 계속됐고, 미국도 빠지지 않았다. 유럽인이 본격적으로 노예장사에 뛰어든 17세기 이후 1,500만 명의 아프리카 사람들이 대서양을 건너 신대륙으로 이송됐다.

노예무역은 인류 역사와 함께 존재해왔다고 주장하는 사람도 있다. 대서양을 무대로 한 흑인 노예무역이 특별한 일도 아니고, 유럽 정복자들만 죄가 있는 것도 아니라는 논지다. 틀린 말은 아닐 것이다. 고대 그리스와 로마의 노예제도는 누구나 알고 있다. 이집트 파라오의 피라미드 건설에도 노예가 동원됐다. 페르시아 다리우스 대왕(Darius the Great, 기원전 550~486)의 원정 행렬엔 에티오피아에서 데려온 노예병사들이 등장한다. 아프리카 노예무역을 처음 시작한 것은 스페인 정복자가 아니라 7세기 무슬림이었다. 그들에게 끌려온 흑인노예는 중동, 인도를 거쳐 중국으로까지 팔려나갔다. 어떤 침략전쟁이든 패망한 나라 사람들은 노예로 전락하는 걸 감수해야 했다.

그러나 18세기 노예무역은 과거와는 규모가 다른 '글로벌 비즈니스'였다. 노예매매가 인류사 초기부터 있었다고 하든 유럽의 정복자들이 본격적으로 시작했다고 하든 결과는 마찬가지다. 아프리카 흑인은 인간이 아니었으니까.

비극과 절망의 땅이 된 아프리카

남미에는 지금도 흑인 노예노동이 존재한다. EBS 다큐프라임 〈인간탐구 욕망-황금〉에는 콜롬비아 초코 지역의 한 광산이 나온다. 흑

■ 콜롬비아 초코 지역의 금광. 흑인 노예의 후손들은 이곳에서 지금도 노예노동을 하고 있다. 초코는 아프리카 말로 '노예들의 땅'이란 뜻이다.

인 노동자들이 30미터가량 파내려간 웅덩이에서 사금을 채취하고, 총을 든 군인들이 이들을 감시하고 있다. 콜롬비아는 1825년 공식적으로 노예제도가 철폐됐지만, 이곳에서 일하는 노동자들은 대부분 노예의 후손들이다. 이들의 평균수명은 47세에 불과하다고 한다. 사금 채취 현장에서 매몰되어 죽는 사람이 많기 때문이다. 여성 노동자들이 꽤 많고, 9살 꼬마도 눈에 띈다. 자꾸 무너져 내리는 금광의 모래 절벽이 몹시 위험해 보인다. 강요된 노동, 대물림되는 가난. 쇠사슬은 없어졌지만 정신적 사슬은 여전히 존재하고 있다.

그럼 아프리카는 어떻게 됐을까? 대서양의 노예무역은 단기간에 아프리카의 노동력을 고갈시켰다. 다른 대륙의 인구가 증가하는 동안 아프리카 인구는 1850년까지 정체되어 있었다. 젊은이들이 노예로 팔려간 곳에서 노인, 여자, 아이들만 남아 수백 년 동안 비참한 삶을 이어갔다. 아프리카는 저주의 땅이 됐고, 그것은 '사회적 죽음'의 악순환이었다.

아프리카인들끼리 서로 싸우는 과정에서 노예가 생산됐다는 점은 가장 큰 비극이었다. 유럽인들은 노예를 직접 잡아가지 않았다. 아프리카 내륙에 깊이 진입하는 것은 무척 위험한 일이었기 때문이다. 그들은 대신 아프리카의 권력자들과 결탁하여 노예를 공급받았다.

15세기 아프리카에는 크고 작은 왕국들이 등장하여 패권을 다퉜는데, 이 과정에서 수많은 전쟁포로가 생겨났다. 유럽인들이 데려간 건 주로 이 전쟁포로들이었다. 아프리카 내륙까지 들어가는 게 두려웠던 유럽인들은 해안선을 따라 여러 왕국을 순회하며 노예를 거두어갔고, 그 대가로 살상무기를 제공했다. 아프리카 사람들은 유럽인이 제공한 무기로 전쟁을 계속했고, 이 무기를 사용해서 서로 죽인 뒤 노예를 포획하여 유럽인들에게 넘겼다. 더 나은 무기를 손에 넣으려면 더 많은 노예를 유럽인들에게 공급해야 했다.

아프리카 권력자들이 유럽제 무기에 중독되어 노예를 끊임없이 팔면서 아프리카 전역은 폭력이 난무하는 지옥으로 변해갔다. 폭력과 증오의 트라우마는 20세기 신생독립국들이 생겨날 때까지 이어졌다. 권력자들은 국가를 사유물로 여기면서 재산 축적에 열을 올렸고, 대다수 아프리카 사람들은 지금까지도 이 악순환 때문에 인간 이하의 생존 조건에서 허덕이고 있다.

국가의 손이 닿지 않는 곳에서는 무법의 폭력이 벌어졌다. 아프리카 부족과 마을들은 과거에 사이가 좋지 않았던 이웃들을 습격했다. 잡아먹히지 않으려면 먼저 잡아먹어야 하는 불신과 공포가 휩쓸었고, 특정 부족에 대한 인종청소가 끊이지 않았다. 소말리아 정부는 해적을 통제할 능력도 자격도 없어 보인다. 라이베리아 정부는 이웃 시에라리온의 반군에게 무기를 주고 다이아몬드를 챙겨서 연명해왔다. 대다수 아프리카 국가는 아직도 주민들을 보호하지 못하는 '실패한 국가'의 오명에서 헤어나지 못하고 있다.

영국 학자 키칭(Gavin Kitching)은 아프리카 연구에 30년을 바쳤으나 결국 그만두고 말았다고 한다. 아프리카에 대해 알아가면 알아갈수록 너무 우울했기 때문이었다. 희망찬 아프리카의 미래를 기대했지만 30년 동안 정치와 경제는 나아지지 않았고, 그 실패를 어떤 이론으로도 설명할 수 없었다. 아프리카 엘리트들은 실패의 모든 원인을 유럽의 식민 지배 탓으로 돌리기만 했지 스스로 책임지려 하지 않았다. 죽음(Death), 질병(Disease), 재앙(Disaster), 절망(Despair)……, 아프리카가 4D의 땅이 된 건 유럽인의 탐욕 때문이다. 그러나 유럽인들만 탓하고 있어서는 아무 희망도 없다는 데에 아프리카의 딜레마가 있다.

16세기 스페인 사람들은 아프리카 사람은 인간이 아니라고 규정했다. 그렇다면 아프리카 사람들을 상품으로 거래하고, 자기 이익을 위해 이들 사이의 갈등과 폭력을 조장한 유럽인들은 인간이었을까? 사람을 집단적으로 차별하고 서열 짓는 한 누구도 인간일 수 없다. 노예도 인간이 아니고, 이들을 노예로 매매하는 사람도 인간이 아니다.

하지만 이 모든 당사자들이 인간이라는 엄연한 사실 또한 부인할 수 없다. 결국 질문을 바꿔야 할 것이다. 인간이란 존재는 도대체 뭐란 말인가? 대답은 하나뿐이다. 인간에 대한 인간의 차별을 완전히 철폐해야만 비로소 다함께 인간이 될 수 있다는 것이다. 이게 가능한 일일까? 우리는 이 기본적인 물음에 아직 답하지 못하고 있다.

피의 다이아몬드

16세기 라틴아메리카에서 시작된 '황금의 비극'은 20세기 아프리카 시에라리온에서 '피의 다이아몬드'로 이어졌다. 노예 매매로 구조화된 아프리카의 비극이 오늘날까지 그림자를 드리우고 있다는 증거다. 다큐멘터리 〈크라이 프리타운(Cry Freetown)〉의 감독 소리어스 사무라(Sorious Samura)는 이렇게 말한다. "다이아몬드는 우리에게 축복이 아니라 저주가 됐다. 다이아몬드는 시에라리온에 참혹한 내전을 일으켜 나라를 갈기갈기 찢어놓았다. 그것을 장악하는 사람이 나라를 장악하기 때문이다."

서아프리카의 시에라리온, 인구 600만 명에 면적 7만 제곱킬로미터, 한국보다 작은 이 나라에서 1990년대에 20만 명이 죽었고, 25만의 여성이 유린됐으며, 200만 명의 난민이 발생했다. 굳이 덧붙이자면 7,000명의 어린이가 반군이 됐고, 4,000명의 팔다리가 절단됐다.

우리가 1950년 6월 25일을 기억하듯, 시에라리온 사람들은 1999년 1월 6일을 기억한다. 반군 혁명연합전선(RUF, Revolutionary United Front)이 수도 프리타운을 공격한 날이다. '생물절멸작전', 무시무시한 작전 이름처럼 20세기 가장 참혹한 전쟁이었다. 소리어스 사무라는 죽음의 위험을 무릅쓰고 그날의 참상을 기록했다. "시에라리온 국민의 90퍼센트가 본 적도 없는 다이아몬드, 이 때문에 그날 프리타운이 슬프게 울었다."

영화 〈블러드 다이아몬드(Blood Diamond)〉를 통해 이 나라의 비극을 알게 된 사람이 많을 것이다. "우리나라는 전쟁만 없으면 지상천국이 될 수 있대요." 꼬마 디아 반디는 학교에서 돌아오며 아버지에게 말한다. 반군이 마을을 습격하여 민간인들을 마구 학살하고, 투표하지 못하도록 손목을 절단한다. 살아남은 가족은 갈가리 찢어진다. 아버지는 광산으로, 어머니와 딸은 난민수용소로 흩어지고, 아들 반디는 무장반군의 소년병이 된다. 아버지 솔로몬 반디(지몬 훈수)는 가족을 찾기 위해 목숨을 건 여행을 떠나는데, 다이아몬드 밀수꾼 대니 아처(레너드 디카프리오)와 기자 매디 바우엔(제니퍼 코넬리)이 동행한다.

시에라리온에서 다이아몬드가 처음 발견된 건 1930년. 영국 식민지답게 찢어지게 가난했던 이 나라에서 다이아몬드는 재앙이었다. 정부와 반군 등 모든 정치세력이 다이아몬드 생산지를 점령하려고 피비린내 나는 싸움을 벌였다. 런던과 앤트워프에 중심을 둔 보석 메이저들은 레바논 상인을 통해 밀반출한 다이아몬드를 인도에서 세탁한 뒤 미국 등지로 팔았다. 전 세계 다이아몬드 시장의 85퍼센트를 점유하던 드비

■ 시에라리온 내전 중 7,000명의 소년병이 있었다. 반군들은 어린이들이 싸우기 싫어하는 기색을 보이면 가차 없이 처형했다고 한다.

어스(De Beers)는 이 나라의 다이아몬드를 헐값에 독점하려 했다.

"다이아몬드는 영원하다"라는 드비어스의 광고 문구는 소비자들에게 주술과 같았다. "사랑에 빠진 사람들에게 반드시 필요한 것"이라는 달콤한 속삭임에 평범한 사람들은 저항할 수 없었다. 반짝이는 돌덩어리는 가장 비싼 보석으로 변했고, 결국 사람의 피가 되어 아프리카 땅을 적셨다.

냉혈한 보석상들에게 피 묻은 다이아몬드인지 아닌지는 중요하지 않았다. 가격과 공급량을 통제하려면 내전이 계속되는 게 나았다. 반군들이 파는 다이아몬드가 훨씬 더 쌌으니, 전쟁이 끝나면 손해였다.

서아프리카 평화유지군 등 국제사회는 빈털터리 정부군을 지원했는데, 이는 양쪽 세력의 균형을 잡아줘서 전쟁을 연장하는 꼴이었다. 반군은 다이아몬드를 밀수출한 돈으로 라이베리아를 비롯한 이웃나라를 통해 동유럽의 무기를 사들였다. 정부군과 반군이 알아서 원수처럼 싸워주니 보석상 입장에서는 손 안 대고 코 풀기였다.

시에라리온 내전에서 드러난 극단적인 잔인성은 세계를 경악케 했다. 일반인의 지지를 얻기 위해 노력해야 할 반군이 서슴없이 민간인을 학살한 것은 상식 밖이었다. 어린이들을 잡아서 살인기계로 훈련시킨 것은 용서받을 수 없는 반인륜 행위였다. 그들은 어린이들이 싸우기 싫어하는 기색을 보이면 가차 없이 처형해버렸다. 반군에 가담하지 않으면 죽든지 불구가 돼야 했다. 납득할 만한 이유 없이 – 아니, 어떤 이유로든 해서는 안 될 짓이다! – 손목을 잘라버린 건 상상을 초월하는 일이었다. 영화에 나온 대로 "투표할 수 없게" 하려는 것이었을까? 아주 틀린 말은 아닐 것이다. "시에라리온의 미래를 위해 손을 잡자"는 카바 대통령의 선거구호를 비웃듯, 반군은 사람 손목을 담은 자루들을 대통령궁에 배달했다.

미국의 프리랜서 기자 그레그 캠벨(greg campbell)은 UN의 취재허가를 받아 2001년부터 수차례 시에라리온 현지를 취재했다. 그는 반군에게 끌려갔던 한 어린이에게 물어보았다.

기자: 왜 손을 자른 거지?

어린이: 우린 명령이 있을 때만 손을 잘라요.

기자: 그런 명령이 왜 내려지는 건데?

어린이: 사람들한테 겁을 주려고요. 다이아몬드를 우리만 차지하고, 다른 사람들을 광산에서 몰아내려고요.

결국 다이아몬드를 독점하겠다는 욕심에서 저지른 일이라는 것이다. 아무리 합리적으로 이해하려고 해도 악마에 가까운 잔인성이다. 반군들이 다이아몬드에 도취한 나머지 혁명의 대의를 팽개친 건 분명해 보인다. '우리 편 아니면 모두 적'이라는 — 세계 최강국 대통령 조지 부시가 한 말이다 — 악에 받친 흑백논리도 작용했을 것이다. 사람들에게 공포를 심어주어 승기를 잡으려는 사악한 심리전의 효과도 노렸을 것이다. 정부군과 서아프리카 평화유지군도 잔인하기는 마찬가지였다. 혁명연합전선으로 의심되는 사람들은 총살하거나 손목을 잘랐다. 증오와 보복의 악순환이었다.

다이아몬드 잔혹사

그레그 캠벨이 펴낸 《다이아몬드 잔혹사(Blood diamonds)》는 탐사저널리즘의 기념비라 할 만한 책으로, 영화 〈블러드 다이아몬드〉의 토대가 됐다. 캠벨은 자기 스토리뿐 아니라, 혁명연합전선과 오사마 빈 라덴의 커넥션을 추적한 〈워싱턴 포스트〉의 더글러스 파라(Douglas Farah) 기자의 취재담도 전한다. 파라 기자는 절대 입을 열지 않는 혁명연합전선을 취재할 때 '아주 간단한 방법'을 썼다. "자기가 추측한 사실들을 얘기해주고, 그보다 훨씬 더 많이 알고 있는 척해서" 상대방의 입을 열게 만들었다는 것. 그는 언론 윤리의 테두리 안에서 취재원에게 겁을 주어 불가능한 인터뷰를 성사시켰다.

'피의 다이아몬드(Blood Diamond)' 또는 '분쟁 다이아몬드(Conflict Diamonds)'라는 이름은 영국의 인권단체 글로벌 위트니스(Global Witness)의 보고서를 통해 세상에 알려지기 시작했다. 여론이 악화되고 불매운동이 일어나자 2000년 남아공의 킴벌리에서 대책회의가 열렸다. 다이아몬드의 원산지와 수출상 이름을 표기하자는 킴벌리 프로세스는 2003년부터 실행됐고 75개국이 참여했다. 전쟁범죄와 관계없다고 인증된 다이아몬드만 거래할 수 있게 한 것이다.

시에라리온 내전은 끝났고, 혁명연합전선(RUF) 지도자 포데이 산코(Foday Sankoh)에게는 사형이 선고됐다. 하지만 그는 얼마 뒤 사면됐고, 항의 시위자들에게 발포하여 20여 명을 더 죽인 뒤 2003년 프리타운의 병원에서 숨을 거두었다. 반군을 뒤에서 지원한 라이베리아의 독재자 찰스 테일러(Charles Taylor)도 전범으로 50년 징역형을 받았다. 그는 네덜란드에서 재판을 받았고, 영국의 감옥에 수감됐다. 두 나라는 공교롭게도 다이아몬드 메이저들의 본거지였다. '피의 다이아몬드'로 가장 큰 이득을 챙긴 보석상들은 멀쩡히 거리를 활보하고 있다.

영화 〈블러드 다이아몬드〉에서 기자 매디 바우엔 역을 맡았던 제니퍼 코넬리는 영화 홍보 자리에 다이아몬드 귀고리를 하고 나왔다. 귀고리의 출처를 묻자 제니퍼는 "불가리 제품이라서 '피의 다이아몬드'와 관계가 없다"고 대답했다. 영화에 출연한 뒤 '도덕적인 소비자'가 되기로 한 그의 결심은 아름답다. 그러나 제니퍼는 너무 순진했던 게 아닐까? 그의 귀고리가 '피의 다이아몬드'와 관계가 없다는 말이 맞는지 검증하기는 무척 어려울 것이다.

시에라리온의 비극을 세계에 알린 언론인들의 공로는 아무리 찬양해도 지나치지 않을 것이다. 이들의 보도는 '피의 다이아몬드'가 시에라리온이란 작은 나라만의 일이 아니라, 전 세계가 얽힌 거대한 지하경제의 문제임을 일깨워주었다. 세계 다이아몬드 소비량의 80퍼센트를 차지하는 미국의 소비자들에게 이 비극이 남의 일이 아니라는 것을 역설하여 불매운동의 촉매제가 됐다. 그러나 진실을 밝히려는 그들의 노력은 반쪽의 성공에 그친 게 아닌가 싶다. 가장 악랄한 범죄자들은 아무 일 없다는 듯 유유자적이다. 다이아몬드의 생산과 유통, 그 과정을 감시하는 건 여전히 곤란한 일이다.

다이아몬드의 빛나는 유혹을 인간이 좀체 뿌리치지 못한다는 건 분명해 보인다. 다이아몬드의 찬란한 주술, 살인자들의 우아한 미소……. 내전은 끝났지만 인간의 탐욕은 끝나지 않았다. '피의 다이아몬드'는 아프리카만의 비극이 아니다. 물신 숭배는 세계 각처에서 더욱 위세를 떨치고 있다. 얼마나 더 큰 대가를 치러야 탐욕과 살육의 악순환을 끊을 수 있을까?

자본주의는 중남미와 아프리카에 대한 약탈, 그리고 힘없는 이들의 피눈물 위에서 태어났다. 지구촌의 북반부는 이들의 희생 위에서 번영을 누렸지만 남반부는 여전히 가난과 폭력의 늪에서 벗어나지 못하고 있다. 1492년 콜럼버스가 과나하니에 상륙한 이래 500년이 넘는 세월이 흐르도록 이 상태는 변한 적이 한 번도 없다.

아프리카의 비극에 대해 참고할 만한 책으로《아프리카에는 아프리카가 없다》를 추천한다. 저자 윤상욱은 외교관으로 세네갈, 말리, 기니 등 아프리카 6개국을 관장하여 일한 분이다. 그는 풍부한 경험을 바탕으로 아프리카의 왜곡된 정체성, 빈곤과 저개발, 독재와 폭력의 문제를 차분하게 얘기해준다. 콩고와 시에라리온 내전, 소말리아 해적, AIDS의 저주……. 이 책은 무지한 PD에게 엽기적으로 보였던 아프리카의 현실과 원인을 알려주었다.

아프리카의 비극은 세계와 연결되어 있다. 아프리카의 눈물을 이해할 때 우리는 비로소 우리 사는 세계의 전모를 파악할 수 있을 것이다. 윤상욱은 고통과 모순으로 가득한 이 대륙의 참상에도 불구하고 희망의 끈을 놓지 않는다. 에티오피아를 취재할 때 가냘픈 등잔 아래서 밤늦게 공부하는 10대 소년을 본 적이 있다. 이 소년이 어른이 되면 아프리카의 미래도 조금 밝아져 있을까.

지구를 떠납시다(?)

브레이크 없는 기관차

"세계경제는 2015년에 정점을 찍고 성장을 멈춘다." 2012년, 한국어로 번역 출판된《성장의 한계(Limits To Growth)》는 이렇게 결론짓는다. 이 책은 '로마클럽 보고서' 30주년을 기해 나온 수정증보판이다. 1972년 MIT의 젊은 과학자 네 명이 〈성장의 한계 – 인류의 위기에 관한 프로젝트〉를 발표했다. 브레이크 없는 경제성장이 인류에게 어떤 영향을 미치게 될지 분석한 종합 보고서였다. 성장지상주의를 재고하지 않으면 인구과잉, 환경오염, 자원고갈, 식량부족 등 인류가 직면한 문제를 감당할 수 없게 될 거라고 경고했다. 그로부터 한 세대가 지난 뒤 도넬라 메도우스(Donella H. Meadows) 등《성장의 한계》저자들은 성장지상주의가 낳을 결과를 컴퓨터 시뮬레이션으로 분석했다.

결론은 간단하다. 세계의 산업은 2015~2020년에 정점에 도달한 뒤 2100년에는 1900년 수준으로 퇴보하며, 자본의 고삐를 풀어놓는 '규제완화'는 파국을 앞당길 게 예상된다는 것이다. 파국이 눈앞에 다가온 지금, 가치관의 일대 전환을 이루지 않으면 인류는 빙하에 부딪치는 타이타닉 호처럼 침몰을 피할 수 없다는 것이다.

우리는 지구촌이 그 어느 때보다 좁아졌다는 사실을 매일 체험한다. 한 세대 전에는 외국인을 보면 무척 신기해했지만, 이제 전국 어디서든 외국인을 볼 수 있다. 서울 거리는 물론 변두리의 공장과 농어촌의 일터에서 외국인을 만나게 된다. 이제는 국경을 나누는 것조차 무의미해 보인다. 축구팀에서 '외국 용병'을 기용하는 건 당연한 일이다. 월드컵을 보면 참가국들 사이의 실력이 평준화돼서 승부를 예측할 수 없다. 월드컵이 벌어지면 축구공처럼 생긴 지구별 이쪽저쪽에서 희비가 엇갈리는 모습을 실시간으로 볼 수 있다. 지구 반대편의 친구들이 페이스북으로 서로 응원하고 위로한다. 1980년대 김남주 시인은 "달러에는 국경이 없다"고 노래했지만, 이젠 사람에게도 국경이 없다.

지구가 만원(滿員)이라고 하는데 누구나 실감할 수 있을 것이다. 인류가 처음 지구 전역에 살게 될 무렵의 전체 인구는 1,000만 명가량으로 추산된다. 상상해보라. 1만 5,000년 전 지구 위에 살았던 인류 전체가 서울이란 한 도시에 모여 있다는 얘기다. 20세기의 100년 동안 인구는 4배가량 늘어서 60억이 됐고, 21세기 들어서 10억이 더 증가하

■ 오늘날 한 개인의 에너지 소비량은 수렵시대 조상들의 100배에 가깝다. 폭증하는 생산과 소비는 회복될 수 없는 자원고갈과 생태파괴로 이어진다. 지구온난화로 녹아내리는 빙산은 비단 북극곰만의 문제는 아닐 것이다.

여 이제 70억이다. 이중 절반이 넘는 사람이 도시에 산다. 세계의 도시 면적을 다 합하면 지구 표면의 1퍼센트에 불과한데, 여기에 35억이 넘는 사람이 모여서 아웅다웅 경쟁하며 살고 있는 셈이다.

개인의 에너지 소비량도 급증했다. 수렵시대 사람은 하루 평균 2,000~3,000킬로칼로리의 에너지를 사용한 걸로 추정된다. 생존을 위해 필요한 에너지양을 조금 넘는 정도였다. 오늘날 한 개인은 하루 평균 약 20만 킬로칼로리를 사용한다. 조상들의 100배 가까운 에너지를 소비하는 셈이다. 정신적 스트레스도 나날이 심각해지고 있다. 《미국의 역설(The American Paradox)》을 쓴 마이어스(David G. Myers) 교수는 미국 사회의 비관적 변화를 이렇게 정리했다. "이혼율 2배, 10대 자살률 3배, 폭력 범죄 4배, 감옥의 죄수 5배, 미혼모 출산 6배, 동거 부부 7배, 우울증 10배." 행복지수가 팔레스타인이나 아프리카 가봉과 비슷하다는 한국은 미국보다 사정이 나을 리 없다. 극심한 경쟁으로 스트레스가 쌓이는데 에너지는 넘치니, 누구든 툭 건드리면 폭발하여 끔찍한 폭력을 휘두르는 것이다.

소비의 증가 없이 생산을 지속할 수 없다. 19세기엔 금욕이 미덕이라고 가르쳤지만 20세기엔 소비를 근본으로 여기는 가치 전환이 일어났다. 20세기 자본주의의 핵심은 시장을 확대하는 것이었다. TV에서 끊임없이 소비를 설교하는 광고주가 새로운 사제 계급으로 올라섰다. 그러나 신자유주의가 전 세계로 확대된 뒤 마지막 한 푼까지 이윤을 확대하려는 자본의 탐욕은 소비자의 주머니를 샅샅이 털어가고 있다. 더 많이 소비하려는 욕구는 여전하지만, 평범한 사람들은 돈이 없으니 소비를 억제할 수밖에 없다. 상품은 넘쳐나는데 구매력은 없고, 욕구불만은 커지는데 이를 충족시킬 방법은 없으니 이 또한 파국을 예고한다.

폭증하는 생산과 소비는 자원고갈과 생태파괴를 회복하기 어려울 지경까지 몰고 갔다. 지난 50년 동안 서울이 겪은 기후변화는 지난 5,000년 동안의 변화보다 더 클 것이다. 요즘은 기후변화를 날마다 체감할 수 있다. 사과 재배지역은 해마다 북상하고, 남쪽에선 열대과일이 자란다. 바닷물 온도가 1도가량 올라서 어류 생태계가 달라졌다. 여름과 겨울이 길어지고 봄과 가을이 짧아졌다. 봄꽃인 줄 알았던 개나리, 진달래가 가을에 피는 게 일상이 됐다. 최근 몇 년 사이, 한국에 열대성 스콜이 내리고 토네이도가 발생했는데, 이는 기후 관측 역사상 처음 있는 일이다. 사람이 체감할 수 있을 정도라면 이 기후변화가 엄청나게 빠르게 진행되고 있다는 얘기 아닌가?

끝을 향한 역사

이러한 변화는 어떻게 일어나게 됐을까? 지구의 나이 45억 년 중 호모 사피엔스가 존재한 것은 20만 년쯤 된다. 인간의 기술문명은 시간이 흐를수록 점점 더 빨리 발전했고, 현대로 접어들면서 제어하기 어려울 정도로 가속도가 붙었다.

20만 년 전 아프리카에서 태어난 우리 조상은 오랜 세월 사냥과 채취로 살아갔다. 인구도 크게 변하지 않았고, 먹고사는 방식도 조상이 전해준 그대로였다. 인간은 자연의 일부였고, 수많은 동물 중 하나였다. 약 13만 년 전부터 우리 조상은 아프리카를 벗어나 아시아, 유럽, 오세아니아, 아메리카로 생존영역을 확장했다. 인류가 지구 전역에 살게 된 건 약 1만 5,000~1만 년 전이다. 인간의 발길이 가는 곳마다 매머드 등 대형 포유류가 멸종했다. 지구 위에서 더 이상 갈 곳이 없게 된 1만 년 전, 인류는 정착생활을 시작했고 농업을 발전시켰다.

농업의 탄생은 인류사에서 가장 큰 변화였다. 논밭을 일구고 가축을 키운 결과 식량생산이 10배 이상 증가했고, 인구도 급격히 불어났다. 더

■ 산업혁명은 엄청난 생산력의 증가를 낳았지만 가난한 나라와 부자 나라의 격차를 심화시킨 '대분기'를 일으켰다.

많은 재화를 가진 사람이 생겨나 계급이 분화했다. 물물교환을 위해 시장이 열렸고, 시장을 중심으로 도시가 형성됐으며, 도시와 농촌을 아우르는 국가가 탄생했다. 종교는 지배자의 권위를 뒷받침했고, 더 많은 영토와 노동력을 차지하기 위한 전쟁이 일상사가 됐다. 농업혁명 이후 인구가 늘어났고 경제규모가 커졌고 전쟁기술이 발전했고 제국이 흥망성쇠를 거듭했다. 문명의 발전 속도는 구석기시대에 비하면 무척 빨라졌지만, 최근의 현란한 변화 속도에 비하면 인류의 생존방식은 수천 년 동안 거의 아무 변화가 없었던 것처럼 보인다.

18세기 유럽의 산업혁명은 농업혁명만큼이나 커다란 인류사의 변화였다. 카를 마르크스는 "콜럼버스의 발견이 산업혁명의 물적 토대가 됐다"고 했다. 아메리카의 황금과 아프리카의 노예노동을 바탕으로 유럽 경제가 폭발적 성장을 시작했다는 것이다. 콜럼버스 일행은 1492년 대서양을 건넜다. 이들을 맞이한 원주민들은 1만 5,000년 전 시베리아를 거쳐 육로로 도착한 조상들의 후손이었다. 양쪽 다 아프리카에서 흘러온, 똑같은 호모 사피엔스였다. 이들의 만남으로 인류는 비로소 하나로 연결됐다.

그러나 이들은 상대가 자기와 같은 인간임을 알아보지 못했다. 콜럼버스와 인디오는 양쪽 다 호모 사피엔스였지만, 그들의 첫 만남은 크로마뇽인과 네안데르탈인, 즉 다른 종류 인간들의 만남보다 더 낯설었다. 원주민들은 콜럼버스 일행이 하늘에서 온 신이라고 생각했고, 콜럼버스 일행은 원주민들이 황금을 찾게 해줄 안내자, 맘대로 부려먹을 수 있는 노예라고 생각했다. 인디오가 인간인지 아닌지 따져본 '바야돌리드 논쟁'은 지금 보면 희극에 가깝다. 그러나 결론은 희극과 거리가 멀었다. "인디오는 인간이 맞지만 아프리카 흑인은 인간이 아니다." 무자비한 약탈과 노예노동의 비극이 이어졌고, 이 비극을 연료로 산업혁명의 기관차는 시동을 걸었다.

인구가 폭발적으로 늘어났지만 식량 생산도 그만큼 늘었다. 식량 생산이 인구증가를 따라갈 수 없다는 맬서스의 이론은 틀린 것처럼 보였다. 멜서스는 인구는 기하급수로 늘어나지만 식량 생산의 증가는 한계가 있기 때문에 인류는 결국 '빈곤의 악순환'에 빠진다고 보았지만, 새로운 농업기술은 인류의 기아 문제를 해결할 수 있다는 낙관을 심어주었다. 그러나 더욱 본질적인 문제가 도사리고 있음을 우리는 알게 됐다. 에너지 소비 증가와 생태 파괴는 인류가 지금까지 겪어 본 적이 없는 재앙이었다. 산업혁명 이후 200년 동안 일어난 변화는 인류가 20만 년 동안 겪은 모든 변화를 합한 것보다 컸다. 더 심각한 것은 산업혁명의 결과 가난한 나라와 부자나라가 갈라지는 '대분기(Great Divergence)'가 일어났고, 이 불균등 발전이 점점 더 심화됐다는 점이다.

브레이크 없는 기관차는 점점 더 빨리 달려, 현기증 나는 속도로 오늘의 세계까지 이어졌다. 20세기의 100년 동안 세계 인구가 네 배로 폭발하여 이제 70억 명을 넘어서기까지, 연간 곡물생산량은 4억 톤에서 20억 톤으로 5배가 됐다. 엄청난 가속도는 파국을 예고하고 있다. 20세기 동안 세계경제 총생산량은 2조 달러에서 39조 달러로 거의 20배 증가했는데, 조금 더 자세히 보면 1900년에 2조 달러, 1950년에 5조 달러, 2000년에 39조 달러다. 해가 갈수록 주체할 수 없을 정도로 가속도가 붙었다는 얘기다. 1995년에서 2000년까지 5년 동안의 경제성장 폭은 고대 인류문명이 발생하여 20세기가 될 때까지 1만 년 동안 일어난 변화보다 더 컸다.

파국을 피할 수 있을까?

2014년 영화 〈인터스텔라(Interstellar)〉가 한국에서 1,000만 명이 넘는 관객을 모으며 크게 화제가 됐다. 현대 우주론의 성과를 잘 반영한

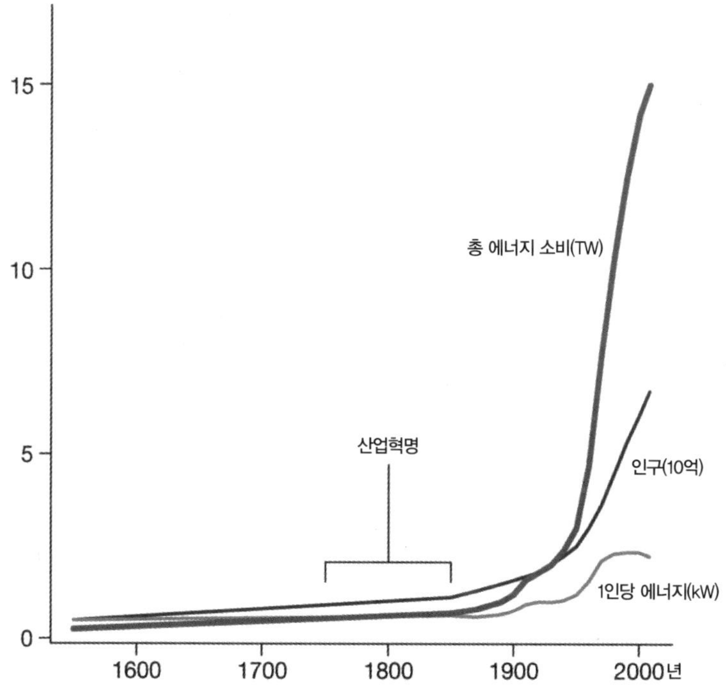

■ 산업혁명 이후 인구증가와 에너지 소비의 급격한 증가를 보여주는 그래프. 20세기 중반 이후로는 인구증가보다 에너지 소비의 증가 곡선이 더욱 가파르다

역작이라는 매스컴의 찬사가 이어졌지만, 내가 볼 때 가족 사랑이란 흥행 요소에 과학의 옷을 입힌 멜로물이었다. 매스컴이 간과한 중요한 흥행 요소는, 최근의 피곤한 나날에서 지구를 탈출하고 싶다는 욕구가 팽배해 있다는 점이었다. 낯선 별로 떠나는 우주여행이 많은 사람들의 환상(fancy)을 자극한 결과라는 것이다. 이러한 가정이 맞다는 걸 사람들과 대화할 때마다 확인할 수 있었다. 숨 막힐 듯한 경쟁, 앞

이 보이지 않는 나날, 많은 사람들은 '지구를 떠나고 싶다'고 말하고 있다.

언젠가 모 경제TV의 PD들 앞에서 강연할 기회가 있었다. 경제에 대해 일자무식(一字無識)임을 고백한 뒤 20만 년 인류사를 얘기했다. 농업혁명, 산업혁명, 최근의 정보혁명 등 거대담론으로 좌충우돌하다가 결국 그래프를 하나 보여주었다. 인구증가, 에너지 소비, 식량생산이 시대별로 어떻게 변화해왔는지 표시한 곡선이었다. 20만 년 가까운 수렵시대에는 이 곡선은 극히 완만히 상승하기 때문에 거의 직선처럼 보인다. 1만 년 전 농업혁명 이후 이 곡선은 비교적 가파르게 상승하기 시작한다. 이제야 곡선처럼 보이기 시작한다. 200년 전의 산업혁명 이후는? 무척 가파르게 상승하기 시작하며, 20세기 들어서는 거의 수직상승하는 직선으로 보인다.

한 개인이 인지할 수 있는 시간은 고작 10~20년이다. 긴 시간의 단위로 보면 세상의 인구와 에너지 소비와 식량생산은 그래프처럼 파국을 향해 수직상승하고 있지만, 우리의 유한한 눈으로는 인지할 수 없다. 그저 완만하게 성장하는 모습이 보일 뿐이며, 오늘도 정부와 언론은 성장률을 어떻게 하면 높일 수 있을까 분석하기에 여념이 없다. 그냥 두면 어디로 갈 것인가?

PD들에게 물어보았다. "이 그래프가 맞아요? 동의하세요?" 몇 분이 고개를 끄덕여줬다. 이 그래프는 인정하고 싶지 않아도 인정할 수밖에 없는 현실을 담고 있었다. "그냥 두면 파국이 불 보듯 뻔한데, 이제 어떻게 해야 되죠?" 나도 해답을 몰랐기에 진심으로 질문을 건넸다. 두 분이 머뭇머뭇 대답했다. "다른 별로 가야겠죠!"

글쎄……, 오염된 지구보다 나은 별을 찾을 가능성도 극히 희박할 것 같고, 혹시 그런 별을 찾더라도 인류 전체가 이사하는 건 불가능해 보인다. 인간은 지구에 최적화되어 진화했기 때문에 다른 별에서 천수를 누리며 살기도 어려울 것이다. 그렇다면 아무리 북적거리고 소란스러워도 하나뿐인 지구를 가꾸며 사는 게 현명하지 않을까? 깜깜한 우주를 헤매다가 기진맥진한 인류가 지구를 다시 발견하게 되면 눈물 날 정도로 반갑지 않을까?

대화를 마친 뒤 잠시 쉴 때 PD 한 분이 얘기했다. "평소 일할 때는 숫자에 갇혀 있어서 이런 생각을 할 기회가 없어요." 그게 솔직한 현실이다. 모든 조직은 성장을 추구하며 경쟁하고, PD는 조직을 떠나서 일할 수 없다. 각자 자기 일 하느라 급급하고, 이 배가 어디로 가는지 아무도 알려 하지 않는다. 누군가 지켜줄 거라고 막연히 기대하는 동안 배는 급류를 타고 낭떠러지를 향해 떠내려간다.

급브레이크를 밟지 않는 한 파국은 피할 수 없어 보인다. 세계 자본주의의 침몰은 이미 현실화되고 있다. 그러나 인간에게는 지성이 있으니 희망도 있다. 도넬라 메도우스에 따르면 지금 즉시 실천해야 할 일은 세 가지다. 인구증가를 억제하고, 산업성장을 제한하며, 기술을 발전시켜야 한다. 전제조건이 있다. 소득을 골고루 배분해야 하며, 이를 위한 국제협력을 지금보다 훨씬 강화해야 한다. 인류 공동체가 손잡고 이 위협에 대처한다면 80억 인구를 유지하며 전 인류가 유럽 저소득 국가 수준의 생활을 누릴 수 있다는 것이다.

3장

우주 속의 인간

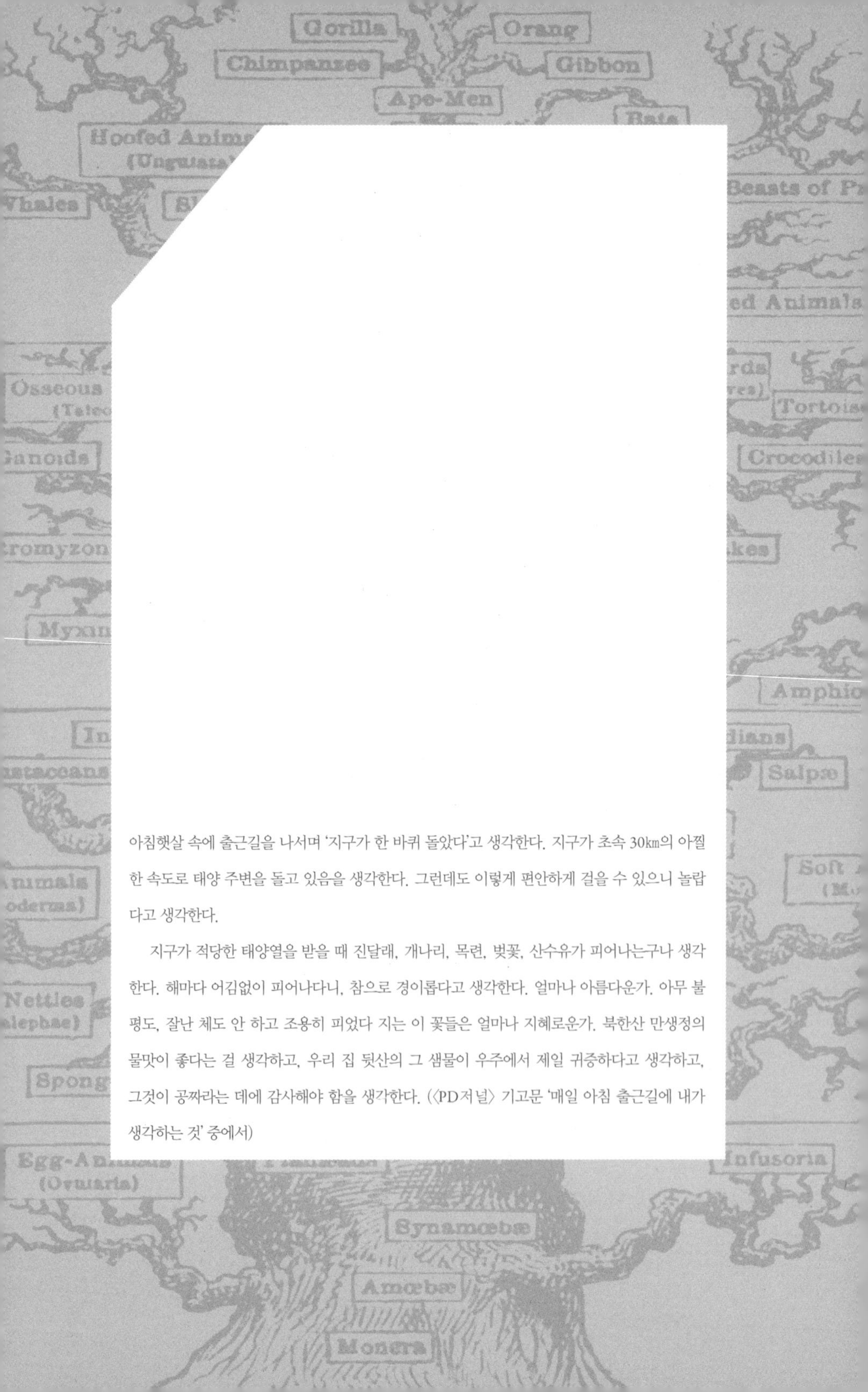

아침햇살 속에 출근길을 나서며 '지구가 한 바퀴 돌았다'고 생각한다. 지구가 초속 30㎞의 아찔한 속도로 태양 주변을 돌고 있음을 생각한다. 그런데도 이렇게 편안하게 걸을 수 있으니 놀랍다고 생각한다.

지구가 적당한 태양열을 받을 때 진달래, 개나리, 목련, 벚꽃, 산수유가 피어나는구나 생각한다. 해마다 어김없이 피어나다니, 참으로 경이롭다고 생각한다. 얼마나 아름다운가. 아무 불평도, 잘난 체도 안 하고 조용히 피었다 지는 이 꽃들은 얼마나 지혜로운가. 북한산 만생정의 물맛이 좋다는 걸 생각하고, 우리 집 뒷산의 그 샘물이 우주에서 제일 귀중하다고 생각하고, 그것이 공짜라는 데에 감사해야 함을 생각한다. (〈PD저널〉 기고문 '매일 아침 출근길에 내가 생각하는 것' 중에서)

줌아웃!

우주로부터의 귀환

에드가 미첼(Edgar Mitchell)은 1971년 아폴로 14호를 타고 달에 착륙, 달 표면을 밟은 여섯 번째 지구인이 됐다. 지구로 돌아올 때 그는 다른 우주비행사보다 창밖을 내다볼 시간이 더 많았다. 눈앞에 깜깜한 우주가 360도 파노라마처럼 펼쳐졌다. "와, 저게 나의 별이구나, 내 몸이 저 별과 이어져 있구나, 온몸으로 느꼈습니다."

에드가 미첼은 지구로 돌아오는 내내 창밖을 내다보며 대단한 황홀경을 경험했다. 지구의 풀샷(Full Shot)은 경이로웠고, 그에게 그것은 '사마디(samadi, 삼매 체험)'였다. 여러 사물을 개별적으로 바라보면서 동시에 하나의 단일체로 경험하는 것, 타자와 나 사이의 경계가 사라지

■ 아폴로14호의 세 우주비행사이다. 왼쪽부터 스튜어트 루사(Stuart Allen Roosa), 앨런 셰퍼드(Alan B. Shepard, Jr.), 에드가 미첼(Edgar D. Mitchell).

는 체험이었다. 그는 푸른 지구와 합일된 자신을 본 것이다. 그것은 신의 얼굴을 손으로 만진 느낌이었다.

"저는 기독교의 인격신은 믿지 않지만 회개하는 마음이 됐습니다. 나쁜 짓을 하고 반성하면 천국에 간다는 뜻이 아니라, 세계를 완전히 다른 시점으로 보면 신적인 세계가 지금 여기 펼쳐진다는 깨달음이지요."

이러한 체험은 다른 우주비행사들도 마찬가지였다. 아폴로 15호를 타고 달에 가서 '창세기의 돌'을 가져온 제임스 어윈(James Irwin, 1930~1991)에게 지구는 우주의 암흑 속에 빛나는 푸른 보석이었다. "그곳에만 생명이 있다는 사실에서 오는 전율, 내가 바로 그곳에서 살아 왔다니!"

우주비행사 유진 서넌(Eugene Cernan)은 우주에서 본 지구의 아름다움은 결코 사진으로 포착할 수 없다고 말했다. 저 너머 펼쳐진 완전한 암흑, 그 어둠 위에 빛나는 지구는 당당하고 강력한 존재였다. 제미니 9A호, 아폴로 10호와 17호를 타고 우주비행을 한 유진 서넌은 '신의 눈으로 세계를 보는 듯한' 놀라운 체험을 했다. 세계가 한눈에 보였고, 전 인류가 그의 시야에 들어왔다. 해 뜨는 곳과 해 지는 곳이 동시에 보이고, 지구가 돌고 시간이 흐르는 모습이 눈에 보였다. 그것은 정말 신의 눈으로 세계를 보는 것과 같았다.

달도 아름다웠다. 하지만 그것은 완벽한 불모의 세계, 두려울 정도로 황량하고 삭막한 곳이었다. 눈으로 봐도 아무 소리가 없다는 걸 알 수 있었다. 우주왕복선 스카이랩 4호에서 84일 동안 일한 에드워드 깁슨(Edward Gibson)은 막막한 우주를 보면서 지구의 소중함을 뼈저리게 느꼈다고 말한다.

"우주의 밤은 정말 암흑천지여서 아무것도 보이지 않습니다. 텅 빈 공간에 혼자 떠 있노라면 머리끝부터 발끝까지 뭐라 말할 수 없는 나쁜 기분이 엄습하지요. 빛도 없고 소리도 없고, 나 이외에 아무것도 존재하지 않는 세계……. 그보다 더 나쁜 기분은 상상할 수 없을 것입니다. 우리가 지구를 잃고 우주 공간에 추방된다면 그 불쾌함밖에 남지 않겠지요. 그렇다면 이 지구라는 별이 인간에게 얼마나 중요하고 특별한 곳인지 알 수 있지 않을까요?"

인생을 바꾼 우주체험

일본의 언론인 다치바나 다카시(立花隆)[1]는 우주비행의 경험이 있는 20여 명을 꼼꼼하게 인터뷰하여 1981년부터 2년 동안 《중앙공론(中央公論)》에 연재한 뒤 이 글들을 모아 《우주로부터의 귀환(宇宙からの歸還)》이란 책을 냈다.

다치바나가 인터뷰한 우주비행사들은 우주체험에서 어떤 세계관의 변화를 겪었을까? 경이로운 지구의 모습에 한결같이 깊은 감명을 받은 그들은 우주여행을 다녀온 뒤 각자 다른 길을 걸었다. 에드가 미첼은 인류의 운명을 고민하는 철학자가 됐고, 제임스 어윈은 '하느님'의 전도사가 됐으며, 인류 역사상 두 번째로 달에 내린 에드윈 올드린(Edwin Eugene Aldrin)은 정신이상이 됐다.

1962년부터 아폴로 우주선을 탄 월터 쉬라(Walter Schirra, Jr., 1923~2007)는 세 번이나 우주에서 지구를 관찰했다. 바다를 가르는 배의 흔적도 보았고, 만리장성도 보았다. LA, 덴버, 도쿄의 스모그를 되풀이 보니 해가 갈수록 오염이 심해지는 걸 알 수 있었다. 1962년에 교토만큼 아름다웠던 상하이는 1968년엔 극심한 오염지역으로 변해 있었다. 베트남 상공에서 반짝이는 불빛도 보았는데, 불꽃놀이처럼 무척 아름다운 그 불빛은 알고 보니 전쟁터의 폭탄 터지는 모습이었다. 그는 열렬한 생태주의자, 반전운동가가 됐다. 우주에서 보면 국경 따위는 존재하지 않는다. 그 국경을 사이에 두고 서로 대립하고 전쟁을 일으키고 죽는다는 건 정말 어리석은 짓이었다. 그가 생각하기에 지구인은 지구 이외엔 갈 곳이 없었다. 우주전쟁 같은 건 불가능한 상상이었다.

다른 우주비행사들도 비슷하게 말했다. "서로 이념이 다르다는 이유로, 전 세계의 불행한 사람들을 모두 구하고도 남을 거액의 돈을 들여서 끝없이 전쟁을 준비하는 현상은 슬프기 짝이 없습니다." 우주정거장 스카이랩에서 일한 에드워드 깁슨의 말이다.

아폴로 7호에 탔던 돈 에이젤(Donn F. Eisele, 1930~1987)은 말한다. "지금 어딘가에서 인간이 서로 증오하며 피를 흘리고 있다는 사실은 믿기지 않을 정도로 바보 같은 짓입니다. 아니, 소리 내어 웃고 싶을 정도로 정말 바보죠."

지구로 돌아오는 길은 생명의 품에 안기는 축복의 시간이었다. 그러나 에드가 미첼은 이 길에서 이루 말할 수 없는 슬픔과 절망을 느꼈다. 다시 지구로 줌인(Zoom In)해보니, 저 푸른 별 위에서 벌어지고 있는 인간의 탐욕과 어리석음이 눈에 들어오기 시작한 것이다. 그의 마음은 '말로 표현할 수 없는 기쁨과 밑바닥을 알 수 없는 절망감' 사이에서 30분 동안 극과 극을 요동쳤다. 미첼은 1973년 정신과학연구소(Institute of Noetic Sciences)를 설립, 세계평화와 인간성의 개선을 역설했다.

아주 멀리서 지구를 본다면?

정치지도자들이 모두 '줌아웃(Zoom Out)'해서 지구 전체를 보면 어떨까? 40년 전, 우주비행사 에드가 미첼이 좋은 제안을 했다.

"만일 정치지도자들이 우주 공간에서 정상회담을 하게 만들 수 있다면 지구 위의 삶이 상당히 달라질 것입니다. 큰 그림을 한번 보고 나면 다시는 전과 같은 방식으로 살 수 없을 테니까요."

에드가 미첼은 우주선을 타고 줌아웃하여 지구를 볼 때 체험한 삼매경을 '큰 그림 효과(Big Picture Effect)'라고 불렀다. 과거에 비해서 사물을 더 넓은 맥락에서 볼 수 있게 되었다는 것이다. 요즘은 이 효과를 '거리두기 기법(distancing technique)'이나 '축소 기법(minimisation technique)'으로 심리치료에 활용한다고 한다. 불안하고 우울한 사람은 눈앞의 문제를 침소봉대하기 쉽다. 자기 문제에 너무 집중하다 보면 작은 장애물도 엄청 크게 보인다. 반대로, '줌아웃'해서 크게 보면 높은 산도 작은 언덕으로 보인다. 우주에서 보면 아시아도 작은 점에 불과하고 태평양의 물도 한 방울일 뿐이다. 길게 느껴지는 시간도 영원 앞에서는 바늘 끝만큼 짧은 순간일 뿐이다. 개인은 물론 나라 사이의 갈등도 부질없기 짝이 없다.

요즘 도시사람들은 밤하늘의 별을 볼 기회가 별로 없지만, 옛 사람들은 우주 차원에서 크게 생각하는 게 일종의 치료법이라고 생각했다. 별을 바라보며 우주 속의 나를 생각하는 동안 정신이 고양되어 일상의 고민들을 초월할 수 있다는 것이다. '큰 그림 효과'는 동서양을 막론하고 일종의 종교적 경험이자 치유의 체험으로 인류와 함께 해왔다.

약 2,000년 전, 로마황제 마르쿠스 아우렐리우스(Marcus Aurelius, 121~180)는 밤하늘의 별을 보며 자아와 별의 운행을 일치시키면 지상

■ 달에서 본 지구. '줌아웃'해서 보면 높은 산도 작은 언덕으로 보인다. 개인은 물론 나라 사이의 갈등도 부질없기 짝이 없다.

에 묶인 우리 삶의 찌꺼기가 사라진다고 말했다.

"우리를 괴롭히는 걱정거리 대부분이 불필요한 것들이다. 그런 걱정은 스스로 만들어낸 것이니 스스로 없앨 수 있다. 좀 더 넓은 곳으로 나아가 영원의 범위에서 생각하고, 그 생각이 우주를 끝없이 압도하게 하라."

아우렐리우스 황제는 우주와 내가 결국 하나의 끈으로 연결된 존재라고 설파했다.

"우주의 관점에서 보면 모든 것은 서로 얽혀있고, 신성한 끈이 그것을 하나로 묶어주며, 고립된 것은 없다."

'줌아웃' 체험은 우주비행사들을 평화주의자로 거듭나게 했다. 그러나 성장지상주의에 따른 생태파괴와 국가들의 탐욕에 의한 전쟁은 오늘도 지구 위 어딘가에서 계속되고 있다. 지구가 더 이상 인간이 거

■ 로마 황제이자 후기 스토아 학파의 철학자인 마르쿠스 아우렐리우스는 이렇게 말했다. "우리를 괴롭히는 걱정거리 대부분이 불필요한 것들이다. 그런 걱정은 스스로 만들어낸 것이니 스스로 없앨 수 있다. 좀 더 넓은 곳으로 나아가 영원의 범위에서 생각하고, 그 생각이 우주를 끝없이 압도하게 하라."

주할 수 없는 곳이 되면 영화 〈인터스텔라〉처럼 새로운 별을 찾아서 떠나야 할까?[2]

우주관광은 가까운 미래에 현실이 되겠지만 한동안 일반인에게는 꿈과 같은 일일 것이다. 수만 광년 떨어진 곳에 있는 지구 비슷한 별을 찾는다 해도, 인류가 다함께 그 별로 이사하는 건 가능하지 않을 것이다. 그 노력과 비용으로 지구를 살기 좋은 곳으로 보존하는 게 훨씬 지혜롭지 않을까?

하지만 대다수 사람들은 이러한 우주비행사들의 목소리에 귀를 기울이지 않는다. 우주시민다운 평화와 상생의 가치관을 지닌 새로운 종은 탄생할 수 있을까? 이기적인 국가들이 군비경쟁에 박차를 가해 결국 작은 지구 위에서 인류 멸종을 자초하는 건 아닐까? 아니, 한 차례 파국을 겪은 뒤 절반쯤 살아남은 사람들이 정신 바짝 차리고 새롭게 시작해야 하는 걸까?

우주비행사들의 생각은 모두 일치했다.

"우주는 넓고, 지적생명체가 사는 별도 존재할 것입니다. 그러나 인간의 능력으로 지구를 벗어나 새 보금자리를 찾는 것은 불가능하므로 인류가 살 곳은 오직 푸른 별 지구뿐이죠. 지구에서 인류가 존속하려면 상생과 공존의 지혜를 터득해야 합니다."

아폴로 7호의 우주비행사 돈 에이젤는 말했다. "땅 위에서 보면 차이점만 보이지만, 우주에서 보면 이 차이점은 눈에 들어오지도 않습니다. 우주에서는 본질적인 것만 보이고, 중요치 않은 것은 안 보이죠." 그는 힘주어 말했다. "30년만 더 가면 민족국가 시대에서 행성지구 시대로 돌입할 것입니다."

성장과 경쟁보다 상생과 공존을 우선 생각하는 인류 가치관의 대변화, 그것은 지금보다 좀 더 지혜롭고 친절하고 따뜻한, 새로운 인류의 탄생을 뜻하는 게 아닐까? 이 새로운 가치관은 인류의 존속을 위해서뿐 아니라 언제 조우할지 모르는 외계 생명체와의 만남을 준비하기 위해서도 필요한 일 아닐까? 다치바나는 우주비행사들의 인터뷰 내용을 분석한 뒤 조심스레 결론에 도달한다.

"인류 진화사에서 볼 때 우리는 지금까지 어머니 가이아[3]의 태내에 있었다. 지금은 임신 9개월쯤 된 듯하다. 달이 차면 진통이 오고, 인간은 가이아 바깥으로 태어난다. 그것은 지금의 인간보다 더 진화한 새로운 종의 탄생이 될 것이다."

한 가지 더! '줌아웃' 요법을 남용할 경우, 지구 위의 삶이 모두 무의미하게 느껴질 위험이 있다. "우주 전체에서 보면 티끌보다 작은 우리 삶, 그까짓 게 뭐 중요해?" 이런 생각을 자꾸 하다 보면 자칫 '반사회적 인격장애'에 빠질 수 있으니 조심할 것!

1. 다치바나 다카시는 1974년 다나카 수상의 뇌물 스캔들을 파헤쳐 일본 사회에 충격을 안긴 언론인이다. 5만 권이 넘는 장서가 말해주듯 폭넓은 책읽기로 유명하다. 그는 자신의 글쓰기를 '자전거 타기'에 비유했다. "넘어지지 않으려면 페달을 쉼 없이 밟아야 하듯, 열심히 원고를 써야 생활을 유지할 수 있습니다." 그는 신문사에 묶여 있지 않고 대학교수 자리를 탐하지도 않는 '자유 언론인'이다.

2. 인간의 달 탐험은 1972년 12월 19일 아폴로 17호의 우주비행사들이 지구로 귀환한 뒤 막을 내렸다. 1969년 7월 20일 아폴로 11호의 닐 암스트롱과 버즈 올드린이 인류 역사 최초로 달을 밟은 지 3년 만에 중단된 것이다. 달 표면에서 지구를 바라본 사람은 정확히 12명이며, 그 숫자는 2015년까지 변하지 않았다. 아폴로 16호의 비행사로 1972년 4월 사흘 동안 달에서 활동한 찰스 듀크는 "다시 달에 갈 것"이라고 말했지만, 그의 꿈은 이루어지지 않았다. 영국의 작가 앤드루 스미스도 우주비행사들을 인터뷰하여 2005년 《문더스트》을 펴냈는데, 그가 인터뷰한 우주비행사는 9명이었다. 절반이 넘는 우주비행사들이 이미 세상을 떠났기 때문이다.

3. 가이아 이론은 영국의 과학자 제임스 러브록(James Lovelock)이 《가이아: 지구 위의 생명을 보는 새로운 관점(Gaia: A New Look at Life on Earth)》에서 주창한 가설이다. 이 이론에 따르면 지구는 살아 있는 대지의 여신 가이아며, 지구 표면의 생물, 공기, 바다, 토양은 모두 가이아의 몸을 이룬다. 지구는 생물과 무생물이 상호작용하며 진화하고 순환하는 하나의 생명체이자 유기체로, 우리는 이 가이아의 품을 떠나서 살 수 없다.

—

안녕, ET!

1,000조 개의 지적 문명체

지금으로부터 400여 년 전, 갈릴레오(Galileo Galilei, 1564~1642)는 지구가 태양을 중심으로 돈다는 이론을 철회하고 온갖 수모를 겪은 뒤에야 화형을 면할 수 있었다.

"그래도 지구는 돈다."

그가 실제로 이 말을 했는지 확인할 수는 없다. 하지만 당시 가톨릭 권력이 기득권을 지키기 위해 물불을 가리지 않았다는 건 분명하다. 여담이지만, 그의 파문을 저울질했던 교황 바오로 5세(Paulus V, 1605~1621 재위)는 기름진 고기와 와인을 너무 많이 먹어서 비만으로 죽었다고 한다. 실제 종교재판을 주관한 우르바노 8세(Urban Ⅷ)는 원래 갈릴

■ 400여 년 전에 요하네스 케플러는 "달 표면의 거대한 분화구는 달나라 사람들이 도시를 건설한 결과 생겨난 작품"이라고 했다.

레오의 친구였지만 신과 인간 중심의 가톨릭 이데올로기를 위협하는 그의 사상을 주저 없이 심판대에 올렸다.

갈릴레오보다 조금 앞서 조르다노 브루노(Giordano Bruno, 1548~1600)는 가톨릭의 삼위일체론은 이치에 맞지 않고, 처녀가 애를 낳았다는 교리 또한 말이 안 된다고 공언했다. 그는 우주가 무한하다면 외계 생명체가 존재하는 게 당연하다고 확신했다. 하느님이 관장하는 이 세상 밖에 다른 생명체가 있다는 주장은 당시 가톨릭 권력에게는 신성모독이었다. 브루노는 8년 동안 모진 고문을 당한 끝에 화형을 당했다. 그는 불에 타 죽기 전 쇠기둥에 묶인 채 "우주는 무한하며 무한한 수의 세계가 존재한다"라고 외쳤다.

비슷한 시기 요하네스 케플러(Johannes Kepler, 1571~1630)는 《꿈》이란 공상과학소설에서 달 표면의 거대한 분화구는 달나라 사람들이 도시를 건

설한 결과 생겨난 작품이라고 했다. 나아가 달은 지구에 비해 낮이 길고 표면이 뜨겁기 때문에 달나라 사람들이 우리보다 몸이 크고 강인할 거라고 추론했다. 지금 우리가 보면 '계수나무 한 그루, 토끼 한 마리'만큼 우스운 얘기지만, 당시로서는 무척 대담한 상상이었다. 케플러는 이런 생각이 불온하다는 걸 잘 알고 있었기 때문에 신중하게 말을 아꼈고, 망원경으로 관찰한 결과를 묵묵히 기록해나갔다.

그로부터 약 400년, 외계 생명체에 대해 누구나 자유롭게 얘기할 수 있는 시대가 왔고, 2014년, 그의 이름을 딴 케플러 망원경이 외계 행성 715개를 새롭게 찾아냈다.[1] 미 항공우주국(NASA)에 따르면, 이 가운데 지구처럼 생명체가 존재할 가능성이 높은 별이 네 개나 된다고 한다. 지구보다 조금 크며, 항성으로부터 적당한 거리에 있기 때문에 생명체가 살기에 적당한 온도와 수분을 유지하고 있다는 것이다.

태양과 같이 스스로 빛을 내는 항성은 너무 뜨거워서 생명체가 살기 힘든 반면, 항성 주위를 도는 행성들은 지구처럼 생명체의 고향이 될 수 있다. 그러나 행성은 스스로 빛을 내지 못하고 항성의 빛을 반사할 뿐이다. 지구와 같은 행성은 태양과 같은 항성의 강력한 빛 때문에 육안으로 잘 안 보일 뿐만 아니라 천체망원경으로 관찰하기도 힘들다. 은하계에 1,000억 개에 달하는 항성이 있고 우주에 1,000억 개의 은하계가 있다면, 우주의 행성 중 지구처럼 생명체가 거주하는 곳도 엄청나게 많겠지만 찾아내기가 극히 어렵다.

이번에 발견된 것을 포함, 지금까지 알려진 행성은 1,700개에 불과하다. 케플러 망원경은 2013년 5월 활동을 멈췄는데, 지금까지 보내

온 자료를 종합하면 우리는 모두 3,500개의 행성을 알게 될 전망이라고 한다.

우주에는 우리 인간과 같은 지적 생명체가 존재하는 행성이 몇 개나 있을까? '드레이크 방정식(Drake equation)'으로 계산해볼 수 있다. 은하계에서 해마다 항성이 생겨나는 비율, 이 항성이 행성을 거느릴 확률, 생명체가 거주할 수 있는 행성의 수, 그 행성에서 실제 생명체가 탄생할 확률, 이 생명체가 지적 생명체로 진화할 확률, 이 지적 생명체가 통신기술 문명을 발달시킬 확률……, 이것을 전부 곱하면 은하계에서 우리에게 신호를 보낼 수 있는 지적 문명체의 숫자가 나온다. 미국의 천문학자 프랭크 드레이크(Frank Drake)는 우리 은하계에 지적 문명체가 약 1만 개 정도가 있을 거라고 추정했다. 우주에 은하계가 1,000억 개쯤 있으니, 두 수치를 곱하면 우주 전체에 약 1,000조 개의 지적 문명체가 있다는 어마어마한 결론이 나온다.

물론 이 수치는 어림짐작에 지나지 않는다. 각 항목의 수치를 엄밀히 검증해서 입력할 수 없기 때문에 정확한 수치는 계산할 수 없다. 천문학자 이명현 박사에 따르면 드레이크 방정식은 "우리는 전혀 몰라 방정식"이라고 한다. (원종우·이명현, 《과학하고 앉아있네－이명현의 외계인과 UFO》)그러나 인간 이외의 지적 문명체가 어딘가 존재할 거라는 상상은 자연스럽다. 셀 수 없이 많은 행성 중 오직 지구만 특별하다고 단정할 근거가 어디 있는가? 칼 세이건이 외쳤듯, 이 광활한 우주에 우리 인간뿐이라면 얼마나 엄청난 공간의 낭비겠는가?

모두 다 어디 있지?

그러나 외계 문명체 존재의 증거를 인류는 한 번도 발견한 적이 없다. UFO를 목격했다는 증언은 모두 착각이었음이 밝혀졌다. 영화 〈스타워즈(Star Wars)〉 등 모든 공상과학영화는 상상력을 동원한 오락물일 뿐이다. 1992년 시작된 외계 지적 생명체 탐사 프로젝트(세티, SETI, Search for Extra Terrestrial Intelligence)는 외계인이 보냈음 직한 전파를 한 번도 감지한 적이 없다. 따라서 '페르미의 역설(Fermi paradox)'은 여전히 유효하다. "외계 생명체 가설이 사실이라면, 모두 어디 있지?" 외계 생명체가 무수히 존재한다는데, 그게 사실이라면 왜 우리는 아직 한 번도 그들을 만난 적이 없냐고 페르미는 질문을 던진 것이다.

두 가지 대답이 가능하다. 첫째, '인류의 문명 수준을 능가하는 외계인은 없으며, 따라서 그들과 인간이 만나지 못하는 것은 당연하다'는 것. 《모두 어디 있지?(If the Universe Is Teeming with Aliens Where Is Everybody?)》를 쓴 영국의 물리학자 스티븐 웹(Stephen Webb)이 이 입장을 취하고 있다. 외계 문명체가 존재한다는 증거가 없을 뿐 아니라, 인간의 언어, 자의식, 도덕관념을 능가하는 존재는 상상할 수 없으며, 결국 인간은 이 우주 안에서 특별한 존재라는 것이다. 이 주장은 옳다고 증명할 수도, 틀렸다고 반박할 수도 없다. '증거가 존재하지 않는다'는 게 '존재하지 않는다는 증거'는 아니다. 스티븐 웹의 주장을 증명하려면 우주 구석구석 다 뒤져서 외계 문명체가 존재하지 않는다는 걸 확인해야 할 텐데, 이는 불가능한 일이다.

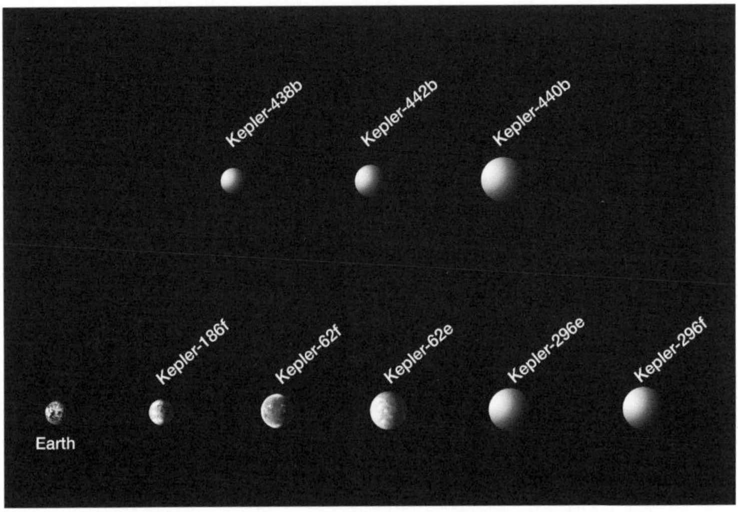

■ 행성 케플러 186F는 태양계 밖의 생명체 거주 가능지역 안에 있는 것으로 알려진 지구크기 행성이다. 지구에서 500광년이나 떨어져 있다. 2015년 1월 6일 나사(NASA)는 이 행성보다 더 지구와 흡사한 행성 '케플러 438b'와 '케플러 442b'를 보고했다

두 번째 대답은, '외계 문명체는 존재하지만 아직 의사소통이 안 될 뿐'이라는 것이다. 너무 멀어서 만나기 어렵다는 말이다. 최근에 발견된 행성 케플러 186F에는 생명체가 존재할 가능성이 높지만, 지구에서 500광년이나 떨어져 있다. 2009년에 방영된 BBC 다큐멘터리 〈밖에 아무도 없소?(Is Anybody Out There?)〉와 세티가 이 입장을 취하고 있다. 외계 문명체가 존재할 개연성이 높기 때문에, 그들과 교신에 성공할 가능성이 있는 한 '돈 먹는 하마'라는 비난을 듣더라도 탐사를 멈출 수 없다는 것이다. 얼마나 많은 시간과 비용이 들지 모르지만, 외계 문명체를 탐구할 때 인간이 취할 수 있는 유일한 합리적 태도라 할 수 있

다. 지금까지 과학의 탐구는 모두 그럴 법한 가설을 세우고 끈기 있게 검증하여 새로운 지식을 축적해왔다.

ET(Extra Terrestrial, 외계 문명체)는 인간보다 훨씬 더 발달한 문명을 갖고 있을 가능성이 높다. 세티의 오랜 꿈이 이루어져 인간이 ET와 교신에 성공했다고 가정해보자. 그들은 최소한 지구인과 동등하거나 더 발달한 기술문명을 갖고 있어야 한다. 지구인이 전파로 교신할 수 있게 된 게 80년 정도라면 상대방은 최소한 그보다 오래 기술을 축적했다고 보아야 한다. 그 수준이 안 된다면 통신이 불가능하기 때문이다. 우주의 장구한 시간을 생각하면 인간이 통신기술을 발전시킨 80년은 찰나에 불과하다. ET는 적어도 80년 이상 통신기술을 발전시켰을 확률이 훨씬 높다. 다만, 너무 멀어서 교신을 못하고 있을 뿐이라는 것이다.

빛의 속도로 5만 년 걸려 ET의 전파가 지구에 도착했고, 인류가 ET에게 답신을 보냈다고 가정하자. 다시 5만 동안 빛의 속도로 답신이 날아간다면, 원래 메시지를 보냈던 ET는 과연 그때까지 살아 있을까? 그 ET가 살아서 다시 인류에게 메시지를 보냈다고 치자. 전파를 다시 받으려면 10만 년이 걸린다는 뜻인데, 그때까지 살아 있을 사람이 있을까? 아니, 우리의 문명과 ET의 문명이 그 기간 동안 존속할 수 있을까? ET와의 교신은 거의 불가능에 가깝다. 하지만, 여전히 포기할 수 없는 인류의 꿈이다.

인간은 ET와 직접 만나게 될 꿈도 포기하지 않았다. 1977년, 나사는 칼 세이건 부부의 주도로 보이저 1호와 2호를 발사했다. 지구의 생명과 문화를 보여주는 사진들, 바흐의 〈브란덴부르크 협주곡(Brandenburgische Konzerte)〉 등 27곡의 음악, '안녕하세요?'라는 한국말을 포함한 전 세계 55개 언어로 녹음한 인사말을 담았다. 보이저 호는 초속 19킬로미터의 속도로 40년 가까이 날아, 지금 막 태양계를 벗어나는 중이다. 인간이 만든 비행체 중 가장 멀리 날아가고 있지만 이 속도로 ET의 별을 방문하는 건 어림없는 일이다.

인간이 ET와 만난다면

인간이 ET와 직접 만날 가능성은 제로에 가깝지만, 실제 만났을 경우를 상상해볼 수는 있다. 지구인이 빛의 속도로 이 별 저 별 날아다니며 ET를 찾아내는 건 아주 불가능하지는 않겠지만, 당분간 기대하기 어렵다. 그 정도로 기술문명을 발전시키기 전에 인간이 절멸할 가능성이 더 높아 보인다. ET를 만나려면 그들이 우리 쪽으로 와야 할 것이다. 단순한 가정이지만, 지구 가까운 곳까지 그들이 찾아오려면 우리보다 훨씬 더 발달한 문명을 갖고 있어야만 한다.

자, 어느 날 외계인이 지구 근처에 나타났다고 치자. 인간은 할리우드 공상과학영화처럼 그들과 전쟁을 벌이게 될까? 대답은 '노!' 기술문명의 격차가 너무 크기 때문에 전쟁은 무의미할 것이다. 우주무기를 갖춘 군인과 토끼 떼가 전쟁을 할 수 있겠는가? 그들이 단칼에 인류를 멸망시킬 거라고 두려워할 필요는 없다. 그들은 평화주의자일

가능성이 높다.[2] 장구한 역사 속에서 전쟁, 빈부격차, 환경 파괴 등 재앙을 겪었지만 이를 극복하고 평화와 공존의 지혜를 체득했을 것이다. 그렇지 않았다면 어떻게 살아남았겠는가? 지구 역사상 부처, 공자, 예수처럼 도덕과 지성이 탁월한 사람은 언제나 극소수였지만 그 별에서는 이런 사람들이 그냥 '보통 사람들'이다.[3]

인간과 ET가 실제로 만난다면 어떤 일이 벌어질까? 인간보다 우월한 존재와의 만남은 인간의 의식과 철학에 큰 충격을 안길 것이다. 그들의 존재 가능성을 생각하는 것만으로도 인간은 문명사적 전환을 모색하지 않을 수 없다. 지금처럼 탐욕과 이기심을 극단까지 몰고 가서 자멸의 길로 뛰어드느냐, 아니면 평화와 상생의 철학을 받아들이고 우주의 겸허한 일원이 될 것이냐 선택해야 할 때가 올 수밖에 없다는 뜻이다.

《코스모스(Cosmos)》의 저가이자 위대한 천문학자 칼 세이건(Carl Sagan, 1934~1996)은 1994년 《창백한 푸른 점(Pale blue dot)》을 썼다. '창백한 푸른 점'은 바로 인류의 고향인 지구를 가리킨다. 1977년 발사된 보이저 호가 69억 킬로미터를 날아가 해왕성을 지날 무렵 촬영한 지구는 '창백한 푸른 점'이었다. 칼 세이건은 노래했다.

"여기 있다. 여기가 우리의 고향이다. 우리가 사랑하는 모든 이들, 우리가 알고 있는 모든 사람들, 당신이 들어봤을 모든 사람들, 예전에 살았던 모든 사람들이 이곳에서 삶을 누렸다. 우리의 모든 즐거움과 고통들, 확신에 찬 수많은 종교와 이데올로기들, 경제 독트린들, 모든 사냥꾼과 약탈자, 모든 영웅과 비겁자, 문명의 창조자와 파괴자, 왕과 농부, 사랑에 빠진 젊은 연인들, 모든 아버지와 어머니들, 희망에 찬 아이들, 발명가와 탐험가, 모든 도덕 교사들, 모든 타락한 정치인들, 모든 슈퍼스타, 모든 최고 지도자들, 인간 역사 속의 모든 성인과 죄인들이 여기 태양빛 속에 부유하는 먼지의 티끌 위에서 살았던 것이다."

지구를 방문하는 외계인이 태양계에 진입하며 이 '창백한 푸른 점'을 발견한다면, 그동안 지구에서 일어난 일들을 상상이나 할 수 있을까? 칼 세이건은 이 '창백한 푸른 점' 위에서 벌어진 피의 역사, 증오와 저주와 갈등을 떠올리고 인간의 오만을 뼈저리게 돌아본다. 이 작은 점을 보고도 우리가 우주의 선택된 곳에 있으며 인류가 특별한 존재라고 생각하는 것은 지극히 의심스런 일이 될 것이다. 별과 우주, 인간을 사랑한 칼 세이건은 '우리 고향을 소중하게 다루고 서로 따뜻하게 대해야 한다는 책임'을 강조하며 책을 맺는다.

"우리가 사는 이곳은 암흑 속 외로운 얼룩일 뿐이다. 이 광활한 어둠 속의 다른 어딘가에 우리를 구해줄 무언가가 과연 있을까? 우리의 작은 세계를 찍은 이 사진보다 우리의 오만함을 쉽게 보여주는 것이 존재할까? 우리가 아는 유일한 고향을 소중하게 다루고 서로를 따뜻하게 대해야 한다는 책임을 이 창백한 푸른 점보다 적나라하게 보여주는 게 있을까?"

ET가 존재하며, 언젠가 만날 수도 있다고 생각한다면 우리는 그들과 함께 우주의 구성원으로 평화롭게 살아야 할 것이다. 폴 데이비스(Paul Davies)는 그의 저서 《우리뿐인가?(Are We Alone?)》에서 이렇게 말했다. "세계는 우리의 이익을 위해 창조되지 않았다. 우리는 창조의 중심에 있지도 않다. 우리는 가장 중요한 존재도 아니다. 외계 생명체의 존재는 호모 사피엔스를 거대한 우주의 열등한 피조물 중 하나로 만드는 게 아니라, 인간이 거대하고 장엄한 우주의 일부일 뿐이라는 점을 겸허하게 수용케 하는 계기가 될 것이다."

외계 문명체가 존재하지 않는다고 믿어도 결과는 마찬가지다. 인간이 우주의 유일한 지적 존재라고 생각한 스티븐 웹도 인류의 존속을 위해 지구를 소중히 여겨야 한다고 결론지었다. "자의식을 지닌 유일한 동물, 우주를 사랑과 해학, 동정심으로 비출 수 있는 유일한 종이 어리석은 행동으로 자신을 절멸시키고 만다면? 글쎄, 또 다른 별에서 진화한 한 생명체가 밤하늘을 보면서 '모두 어디 있지?'라고 묻는 것은 아주, 아주 오랜 시간이 흐른 다음일 것이다."

1. 1987년 8월 외계에서 온 걸로 추정되는 강한 전파가 빅이어 망원경에 72초 동안 포착된 적이 있다. 관측하던 사람이 놀라서 '와우(Wow)' 하고 감탄사를 내뱉었기 때문에 '와우 시그널'로 불린 이 전파는 단 한 번 포착됐을 뿐 다시는 오지 않았기 때문에 통계적으로 아무 의미를 가질 수 없게 됐다.(원종우·이명현, 《과학하고 앉아있네—이명현의 외계인과 UFO》)

2. ET가 지구 근처까지 온다면 식량을 구하는 것 이외에 무슨 목적이 있겠냐고 생각하는 사람이 꽤 많은 것 같다. 하지만 그렇게 먼 길을 올 정도로 기술을 발전시킨 ET가 자기네 별에서 충분한 식량을 생산할 능력이 없을까? 식량 때문이 아니라면 왜 왔을까? 인간에게 평화를 가르치기 위해서? 그것도 아닐 것 같다는 생각이 든다. 우주 생명체를 탐구하는, 순수한 학술적 목적으로 왔다고 생각할 수도 있다. 어느 경우든 지구인과 ET는 만나지 못할 가능성이 100퍼센트에 가까울 것 같다.

3. ET가 지구의 동물들과 비슷하게 생겼을 거라는 상상은 틀렸을 가능성이 높다. BBC 다큐멘터리 〈밖에 아무도 없소?〉는 기압이 높은 별에서는 납작한 동물이 기어 다니고, 공기가 희박한 별에서는 모두 해파리처럼 흐느적거리며 날아다니는 걸로 묘사했다. 생명체가 모두 자기 별에 최적화된 모습으로 진화한다면, 우리의 상상을 초월하는 모습일 수도 있다. 어떤 우주 생물학자는 외계의 지적 생명체가 성간 가스 같은 기체 형태로 존재할 가능성도 있다고 했다.

돌덩어리 속의 우주

태양에서 떨어진 부스러기

2014년 3월, 진주 하늘에서 갑자기 돌이 떨어졌다. 누가 던진 게 아니라 외계에서 날아왔단다. 전문가가 TV에 나와 "철-니켈 합금인 걸 보니 운석이 맞다"고 했다. 우리나라는 1943년 전남 고흥에 떨어진 이래 71년 만이었다. 우주에서 온 귀한 손님이 드넓은 지구에서 우리 한반도, 그중에서도 남쪽 진주 고을에 떨어질 확률은 얼마나 될까? 모르긴 해도, 로또 당첨 확률보다 높지 않을 것 같다. 그래서일까? 값이 얼마인지, 누가 주인인지 논란이 언론을 뜨겁게 달궜다.

기원전 5세기, 그리스 하늘에서 운석이 떨어졌다. 신기하게 여긴 구경꾼들이 몰려들었지만 얼마짜리인지, 누구 소유인지 따지지 않았다. 다만, 이게 어디서 왔을까 궁금해 했을 뿐이다. 철학자 아낙사고라스(Anaxagoras, 기원전 500?~428?)는 이 운석이 태양에서 떨어진 부스러기라고 했다. 그에 따르면 태양은 불타는 돌덩어리로, 펠로폰네소스 반도보다 약간 더 컸다. 멀쩡한 하늘에서 떨어진 돌덩이가 태양 말고 어디서 왔겠는가?

그리스인들은 관찰을 계속했다. 그들은 사변적인 철학을 대체할 과학적 측정 방법을 고안해냈다. 기원전 3세기의 에라토스테네스(Eratosthenes, 기원전 276~194?)는 서로 다른 지점에 떨어지는 햇빛의 각도가 다르다는 점에 착안, 지구의 둘레를 계산했다. 월식 때 달이 지구 그림자를 지나는 시간을 측정, 달과 지구의 거리를 알아냈다. 그보다 조금 앞서 살았던 아리스타르코스(Aristarchos, 기원전 310~230)는 정확히 반달이 될 때 지구, 달, 태양이 이루는 각도를 잰 뒤 지구와 태양의 거리를 계산했다. 지구와 태양은 거의 100만 킬로미터 떨어져 있으며, 태양이 지구의 7배 정도 크기라는 결론이었다. 실제 수치와는 편차가 크지만, 지구가 둥글며 태양을 중심으로 돈다는 걸 인류 최초로 증명한 것이다.

지구가 태양을 중심으로 회전한다면, 태양에서 지구로 운석이 날아올 확률은 제로였다. 운석이 태양에서 떨어졌다는 아낙사고라스의 철학은 에라토스테네스와 아리스타르코스의 과학 앞에 무릎을 꿇고 말았다.

그러나 고대 그리스 과학자들의 위대한 발견은 곧 잊혔다. 지구가 원통 모양이라는 아리스토텔레스의 이론이 정설로 굳어졌고, 신이

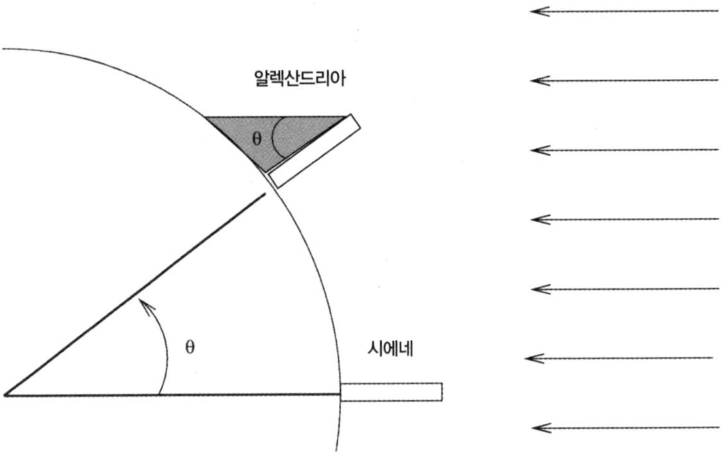

■ 에라토스테네스가 지구의 둘레를 계산한 방식. 그는 서로 다른 지점에 떨어지는 햇빛의 각도가 다르다는 점에 착안하여 지구의 둘레를 계산했다.

인간을 위해 우주를 창조했다는 기독교 세계의 교리는 반론을 허용하지 않았다. 과학은 2,000년 가까이 암흑기를 겪어야 했다.

다시 물어본다. 운석은 도대체 어디에서 오는 걸까? 45억 년 전 태양계가 생겨날 무렵에 흩어진 소행성의 잔해라는 게 일반적인 설명이다. 화성과 목성 사이의 소행성띠에서 오기도 하고, 혜성에서 떨어져 나오기도 한다. 아주 드물게, 이웃 행성에서 튕겨져 나오기도 한다.

아주 작은 운석은 '행성간 먼지'라 한다. 지구에는 매일 수백 톤의 '행성간 먼지'가 쏟아져 내리는데, 빈 물통과 자석, 현미경만 있으면 누구나 관찰할 수 있다. 비 오는 날 지붕에서 쏟아진 물을 받아서 불순물을 제거하고 자석을 대면 자성을 띤 물체들이 달라붙는다. 이것을 현미경으로 보면 미세한 구형 알갱이들이 눈에 띄는데, 이게 바로 대기를 뚫고 지구 표면까지 날아온 작은 운석들이라는 것이다. 다행히 너무 작아서 직접적인 피해는 없다.

운석은 우리 생명을 위협하기도 한다. 2013년 2월, 러시아 우랄 산맥 근처에 600킬로그램짜리 운석이 떨어져 1,600명이 넘는 사상자를 낸 적이 있다. 1994년, 지름 2킬로미터의 운석 21개가 목성에 부딪친 적도 있다. '슈메이커 레비9(D/1993 F2)'로 불린 이 돌덩어리들은 초속 60킬로미터의 맹렬한 속도로 날아와 가스행성 목성 속으로 가라앉으며 3개월 동안 파장을 일으켰다. 지구의 부피가 목성의 1,500분의 1이고 무게가 318분의 1이니, 이 운석들이 만약 지구에 떨어졌다면 어떤 일이 벌어졌을까?

지구에 거대한 운석이 떨어진다면?

운석이 인류를 절멸시킬 가능성도 배제할 수 없다. 실제로 무시무시한 운석이 지구와 충돌한 적이 있다. 6,500만 년 전 공룡이 멸종한 건 운석 때문이라고 한다. 화성과 목성 사이의 두 소행성이 충돌하면서 지름 8킬로미터의 운석 300여 개가 한꺼번에 지구와 충돌했고, 대화재와 먼지구름과 지각변동이 일어나 약 10만 년에 걸쳐 공룡이 말끔히 사라졌다는 것이다. 멕시코 유카탄 반도 근처 바다 속에 있는 지름 180킬로미터짜리 칙술루브 분화구(Chicxulub Crater)가 그 증거라고

■ 백악기 말에 지구와 소행성이 충돌했던 흔적으로 보이는 칙술루브 분화구가 유카탄 반도 근처에서 발견되었다. 과학자들은 이 충돌로 인한 지진과 화산활동의 결과로 동식물의 4분의 3이 멸종되었다고 추론한다. 이러한 충돌이 다시 발생한다면 인류는 하루아침에 사라질지도 모른다.

한다. 이 정도 크기의 어마어마한 운석은 1억 년에 한 번 정도 떨어진다는데, 그렇다면 한 번 더 떨어질 때가 시시각각 다가온다는 얘기 아닌가? 우주생물학 전문가인 크리스 임피(Chris Impey)는 《세상은 어떻게 끝나는가(How it ends)》에서 인류 절멸을 가져올 여러 원인 중 운석의 충돌이 가장 가능성이 높다고 설명했다.

운석은 외계 생명의 존재를 알려주기도 한다. 1984년 남극 빙하에서 발견된 1.9킬로그램짜리 운석은 화성에서 왔다. 이 운석은 생명의 필수 요소인 물이 있을 때 생겨나는 탄산염으로 이뤄져 있었다. 그렇다면 36억 년 전 화성에 물이 있었고, 생명이 존재했을 가능성이 높다는 얘기 아닌가! 미국 과학자들이 분석한 결과, 이 운석에서 원시생명체의 증거인 유기화합물이 발견됐다. 이는 화성에 한때 미생물이 존재했다는 강력한 증거였다.

인류의 집단지성이 이뤄낸 과학의 성과는 놀랍다. 45억 년 전 화성이 생겨난 뒤 1억 년이 지나 형성된 이 돌덩어리는, 1,500만 년 전 일어난 운석 대충돌로 화성에서 튕겨져 나와 태양 주위를 돌다가 1만 3,000년 전에 지구에 떨어졌다고 한다. 작은 돌덩어리 하나로 어떻게 이런 계산을 해냈는지, 입이 떡 벌어질 뿐이다.

다시 '진주 운석'을 생각한다. 운석이 어디서 왔는지, 성분은 무엇인지, 미생물의 흔적이 있는지 천문학자, 지질학자, 생물학자가 함께 정밀 분석해야 할 사안이다. 운석의 고향으로 추정되는 소행성과 혜성을 탐사하려면 엄청난 노력과 비용이 필요하니, 소중한 연구 자료가 거저 날아온 셈이다.

뉴스를 보니 기자가 운석을 손에 든 채 소식을 전하고 있다. 어, 저러면 안 되는데? 대뜸 의문이 앞섰지만, 실감나게 보여줘야 하니 내가 기자라도 저렇게 했을지 모르지 생각하며 이해하기로 했다. 비닐장갑이라도 끼고 하지……. 그런데 보도 내용을 보니 기가 막혔다. 하늘에서 돈이 떨어졌단다. 1그램에 만 원, 4킬로그램이면 4,000만 원, 9킬로그램이면 9,000만 원, 모두 합하면 10억 원, 계산기 두드리느라 바빴다. 누구 소유인지 논란이 벌어지자 법원은 "주인 없는 물건이니 발견한 사람 거"라고 했다. 이 로또를 차지하려고 외지 사람들이 몰려들고, '외국으로 유출되지 않아야 한다'는 애국심도 빠지지 않았다. 현대 천문학의 성과보다 더 경이로운 한국인의 자화상이었다. 진주 운석이 사람 머리에 떨어지지 않은 건 천만다행이다.

—

빅뱅, 우주의 불꽃놀이

우주가 팽창하고 있다고?

"138억 년 전, 부피가 제로에 가깝고 질량이 무한에 가까운 점 하나가 '펑' 폭발해서 우주가 생겼고, 그 순간에 시간과 공간이 시작됐다. 우주에는 1,000억 개가 넘는 은하가 있고, 각 은하에는 1,000억 개가 넘는 별이 있다. 우주는 지금도 팽창하고 있고, 팽창 속도는 점점 더 빨라지고 있다."

우주의 기원을 설명하는 빅뱅이론을 요약하면 이쯤 될 텐데, 암만 생각해도 기가 막힌다. 보이지 않을 만큼 작고 측정할 수 없이 무거운 점이 존재했다니, 상상이 되는가? 그 점이 폭발해서 끝을 알 수 없는 우주가 생겼다니, 믿을 수 있는가? 이 우주가 점점 더 커지고 있다니

도대체 어찌된 일인가? 미적분 계산이라면 몰라도, 어떻게 그런 일이 실제로 일어날 수 있단 말인가?

우주를 보는 인류의 시각은 역사적으로 몇 번의 큰 변화를 겪었다. 그 시작은 천동설(天動說)이었다. 인간이 발 딛고 선 평평한 땅이 우주의 중심이며, 천구가 지구를 중심으로 회전한다는 생각이었다. 기원전 4세기 아리스토텔레스의 우주론을 2세기 중엽 알렉산드리아에서 활동한 프톨레마이오스(Claudios Ptolemaeos)가 집대성한 이 이론은 그리스도교 신학에 수용되면서 2,000년 가까이 상식으로 통했다.

이 천동설을 무너뜨린 건 16세기의 코페르니쿠스(Nicolaus Copernicus, 1473~1543)였다. 1543년 그가 발표한 《천구의 회전에 관하여(De revolutionibus orbium coelestium)》는 지구가 우주의 중심이 아니며, 태양을 중심으로 지구가 회전한다는 놀라운 내용을 담고 있다. 이게 바로 지동설(地動說)이다. 그러고 보면, 지구가 우주의 중심이 아니라는 걸 우리가 알게 된 건 500년이 채 안 된 것이다. 호모 사피엔스가 지구에 존재한 게 20만 년이라고 하니 우리가 지동설을 알고 지낸 시간은 그 400분의 1에 불과한 셈이다.

코페르니쿠스의 대전환 이후 우주론은 급속히 발전했다. 1915년, 아인슈타인이 일반상대성이론을 제시하자 우주론은 다시 한 번 비약을 맞게 된다. 아인슈타인에 따르면 시간과 공간은 별도로 존재하는 게 아니라 동전의 양면처럼 연결되어 있으며, 우주는 정적인 공간이 아니라 휘어질 수도 있고 줄어들거나 팽창할 수 있는 살아 있는 공간이다. 아인슈타인의 이러한 인식은 빅뱅이론이 탄생할 수 있는 이

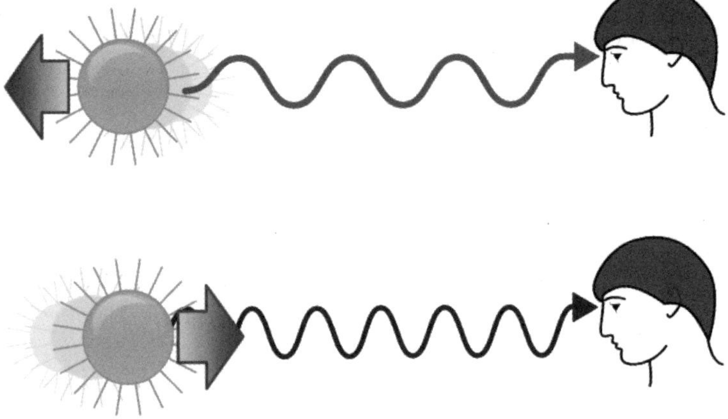

■ 적색편이와 청색편이. 관찰자로부터 멀어질수록 빛의 파장이 커져서 적색편이를 보인다.

론적 토대가 됐다. 그 후 100년, 인류는 체계를 갖춘 빅뱅이론을 갖게 됐다.

빅뱅이론은 한 천재의 갑작스런 발견이 아니라, 수많은 천문학자와 물리학자, 수학자들이 100년 동안 관찰하고 추론하고 검증하며 쌓아온 인류 집단지성의 산물이다. 영국 작가 사이먼 싱(Simon Singh)의 《우주의 기원 빅뱅(The big bang)》은 그가 프로듀서로 참여한 BBC 다큐멘터리를 알기 쉽게 풀어 쓴 책이다. 사이먼 싱은 빅뱅이론의 개요는 물론, 이 이론이 태동하여 널리 인정받기까지의 과정을 재미있게 설명한다. 아인슈타인, 르메트르, 허블, 호일, 가모프 등 주요 출연자들의 고뇌와 갈등과 희열을 함께 느끼는 가운데 빅뱅이론의 전모를 이해할 수 있도록 독자를 이끌어주고 있어서 찬찬히 읽어볼 만하다.

1929년, 미국 윌슨 천문대의 에드윈 허블(Edwin Hubble, 1889~1953)은 밤마다 먼 성운의 사진을 찍다가 아주 특이한 현상에 주목했다. 지구와 가까워지는 안드로메다성운은 청색편이를 보인 반면, 대부분의 은하들은 적색편이를 보였다. 관찰자로부터 멀어질수록 빛의 파장이 커져서 적색편이[1]를 보인다고 할 때, 대다수 성운들이 서로 멀어지고 있다는 결론이 나왔다.

적색편이를 세밀히 분석한 결과, 허블은 은하가 멀어지는 속도가 은하의 거리에 비례한다는 사실을 관측했다. 우주가 가속 팽창하고 있다는 놀라운 발견이었다. 이는 몇 년 전 소련의 물리학자 알렉산드르 프리드만(Alexander Friedman, 1888~1925)이 제시한 '역동적으로 팽창하는 우주' 가설을 뒷받침해주었다. 우주의 팽창과 수축을 계산하여 우주의 진화를 추론하는 '프리드만 방정식'은 앨버트 아인슈타인의 일반상대성이론이 있었기에 성립할 수 있었다.

미완성의 빅뱅이론

우주가 팽창하고 있다면 이 팽창이 처음 시작된 특정 시점이 있었을 것이다. 논리적 추론의 결과, 최초의 대폭발을 상정하는 우주 시작의 가설에 도달했다. 1931년, 벨기에 신부 르메트르(Georges Lemaître, 1894~1966)는 〈어제 없는 날(A day without yesterday)〉이란 논문에서 '원시 원자의 대폭발' 이론을 정식으로 제안했다. 그는 빅뱅의 그 순간에 우주,

시간, 공간이 비로소 생겨났으며, 그날이 바로 하느님이 우주를 창조한 날이라고 했다.

빅뱅이론을 검증할 수 있는 증거는 아직 없었다. 조지 가모프(George Gamow, 1904~1968) 등 천체물리학자들은 원자핵 융합으로 빅뱅이 일어났으며, 밀집된 초기 상태에서 수백억 도에 달했던 우주가 팽창하고 식어가며 복사열을 방출했다고 추정했다. 그가 우주배경복사라고 부른 이 복사열의 흔적을 찾으면 빅뱅의 증거가 되는 셈이었다.

1964년, AT&A(미국 전신전화사) 연구원인 팬지어스(Arno Penzias)와 윌슨(Robert Wilson)은 인공위성 에코 1호와의 교신을 방해하는 우주소음을 관측하다가 우연히 우주배경복사를 발견했다. 우주배경복사는 언제 어디서 어느 방향으로 측정해도 항상 같은 온도, 즉 절대온도 3K(캘빈) 영하 270.15도였다(섭씨 0도는 절대온도 273K). 이 온도는 특정한 별에서 나온 열기가 아니라 우주공간 자체의 열기로, 최초의 대폭발이 남긴 흔적이 분명했다. 우주배경복사의 발견으로 빅뱅이론이 맞다는 게 증명됐다.

이때까지만 해도 우주론의 대세는 '정상우주론'이었다.[2] 무한하고 영원한 우주는 과거에도 현재에도 미래에도 계속 같은 상태로 있게 될 거라는 이론을 대중은 물론 과학자들도 버리기 어려웠다. 프레드 호일, 토머스 골드(Thomas Gold, 1920~2004), 허먼 본디(Herman Bondi) 등 많은 과학자들은 여전히 정상우주론을 신봉했다. 그러나 1964년 팬지어스와 윌슨이 우주배경복사가 발견한 뒤 아무도 빅뱅이론을 반박할 수 없게 됐다.

빅뱅이론은 1979년 앨런 구스 박사가 발표한 인플레이션(급팽창) 이론으로 더욱 정교하게 다듬어졌다. 즉 우주가 탄생한 직후 지극히 짧은 순간 급팽창이 일어났고, 최초의 38만 년 동안 빛보다 더 빨리 팽창했으며, 그 뒤 지금의 속도로 팽창하게 됐고, 4억 년 뒤 은하계들이 생성되기 시작했다는 가설이다.

2014년 3월 18일, 세계 언론은 "빅뱅의 새로운 증거를 찾았다"고 일제히 보도했다. 하버드 스미소니언 연구팀이 빅뱅의 순간에 발생한 중력파를 확인하여 인플레이션 가설을 사실로 증명했다는 것이다. 게다가 우주가 지금처럼 골고루 펼쳐진 과정도 밝힐 수 있게 됐으며, 지금까지 알 수 없었던 최초의 대폭발 지점을 추적할 수 있게 됐다고 한다. 말하자면, 우주의 시간과 공간이 시작된 신비의 한 점이 어디인지 탐구할 수 있게 됐다는 것이다.

JTBC 뉴스룸의 손석희 앵커는 이 소식을 전하며 "우주를 논하다 보면 이 좁은 땅구석에서 좌우 혹은 여야로 싸우는 건 참 부질없어 보인다"고 말했다. 답답한 한국 뉴스에서 모처럼 듣는 신선한 멘트였다. 손석희 앵커는 "우주는 외로움에 지친 신이 만든 자작극"이라는 농담도 인용했다. 인간의 이성이 닿지 않은 곳에 신(神)이란 단어를 끌어 붙이면 그럴 듯해 보인다. 그러나 과학자들은 질문하고 해답을 추구했다.

"정말 혐오스러운 이론이군!"

이처럼 놀라운 빅뱅이론이 확립되는 과정에는 재미있는 일화도 많다. 무엇보다 아인슈타인이 처음에 빅뱅이론을 거부했다는 사실이 흥미롭다. 1927년 조르주 르메트르 신부가 찾아와 자기 이론을 들려주자 아인슈타인은 "수학적으로 맞지만 정말 혐오스러운 이론"이라고 대답했다. 우주에 특별한 시작점이 있다는 가설은 아인슈타인마저 받아들일 수 없었던 것이다. 어느 날 갑자기 우주가 '펑' 하며 생겨났다는 주장은 신의 손길이 개입했다는 얘기로 연결될 수도 있었다.

그러나 아인슈타인은 윌슨 천문대에서 우주 팽창을 직접 목격한 뒤 입장을 바꿔, 빅뱅이론이 "가장 아름답고 만족스런 우주의 설명"이라고 극찬했다. 아인슈타인의 일반상대성이론이 없었다면 우주의 새로운 모델을 상상하는 게 불가능했을 것이다.

빅뱅이론을 끝까지 반대한 프레드 호일(Fred Hoyle, 1915~2001)이 '빅뱅'이란 용어를 만든 건 재미있는 역설이다. 그는 1950년 BBC 라디오의 〈청취자들〉에 출연, "대폭발(Big Bang)로 우주가 생겼다는 게 말이 되느냐?"고 비웃으며 말했고, 이때부터 '빅뱅'이란 말이 널리 쓰이게 됐다. 대중의 마음을 끌고 상상력을 자극하는, 쉽고 간결한 이름이기 때문에 그대로 굳어진 것이다. 프레드 호일은 원자핵 융합 이론에 공헌하여 본의 아니게 빅뱅이론에 힘을 보탰다.

새로운 이론을 받아들이든 않든, 사람들은 잘 변하지 않나보다. 조르주 르메트르 신부는 1931년 〈어제 없는 날〉을 발표하며 대폭발의 그

■ 남극에 설치된 전파망원경 '바이셉2'. 하버드-스미소니언 천체물리센터는 이 시설로 우주배경복사를 관측한 끝에 빅뱅(우주대폭발) 직후 생성된 원시 중력파의 흔적을 검출했다.

날이 바로 '창조의 날'이라고 말했는데, 그로부터 20년이 지난 1951년, 교황 비오 15세는 "빅뱅은 신의 존재를 증명한다"고 느닷없이 주장하고 나섰다. "아무것도 없던 빛과 복사선의 바다에서 물질이 만들어지고 화학원소들이 분리되어 수백만 개의 은하를 형성했습니다. 따라서 창조자는 존재합니다!" 그때까지 가톨릭교회는 《성서》를 글자 그대로 해석하여 우주의 나이가 6,000년쯤 된다고 주장해왔다.

138억 년 전에 우주가 생겼다는 빅뱅이론을 교황이 인정한 것은 진정 우주론의 도약, 즉 논리의 비약이었다. 르메트르 신부는 빅뱅을 '창조의 날'과 결부지어 얘기했지만, 빅뱅이 곧 신의 존재를 증명하는 건 아니다. 비오 15세의 입장에서 보면, 빅뱅을 인정하든 안 하든 신은 존재하는 것이다. 신을 인정하든 안 하든, 빅뱅과 신의 존재 사이에 인과 관계가 없다는 건 초등학생도 알 수 있는 일이다. 교황이 빅뱅이론을 인정한 뒤에도 코페르니쿠스의 《천구의 회전에 관하여》는 여전히 가톨릭의 금서였다.

소련 당국이 빅뱅이론을 탄압한 것도 흥미로운 역사적 사실이다. 러시아 혁명을 주도하고 레닌그라드 공산당 제1서기장을 역임했던 안드레이 즈다노프(Andrei Zhdanov, 1896~1948)는 1937년 빅뱅이론을 "현대 천문학 이론을 좀먹는 암적인 존재"로 규정하고는 빅뱅이론을 소련에 소개한 브론스타인, 코지레프를 '르메트르의 첩자'로 낙인찍어 숙청했다. 빅뱅이론은 '창조의 순간'을 상정했기 때문에 마르크스 레닌주의와 맞지 않는다고 본 것이다. 서방으로 탈출해 빅뱅이론에 기여한 가모프는 "인기를 끌려고 이론을 날조해냈다"는 비난과 함께 궐석재판에서 사형을 선고받았다. 가톨릭과 대극에 있는 소련 당국이 가톨릭과 똑같이 빅뱅을 창조론과 연결 지어 해석한 것은 씁쓸한 아이러니다.

우주, 소멸할까 순환할까

기득권층은 언제나 새로운 우주관을 극렬히 탄압했다. 로마 가톨릭은 신의 이름으로 지동설을 화형에 처했고, 소련 공산당은 과학의 이름으로 빅뱅이론에 재갈을 물렸다. 우주를 보는 새로운 패러다임은 필연적으로 기존의 인간관과 세계관의 해체로 연결되어 기득권을 위협할 위험이 있기 때문이다. 21세기의 기득권층은 빅뱅이론을 직접 탄압하지 않는다. 대신, 그들은 '상생과 평화'라는 우주의 메시지를 온몸으로 거부하고 있다.

인간의 이성으로 온전히 파악할 수 없는 우주의 신비는 시적인 이미지로 포착할 때 오히려 아름답게 다가온다. 르메트르 신부는 빅뱅으로 생겨난 우주의 모습을 불꽃놀이에 비유했다. "우주는 방금 끝난 불꽃놀이와 같다. 몇 개의 불꽃과 연기가 남아 있는 잿더미 위에서 우리는 식어가는 태양을 보고 있다. 사라져간 세상을 가득 채운 화려한 불꽃을 기억해내려고 애쓰고 있다."

우주가 태어나기 전엔 무슨 일이 있었을까? 하느님은 불꽃놀이에 쓸 화약을 사러 다녀오셨을까? 대답할 수 없는 질문일 것이다. 대폭발의 그 순간에 공간과 시간이 생겨났고, 그 순간을 넘어서까지 생각을 확장하는 순간 인간 이성은 정지하기 때문이다. 중세시대 사람들도 이 문제가 궁금했던 모양이다. 아우구스티누스(Aurelius Augustinus, 354~430)는 《고백록(The Confessions)》에서 농담처럼 말했다. "하늘과 땅을 창조하기 전에 하느님은 무얼 하고 계셨을까? 이따위 질문을 하는

■ 우주가 태어나기 전엔 무슨 일이 있었을까? 아우구스티누스는 《고백록》에서 "이따위 질문을 하는 사람들을 보낼 지옥을 만들고 있었다"라고 말했다.

사람들을 보낼 지옥을 만들고 있었다."

불꽃은 최초의 순간 급속히 팽창하고, 서서히 흩어져서 소멸한다. 이 불꽃놀이는 언제, 어떻게 끝날 것인가? 우주는 계속 팽창하고, 불꽃은 결국 차갑게 식어 어둠 속으로 소멸할 거라는 '빅 크런치' 이론이 다수 의견이라고 한다. 지금까지 관측한 바로 우주는 가속 팽창하고 있으니, 이 가설을 반박할 수 있는 자료는 없는 셈이다. '빅 크런치' 이론은 무척 허망하고, 심지어 불쾌하다. 작은 점이 '펑' 터져서 부풀고 점점 더 빨리 팽창하다가 흔적도 없이 사라진다니, 누가 왜 이런 쓸데없는 장난을 하는 걸까? 우리 우주 밖에 있는 더 큰 우주가 우리를 잡아당기기라도 한다는 말일까?

소수의견이지만 '빅 크런치' 이론과 대비되는 '순환우주론'이 있다. 우주의 폭발과 수축이 무한히 반복된다는 가설이다. 우주의 밀도를 아직 정확히 모르지만, 1평방미터의 공간에 수소원자 5개에 해당하는 임계 밀도를 넘으면 우주는 다시 수축하여 점으로 돌아가게 된다고 한다. 그 뒤 일정한 시간이 흐르면 다시 빅뱅이 일어나 새로운 우주가 생성된다는 것이다.

스위스의 괴짜 천문학자 프리츠 츠비키(Fritz Zwicky, 1898~1974)는 '암흑물질'이 존재한다고 상정했다. 우리가 지금까지 우주라 불렀던 것, 즉 우리 눈에 보이는 빛나는 은하와 항성은 실제로는 전체 우주 질량의 4퍼센트에 불과하며, 아직 정체를 밝히지 못한 암흑물질이 23퍼센트이고, 암흑 에너지가 73퍼센트로 우주 질량의 대부분을 차지하고 있다는 것이다. 우주는 암흑 에너지 때문에 팽창하고 있지만 암흑물질의 질량 때문에 언젠가 다시 수축하여 태초의 점으로 돌아가게 될 거라고 츠비키는 생각했다. 현대 우주론은 암흑에너지와 암흑물질이 무엇인지 아직 알지 못하지만, 이 정체가 밝혀지면 '순환우주론'이 맞는지 틀리는지 확실히 알 수 있게 될 것이다.

우주에 대한 끝없는 상상력

인간의 사고는 시간과 공간을 벗어나지 못한다. 우주에 대해 생각하면 인간의 이성은 역설에 부딪치게 된다. 유명한 '벤틀리의 역설'이 떠오른다. "우주가 유한하다면 결국 모든 별이 함께 뭉쳐서 처참한 종말을 맞게 될 것이고, 우주가 무한하다면 모든 별은 조각조각 찢어져서 혼돈에 찬 종말을 맞게 될 것이다." 무한하고 영원한 우주가 언젠가는 종말을 맞이할 수밖에 없을 거라는 게 바로 '벤틀리의 역설'이다. 만유인력을 발견한 뉴턴(Isaac Newton, 1642~1727)마저 이 역설 앞에서 신(神)이란 단어에 의존해야 했다. "항성들이 중력에 의해 한 지점으로 무너지지 않으려면 전지전능한 신의 기적이 계속 일어나야 할 것이다."

우주공간이 언젠가 쪼그라들어 다시 점으로 돌아간다는 걸 상상하는 게 두렵다는 사람들이 많다. 하지만 내가 볼 때 '순환우주론'이 '빅크런치' 이론보다 아름다워 보인다. 우주가 생기기 전에 어떤 일이 있었는지 설명할 수 있기 때문이다. 대폭발 이전에 다른 우주가 있었는데, 끝없이 수축한 결과 질량 무한대, 부피 무한소의 한 점(点)으로 압축됐다. 그 점이 어느 순간 다시 폭발하여 지금의 우주가 태어났다. 이 우주도 언젠가 수축하여 점이 될 거고, 그 점이 다시 폭발해서 새로운 우주가 생겨날 것이다. 이 무한한 순환운동이 어떻게 시작됐고 어떻게 마무리될지는 아무도 모르고, '순환우주론'의 가설을 폐기할 반증(反證)의 근거는 없다.

우주에 대한 상상은 끝이 없다. '다중우주론'도 있다. 우주가 하나가 아니라는 것이다. 천문학자 크리스 앤더슨(Chris Anderson)은 테드(TED) 강연에서 우주의 수가 무려 10의 500제곱 개라고 추정했다(http://ed.ted.com/on/pTR49DTC). 이는 1 다음에 0이 500개나 붙은 숫자로, 우리 우주는 그중 하나에 불과하다는 것이다. 실로 어마어마한 상상이다. 과학의 추론이 우주의 시간과 공간 속에서만 작동할 수 있으니 '다중우주론'을 증명하는 건 불가능해 보인다. 우주가 무수히 많다는 생각은 시적 상상에 불과할지라도 무척 아름답다.

'순환우주론'과 '다중우주론' 덕에 우주의 불꽃놀이는 더욱 휘황찬란해진다. 수없는 불꽃이 끝없이 밤하늘을 수놓는다니, 이보다 더한 장관이 어디 있겠는가. 빅뱅이론을 보고 '천지창조'를 확신하게 된 사람들은 신이 너무 심심해서 혼자 불꽃놀이를 하고 있다고 결론지어야 할 것이다.

무수한 우주가 무한히 되풀이된다는 생각은 까마득한 옛날 부처님의 머릿속에서도 떠오른 적이 있다. 인도신화에 "우주는 신(神)이 꾸는 꿈"이란 말이 나온다고 한다. 우주가 꿈인가, 내 삶이 꿈인가?

빅뱅이론을 생각하니 현기증이 난다. 아득한 우주는 조용히 있는 것 같지만 맹렬한 속도로 움직인다. 지구는 초속 30킬로미터로 태양을 돌고, 태양은 초속 200킬로미터로 은하 중심을 돈다. 우리 은하계는 20억 년 뒤 마젤란은하와 섞이고, 60억 년 뒤 안드로메다은하와 합쳐지고, 100억 년 뒤 처녀자리은하단과 충돌할 거라고 한다. 그 사이에 달은 1년에 3.8센티미터씩 멀어져 15억 년 뒤에는 지구 곁을 떠날

■ 뉴턴은 말했다. "나는 바닷가에서 노는 어린이일 뿐이다. 인간의 발길이 닿지 않은 드넓은 진리의 바다, 그 앞에서 조금 더 매끄러운 조약돌이나 조금 더 예쁜 조가비를 발견하고 즐거워하는 꼬마에 불과하다." 우주적 관점에서 볼 때 인간과 조약돌은 과연 다른 존재이기나 한 걸까?

거라고 한다. 태양은 점점 부풀어 올라 50억 년 뒤에는 지구를 삼켜버릴 거라고 한다.

은하가 어디서 어디로 가는지 우리는 모른다. 우주의 중심은 어디일까? 우주 대폭발이 일어난 그곳이 바로 우주의 중심일까? 우주가 생겨난 게 138억 년, 인류가 진화한 게 약 100만 년이다. 우주 나이를 하루로 치면 인류가 존재한 기간은 5초에 해당한다. 한 개인의 평균 수명을 80년이라 하면 0.000004초, 찰나에 불과한 삶을 우리는 지상에서 누리다가 떠난다. 눈 깜짝 할 사이에 태어났다 죽을 목숨이니 인간이 하루살이보다 낫다고 어떻게 얘기할 수 있겠는가?

만유인력으로 우주를 설명한 뉴턴은 말했다. "나는 바닷가에서 노는 어린이일 뿐이다. 인간의 발길이 닿지 않은 드넓은 진리의 바다, 그 앞에서 조금 더 매끄러운 조약돌이나 조금 더 예쁜 조가비를 발견하고 즐거워하는 꼬마에 불과하다." 이 느낌이 어찌 뉴턴만의 것이겠는가.

그러나 138억 년이란 어마어마한 시간을 거슬러 우주의 기원을 밝혀낸 인간의 지성은 경이롭다. 빅뱅의 수수께끼에 도달할 정도로 지성이 발달한 족속이 드넓은 우주에 인간 말고 또 있을까?

빅뱅과 우주의 신비를 재미있게 풀어 쓴 《천문학 콘서트》의 저자 이광식 선생도 우주의 경이를 느끼며 지구 위, 한 순간에 불과한 우리의 삶이 소중하다고 느끼신 게 분명하다. 그는 아인슈타인처럼 스위스 연방공대를 나오지도 못했고, 에드윈 허블처럼 윌슨 천문대에서 일하지도 못했다. 대신, 청계천 헌책방을 뒤져 100권이 넘는 천문학

고전을 읽었고, 여가시간에 《수학의 정석》을 풀며 내공을 다졌으며, 출판사를 차려 《월간 하늘》을 냈다.

그는 요즘 강화도 산기슭에 들어가 옥상의 망원경으로 밤하늘을 보며 지내고 있다고 한다. 우리나라에는 박제가 된 천재들이 많은데, 이광식 선생은 유복하지 못한 환경에서도 열심히 공부해 자기 세계를 가꾼 '한국형 천재'라 할 수 있다. 깊은 내공을 지닌 아마추어 천문학자인 그는 《천문학 콘서트》에서 핼리 혜성의 주기를 설명하고 다음 방문 연도가 2061년이라 쓴 뒤 괄호 속에 덧붙였다. "나는 못 보겠네."

이렇게 생각할 수 있다. 나는 지금 밤하늘의 별을 보고 있다. 지금 내가 보고 있는 이 별빛은 머나먼 과거에서 온 것이다. 내가 저 별을 향해 빛의 속도로 날아가 닿았을 때 그 별은 이미 사라지고 없을지도 모른다. 우주는 시간과 공간이, 과거와 현재가 한데 버무려진 신비한 곳이다. 바닷가 모래알처럼 우주가 많아도 우리가 존재하는 우주는 하나다. 저 머나먼 별에 외계 생명체가 무수히 살아간다 해도, 우리가 머물 별은 지구뿐이다. 훗날 누군가 우리의 역사를 단 한 줄로 기록할지도 모른다.

"인류라는 생명체가 지구라는 행성에 나타나 잠시 문명을 일구고 우주를 사색하다가 탐욕으로 곧 멸망에 이르렀다."

바람을 쐬러 정릉 산방을 나선다. 봄햇살이 눈부시다. 동네 아우 녀석이 반갑다고 안부를 묻는다. 아, 저 놈이 우리 동네에 있었지. 이 광활한 우주에 태어나 이웃해 살고 있다니, 정말 놀랍기 짝이 없다.

우주의 불꽃놀이는 저 녀석이 살아 있는 걸 축하하고 있는 게 분명해…….

1. 소방차가 가까이 다가올 때는 사이렌 소리가 높게 들리지만, 내 앞을 지나쳐서 멀어져 갈 때는 반대로 소리가 낮게 들린다. 빛을 내는 천체가 관측자로부터 멀어지는 경우 빛의 파장이 길어져서 붉은 빛을 띠는데, 이를 적색편이라고 한다. 우주의 적색편이(cosmological redshift)는 공간의 팽창 때문에 빛의 파장이 길어지는 현상으로, 지구에서 수백만~수십억 광년만큼 멀리 떨어져 있는 천체들로부터 관측된다. 청색편이(blueshift)는 적색편이의 반대말로, 빛을 내는 물체가 관측자에 가까워질 때 빛의 파장이 줄어들어서 푸른 빛을 띠게 되는 현상이다.

2. 정상우주론은 과거에도, 현재에도, 미래에도 우주는 계속 같은 상태로 있게 될 거라는 이론이다. 1964년 빅뱅의 증거인 우주배경복사가 발견될 때까지 프레드 호일, 토머스 골드, 허먼 본디 등 많은 과학자들은 여전히 정상우주론을 신봉했다.

4장

그래서
혹은 그래도 인간

히틀러의 부역자들은 "맡은 직책을 성실히 수행했을 뿐"이라는 이유로 자신을 합리화했다. 아돌프 아이히만은 평범한 인간에 불과했다. 수백만 유태인의 목숨을 앗아간 그는, 개인적으로는 맡은 일을 성실히 수행했을 뿐이라고 항변했다. 인간의 역사를 보면 언제나 이런 인간이 즐비했다. '영혼 없는 공직자'라는 말이 떠오른다. 자기 행동이 옳은지 그른지 자기 머리로 판단하지 않고, 위에서 내려오는 명령을 그저 충실히 따르고 실행하는 아이히만들……. 한나 아렌트가 지적했듯이 '악의 평범성'이 무지에서 비롯되는 것이라면, 우리 주변에는 얼마나 많은 아이히만들이 있는 걸까? (〈미디어오늘〉 기고문 '악(惡)의 평범성' 중에서)

—

가난한 사람들이 보수적인 이유

미국의 마르크스라 불린 베블런

베블런 효과(Veblen Effect)는 누구나 다 알기 때문에 수능시험에 안 나온다. '소비재의 가격이 상승하는데도 오히려 수요가 증가하는 현상'이다. 가격이 높을수록 수요가 늘어나는 물건을 베블런재(Veblen Goods)라 한다. 다이아몬드를 비롯, 이른바 명품이 베블런재에 해당될 것이다. 한국사람들의 명품 사랑은 유별나다. 2011년 한국-EU FTA 체결 이후 샤넬 제품은 가격을 25퍼센트 인상한 뒤 매출량이 54.8퍼센트나 늘었다고 한다.

'명품이라서 비싼 게 아니라 비싸기 때문에 명품'이란 농담반 진담반의 우스갯소리가 있다. 베블런에 따르면 유한계급의 과시적 소비

■ '미국의 마르크스' 소스타인 베블런은 대표작 《유한계급론》을 통해 미국 사회 상류층이 사회적 존경을 받고 유지하기 위한 방편으로 과시적 소비를 한다고 주장했다.

는 최소비용으로 최대효용을 얻는 게 아니라 최대한의 지출을 통해 부를 과시하는 게 목적이다. 아름답고 품질 좋은 보석이라도 값이 싸면 아무 쓸모가 없다. 품질과 무관하게 오로지 비싼 것만 가치 있는 것이다. 그래서 값이 비쌀수록 수요도 늘어난다. 이게 '명품의 경제학'이다.

소스타인 베블런(Thorstein Veblen, 1857~1929)은 누구일까? 그는 미국 사회의 아웃사이더였다. 1857년 노르웨이 이민자의 12자녀 중 여섯째로 태어난 그는 학창시절 엉뚱한 상상과 풍자로 사람들을 당황하게 했다. 코의 모양에 따라 인간을 분류하는 리포트를 썼고, 식인풍습을 옹호하거나 주정뱅이 입장에서 자신의 죽음을 묘사하기도 했다. 그는 자신의 주장이 장난이 아니라 순수하게 과학적인 것이라고 주장하곤 했다.

1899년 출간한《유한계급론(The Theory of the Leisure Class)》에서 베블런은 19세기 미국 상류사회를 향해 싸늘한 냉소를 보내고 있다. 이 책은 인간이 개미를 관찰하듯 외계인의 눈으로 인간의 행태를 조목조목 관찰한 기록이다. 유시민은《청춘의 독서》에서 이 책을 소개하며 "높은 수준의 지성을 가진 에일리언이 지구를 방문하여, 호모 사피엔스의 문화 양식과 사회 진화에 대한 보고서를 썼다"고 했는데, 무척 적절한 비유다.

과거 많은 사람들이 '혁명' 하면 마르크스를 떠올렸듯, 요즘 미국 사회를 비판하는 사람들은 베블런의 이름을 즐겨 인용한다. 이 때문에 '미국의 마르크스'란 별명을 얻기도 했지만, 그는 혁명에 별 관심이 없었고 혁명이 가능하리라 생각하지도 않았다. 마르크스의《자본론(Das Kapital)》은 혁명 이론서로서 빛을 잃었지만 정치경제 분석의 틀로 여전히 유효하다. 그렇다면 베블런의《유한계급론》은 마르크스의 대체재가 아니라 보완재로 가치가 있는 게 아닐까? 마르크스가 간과했거나 충분히 강조하지 않은 인간성의 중요한 측면을 말해주고 있으니 말이다.

유한계층은 일하지 않고 살 수 있다는 것을 과시하며, 이는 사회적 존경을 얻는 방편이 된다. 사람들의 존경을 받고 이를 유지하려면 부와 실력을 소유하는 것만으로는 충분치 않다. 그 부와 실력은 반드시 입증되어야 한다. 증거가 있어야 존경을 받을 수 있기 때문이다. 과시적 레저(conspicuous leisure)는 시간을 낭비하는 것이고, 과시적 소비(conspicuous consumption)는 돈을 낭비하는 것이다. 둘 다 부를 과시하는 게 목적이라는 점에서 결국 똑같다.

생산적 노동을 면제받은 유한계급은 전쟁, 정치, 종교, 스포츠 등 비생산적인 일만 한다. 이들은 돈과 재산을 갖고 우스꽝스런 짓을 하는 인류학적 표본이다. 부유층의 이런 행태를 보며 분노할 필요는 없다. 야만인들이 축제를 하고 몸치장을 하는 데 엄청난 낭비를 한다고 화를 내는 인류학자는 없기 때문이다. 야만인들이 요란스런 색깔로 온몸을 칠하는 것은 부유층의 여인들이 코르셋 같은 고통스런 옷으로 온몸을 졸라매는 것과 다를 바 없다.

변하지 않은 인류의 야만상태

베블런에 따르면 인류 문명은 '사적 소유권에 기반을 둔 야만문화'에 지나지 않는다. 사유재산의 발생을 계기로 인류는 미개문화에서 야만문화로 넘어왔는데, 부의 원천은 전쟁과 사냥이었다. 초기 야만문화에서 완력과 용맹성은 가장 큰 미덕이었다. 성공적인 침략행위는 찬양받았고, 인간이든 맹수든 무서운 경쟁자의 목숨을 빼앗는 일은 최고의 명예였다. 포로를 강제로 아내로 삼은 게 남성중심 가족제도의 기원이었다. 모든 생산적인 노동은 여성과 노예의 몫이었다. 유한계급은 이러한 생산적 노동을 혐오하고 경멸한다. 가난한 사람들도 덩달아 자신의 직업을 천시한다. 이러한 직업적 차별은 우월과 열등이라는 인격적 차별의 벽으로 굳어졌다.

야만문화는 초기의 약탈 단계에서 준평화 단계로 이행했다. 그러나 성공의 지표가 약탈의 전리품에서 축적된 재산으로 바뀌었을 뿐, 문명 초기부터 금융자본주의 시대까지 인류의 야만상태는 전혀 변하지 않았다. 착취(exploit)란 말은 고귀한 사람들의 공훈(exploit)과, 생산(industry)이란 말은 하층민들의 노고(industry)와 어원이 같다.

베블런은 이러한 분석이 유한계급을 비난한 게 아니라고 강조한다. 아무 감정도 개입시키지 않고 그냥 관찰하고 기록했을 뿐이라는 것이다. "낭비(Waste)라는 말을 쓴 것은 이러한 현상을 서술하는 데 적합한 다른 표현을 찾을 수 없었기 때문이다. 낭비라는 말은 기술적 전문용어일 뿐, 비난의 뉘앙스를 내포하고 있지는 않다."

유한계급은 화려한 파티를 열어서 사람들을 과시적 소비에 동참시키고, 생산적 노동을 면제받는 사람들의 범위를 확장시킨다. 그들은 대학을 짓고 기부를 하며 예술가를 후원하고 스포츠를 진흥시키기도 한다. 베블런은 이러한 활동마저 과시적 소비에 해당된다고 말한다. 그러나 한국의 현실을 돌아보면 이 말에 선뜻 수긍하기 어렵다. 한국의 부자들은 이러한 우아하고 평화로운 과시적 소비를 잘 하지 않는다. 양극화가 심화돼서 전체 사회가 위기라는 경고가 거듭 나오지만 이들은 기부에 인색하다. 대학과 병원을 짓지만 철저한 장삿속일 뿐이다. 더 많은 돈을 벌기 위해 골목상권의 떡볶이까지 휩쓸고, 탈세와

담합과 편법증여 등 불법을 서슴지 않는다. 베블런의 설명은 각박한 한국사회를 돌아보면 '배부른' 얘기처럼 들린다.

재벌 총수는 다른 재벌 총수를 제압하려는 욕망에 불탄다. 부를 축적하는 경쟁에서 남을 이기는 게 삶의 목표다. 나의 행복은 내가 소유한 부와 소비하는 재화의 절대량이 아니라 다른 사람보다 많으냐 적으냐에 좌우된다. 키르케고르는 속물을 "자기 절대적 기준이 아니라 남과의 비교에서 행복을 찾는 사람"이라고 정의했는데, 부자들은 이러한 속물성의 화신인 셈이다.

베블런에 따르면 부(富)는 그 자체가 목적이고, 이 욕구는 평범한 사람들도 마찬가지다. 모든 사람은 자신과 대등하다고 인정되는 사람과 최소한 똑같은 양의 재화를 소유해야만 정신적 안정을 유지할 수 있다. 축재를 하는 건 그 집단의 다른 성원보다 더 높은 지위에 서는 일이며, 다른 사람보다 조금이라도 더 많은 재화를 소유하는 건 즐거운 일이다. 이러한 비교에서 뒤처지면 사람들은 만성적인 불만 속에서 살게 된다. 부를 향한 투쟁은 결코 목표점에 도달할 수 없다. 다른 사람보다 더 많은 재화를 획득해서 새로운 부의 기준에 익숙해지면, 사람들은 이 기준을 새로운 출발점으로 삼는다. 어떤 사람도 부에서 만족을 느끼는 경우는 없다.

가난한 사람들은 다른가? 그들도 마찬가지다. 가난뱅이들은 언제나 부자들을 선망한다. 부자 정당의 대통령 후보가 재래시장을 방문해서 국밥 먹는 쇼를 벌이거나 환경미화원 옷을 입고 일하는 체하면 가난뱅이들은 선거철마다 벌이는 쇼에 불과한 줄 알면서도 감격한다. 부자들이 가난뱅이를 가볍게 여기듯, 가난뱅이들도 덩달아 자기 직업을 천시한다. 가장 천한 일은 단순 재생산에 불과한 노동, 가령 청소나 설거지 같은 일이다. 이러한 직업적 차별은 우월과 열등이라는 인격적 차별의 벽으로 굳어졌다. 누군가 이런 천한 노동을 하고 있으면 그 사람은 천한 사람으로 간주된다.

나는 내가 관계된 단체의 모임이 있으면 직접 카메라를 들고 촬영하는 편이다. 경비를 절감한다는 이유도 없지 않지만, MBC에서 국제시사프로그램 〈W〉를 연출할 때 카메라를 들고 펄펄 날아다닌 관록이 있는 내가 촬영하면 화면이 좀 낫지 않겠는가 생각하기 때문이다. 어느 날, PD 단체의 모임에서 여느 때처럼 촬영을 시작했더니 낯익은 후배 한 명이 갑자기 다가와서 "선배님, 촬영하지 마세요. 안 좋아 보여요" 하며 만류하는 게 아닌가. 얘가 왜 이러나 잠시 생각해보니, 일당 기껏 10만 원 받는 비정규직 촬영기사로 오인된다는 뜻이 분명했다. 이 녀석을 한 대 쥐어박을까 하다가 그냥 제쳐놓고 촬영을 계속했는데, 아니나 다를까, 내빈들이 나를 가볍게 여기는 걸 되풀이 경험해야 했다. 낯익은 사이인데도 상대방은 내 앞에서 "이 사람이 이 PD 맞나?" 한 순간 자문하다가 "행사장에서 촬영하고 있는 걸 보니 이 PD가 아닌 모양"이라고 결론지으며 외면하곤 했다.

나는 할 줄 아는 요리가 없기 때문에 친구들과 밥해 먹는 자리에서 식사가 끝나면 설거지라도 하는 편이다. 요리 하는 남자는 멋있어 보이지만, 설거지 하는 남자는 십중팔구 구질구질해 보이는 모양이다. 내가 설거지를 할 때마다 젊은 사람들이 불편해 하는 걸 느껴야 했다.

■ 들라크루아의 〈민중을 이끄는 자유의 여신〉. 안토니오 그람시는 "하루하루가 혁명이어야 한다"고 했다. 그러나 모든 사람이 매일 혁명을 할 수는 없는 일이므로, 무릇 혁명이란 건 시간의 흐름과 함께 타락하고 시들어갈 운명이 아닐까 하는 생각도 든다.

한번은 선배 한 분이 이렇게 말씀하셨다. "야, 그냥 앉아 있어라. 네가 설거지할 군번이냐?" 그날은 선배와 후배들을 거북하게 만드는 돌출행동을 일단 자제해야 했다. 하지만 설거지를 천한 노동으로 보는 베블렌의 법칙에 순응하는 건 정말 싫다. 직업에 귀천이 없다는 거룩한 취지가 아니다. 관찰 가능한 법칙에 따라 움직이는 동물이 된다면 얼마나 자존심 상하는 일인가? 베블렌의 법칙을 입증하는 '사례자'가 되기 싫어서 나는 앞으로도 기회 닿는 대로 열심히 설거지를 할 참이다.

마르크스는 프롤레타리아의 계급의식을 이야기했지만, 베블런은 하층계급 사람들이 자기 바로 위 계급을 선망한다고 지적했다. 부르주아 지배이데올로기가 프롤레타리아의 혁명성을 오염시키고 둔화시키므로 이를 걷어내면 혁명의 탄탄대로가 열릴 거라는 생각은 베블런에 따르면 환상에 불과하다. 보수성은 유한계급의 특수성이 아니라 인간의 보편적 성향이기 때문이다. 사람들은 진보가 요구하는 인습적 사고와 행동양식의 재조정을 귀찮아하기 때문에 개혁을 회피한다.

"부유층이 아무 가치도 없는 기득권을 지키기 위해 개혁에 반대한다는 말은 그들에 대한 모욕이다. 생활습관과 사고방식을 바꾸는 것은 누구에게나 성가신 일이다. 이 문제에서 부유층과 보통 사람의 차이는, 변화를 재촉하는 경제적 환경에 얼마나 심하게 노출되었느냐 하는 정도의 차이일 뿐이다. 부유층 사람들이 쉽게 혁신의 요구에 굴복하지 않는 것은 그렇게 해야 할 절박한 경제 상황으로 내몰리지 않았기 때문이다."

거지는 백만장자를 시기하지 않는다

베블런은 하층계급 사람들 중 양심의 가책이나 정직성을 내버린 사람이 성공하여 유한계급에 진입할 가능성이 더 높다고 덧붙였다. 저학력, 저소득, 고령층 유권자들이 유한계급의 속물주의와 물신숭배를 충실히 대변하는 보수정당을 지지하는 것은 한국뿐 아니라 모든 나라에서 볼 수 있는 보편적 현상이다. 《왜 가난한 사람들은 부자를 위해 투표하는가?(What's the matter with Kansas?)》를 쓴 토머스 프랭크(Thomas Frank)는 캔자스에서 부자들의 정당인 공화당이 득세한 과정을 취재한 뒤 '민중의 착란현상을 조장하는 보수 우파의 교묘하고 은밀한 집권 전략'을 적나라하게 폭로했다. 그러나 베블런이 이 분석을 보았다면 충분치 않다고 지적했을 것이다. 가난한 사람들도 보수적이기 때문이다.

"기존의 생활방식과 결별하라는 말에 잘난 인물들이 반발하는 건 누구나 겪어서 알고 있다. 이혼의 간편화, 여성참정권 도입, 주류 제조와 판매 금지, 재산상속의 제한과 폐지 등 비교적 경미한 변화가 불러올 사회적 악영향을 심각하게 역설하는 걸 흔히 들을 수 있다. 이러한 혁신은 모두 '사회를 혼란에 빠뜨리며, 윤리 도덕의 토대를 뒤집어엎고, 삶을 참을 수 없게 만들며, 자연의 질서를 거스르는 것'이 된다. 사람들이 변화를 싫어하는 것은 변화에 필요한 재적응 과정이 성가시기 때문이다."

인간은 잘 변하지 않는다. 자기 기억을 모두 합한 게 개인의 의식이다. 자기 정체성의 기반에서 새로운 지식을 받아들이고, 이는 새로운 자기 정체성이 된다. 습관적 사고, 이미 형성된 주관과 태도는 환경이 변화를 강요하지 않는 한 무한정 지속되는 경향이 있다. 심지어 보주주의가 명예로운 태도로 간주되는 경향마저 있다.

"보수주의는 사회의 부유하고 명망 있는 사람들의 특징이기 때문에 영예로운 장식적 가치를 얻는다. 이게 더 심화되면 우리 관념 속에서 보수적 견해를 고수하는 것은 당연히 존경받을 대상으로 평가된다. 보수주의는 상층계급의 특징이기 때문에 품위가 있는 반면, 혁신은 하층계급의 현상이기 때문에 저속하다고 간주된다."

'이성의 비관, 의지의 낙관'을 얘기한 그람시(Antonio Gramsci, 1891~1937)는《옥중수고(Prison Notebook)》에서 "하루하루가 혁명이어야 한다"고 썼다. 당위의 차원에서 그람시는 옳을 것이다. 그러나 모든 사람이 매일 혁명을 할 수는 없는 일이므로, 무릇 혁명이란 건 시간의 흐름과 함께 타락하고 시들어갈 운명이 아닐까 하는 생각도 든다. 베블런보다 좀 더 사회적 인간이고 좀 더 진보를 믿는 유시민은《청춘의 독서》에서 베블런에게 한 챕터를 할애했다. 그는 "문명이 발전할수록 인간의 평균적 지성과 성찰 능력도 더 높이 발전하며, 제도의 진화 역시 그만큼 빠르고 수월해진다"고 쓴 뒤 덧붙였다. "이렇게 생각했다면 베블런의 삶이 더 행복하지 않았을까?" 베블런은 이 말에 그냥 미소로 대답했을 것이다.

베블런은 1929년 환송객 하나 없는 캘리포니아의 외딴 오두막에서 세상을 떠났다. 유시민은 너무나 외롭게 살다 간 베블런이 안쓰럽다고 했다. 하지만 안쓰러운 게 베블런뿐일까? 그가 《유한계급론》에서 묘사한 우울한 현실은 오늘도 이어지고 있다. 가난한 사람이 가난한 사람을 멸시한다. 시급노동을 하는 식당 아주머니들이 리어카 끄는 짐꾼을 멸시한다.

동자동 쪽방촌 사람들은 '노숙자 같다'는 말을 제일 싫어한다. 버트란트 러셀(Bertrand Russell, 1872~1970)은 말했다. "거지들은 자기보다 많은 수입을 올린 다른 거지를 시기할망정, 백만장자를 시기하지 않는다." 한국 사회의 양극화를 염려하는 기사가 오늘도 눈에 띄지만, 개선될 조짐은 보이지 않는다.

—

썩은 상자 안의 사과는 썩지 않을 수 있을까?

스탠포드 실험과 아부그라이브 포로수용소

권위주의적인 풍토에서 무능한 지도자가 연명하는 방법은? 사악하게 행동하는 것이다. 복종하지 않는 이들을 가차 없이 징계하고 업무를 박탈한다. 처음에는 양심의 가책도 느끼고 망설이기도 한다. 그러나 작은 사악함은 큰 업무를 위해서 불가피하다고 자신을 합리화하며, 이는 결국 습관적인 행동 패턴으로 굳어진다. 그렇다면 평범한 구성원은? 처음에는 반항하고 고언하고 읍소한다. 그러나 이러한 몸부림이 아무 소용없다는 걸 깨달으면서 점차 냉소와 침묵에 빠져들고, 세월이 지나면 별 생각 없이 권위에 복종하고 있는 자신을 발견한다. 무능한 지도자는 사악함을 유능함으로 착각하며 기고만장하고,

■ 아부그라이브 수용소에서 이라크 포로들을 학대한 미군 병사들은 평범한 젊은이들이었다. 무엇이 저들을 이토록 잔인하게 만들었을까?

사회 전체는 점차 거대한 무덤으로 변해간다.

스탠퍼드 대학교 심리학 명예교수 필립 짐바르도(Philip Zimbardo)의 《루시퍼 이펙트(The Lucifer effec)》는 부제가 '무엇이 선량한 사람을 악하게 만드는가?'다. '새벽별'이란 뜻의 루시퍼는 하느님의 사랑을 받던 천사였지만 천국에서 쫓겨난 뒤 악마로 변한다. 무엇이 천사를 악마로 돌변하게 만들었을까? 짐바르도 교수는 1971년 8월 14일 스탠포드 대학교에 감옥을 만들어놓고 자원자 24명을 반으로 나눠 교도관와 수감자 역할을 맡겼다. 이들은 미국과 캐나다 중산층 출신의 대학생들로, 몸과 마음에 장애가 없고 범죄나 약물 복용 이력도 없었다. 교도관과 수감자는 제비뽑기로 나눴다.

실험이 시작되자 아무도 예상하지 못한 일이 벌어졌다. 교도관 역할을 맡은 학생들은 실험인 줄 알면서도 수감자들에게 가학적 행동을 하기 시작했다. 점호시간이면 차가운 이산화탄소를 퍼부으며 수감자를 괴롭혔고, 반항의 기미를 보이면 독방에 감금하거나 성적인 모욕을 가했다. 동료 교도관들의 묵인과 방조 속에서 이들은 잔인해졌고 수감자는 비굴해졌다. 실험에 교도관으로 참여한 사람들은 '맡은 역할을 수행했을 뿐'이라고 자신들의 폭력을 합리화하며 단 며칠 만에 반성할 줄 모르는 기계로 전락해버렸다. 실험은 원래 2주로 예정되었으나 수감자 역할을 하던 학생들에게 신경쇠약 증세가 나타나는 등 상황이 악화되자 6일 만에 중단된다. 참가자들의 폭력과 야만이 위험수위를 넘어선 탓이었다.

그의 실험은 33년 뒤 이라크에서 실제상황으로 재연된다. 2004년, 이라크 수도 바그다드 인근 아부그라이브 포로수용소에서 미군들이 이라크군 포로들을 학대하는 사진이 공개되어 전 세계를 충격에 빠지게 했다. 하지만 그 야만적 행위의 중심인물인 프레드릭 하사는 지극히 정상적인 가정에서 자랐고, 2주일에 한 번씩은 꼬박꼬박 교회에 나갔으며, 스스로를 도덕적이고 영적인 사람이라 생각했다. 그는 정신병자가 아니었지만 아무 죄의식 없이 포로들을 학대했다.

밀그램 실험과 권위에 대한 복종

권위에 대한 복종은 밀그램 실험(Milgram Experiment)에서 이미 확인된 바 있다. 1961년 예일대학교 심리학과 조교수 스탠리 밀그램((Stanley Milgram, 1933~1984)은 사람들이 파괴적인 권력자에게 복종하는 이유가 성격보다 상황에 있다고 생각했다. 그는 일정한 상황에서는 아무리 이성적인 사람이라도 권력자의 명령에 따라 잔혹행위를 저지를 수 있다고 상정했다. 밀그램은 피실험자를 교사와 학생으로 나눈 뒤, 학생 역할을 맡은 피실험자를 의자에 묶고 양쪽에 전기충격 장치를 연결했다.

교사가 학생에게 문제를 내고 학생이 틀리면 교사가 학생에게 전기충격을 가하도록 했다. 15볼트부터 450볼트까지 한 단계씩 전기충격의 강도를 높여가도록 실험을 설계했다. 망설이는 교사들에게 밀그램은 '실험의 모든 책임은 내가 진다'며 안심하고 전압을 올릴 것을 종용했다. 4달러의 대가로 교사들은 밀그램의 요구대로 가혹행위를 했을까? 결과는 충격적이었다. 교사 역할을 맡은 피실험자의 65퍼센트가 450볼트까지 전압을 올린 것이다.

전기충격기는 가짜였고, 학생 역할의 피실험자는 고통스러워하는 연기를 했을 뿐이다. 그러나 교사 역할의 피실험자는 이 사실을 몰랐다. 그들은 실제상황이라고 생각하면서도 가혹행위를 서슴지 않았다. 밀그램은 이 실험을 '징벌에 의한 학습효과'로 포장했지만, 사실은 '권위에 대한 복종'을 확인하는 실험이었다. 밀그램은 피실험자들이

■ 밀그램 실험에서 교사 역할을 맡은 사람의 65퍼센트가 권위에 복종하여 가혹행위에 동참했다.

심리적 외상을 받을 수 있는 점을 미리 고지(告知)하지 않았다는 이유로 많은 비난을 받았고, 결국 대학에서 해임되었다.

악의 평범성

짐바르도와 밀그램의 실험은 한나 아렌트(Hannah Arendt, 1906~1975)가 말한 '악의 평범성(Banality of Evil)'과 연결된다. 누구나 일정한 상황에서 권위에 복종하여 악행을 저지를 수 있다는 것이다. 예루살렘 전범재판에 참가한 아렌트는 히틀러의 살인기계로 일한 아이히만(Karl Adolf Eichmann, 1906~1962)이 사이코패스가 아니라 평범한 가장에 불과했다는 걸 발견하고 충격을 받는다. "그는 사악하지도 않았고, 유대인을 증오하지도 않았다. 단지 히틀러에 대한 맹목적인 충성에서 관료적 의무를 기계적으로 수행했을 뿐이다." 아이히만은 "오직 명령에 따라 자신에게 주어진 일을 했을 뿐이며, 그 명령에 따르지 않았다면 양심의 가책을 느꼈을 것"이라며 무죄를 주장했다. 그러나 예루살렘 법정은 "말하지도, 생각하지도, 행동하지도 않은 죄"를 물었고, "인류 역사에서 이런 일이 되풀이되면 안 된다"며 사형을 선고했다.

자기 행동이 옳은가 그른가를 판단하려 하지 않고 위에서 내려오는 명령을 그저 충실히 실행하는 아이히만들……. 한나 아렌트가 지적한 '악의 평범성'이 무지에서 비롯되는 것이라면, 우리 주변에는 얼마나 많은 아이히만들이 있는 걸까?

작은 아이히만을 재생산하는 요인은 수두룩하다. 권위에 대한 맹목적 복종도 큰 요인 중 하나다. 짐바르도 교수의《루시퍼 이펙트》는 종교지도자 짐 존스(Jim Jones, 1931~1978)의 명령에 따라 신도들이 집단자살한 인민사원(Temple of People)의 사례를 소개한다. 존스타운의 이 사원에서 벌어진 인권유린 사태를 저지하기 위해 미국 의원과 언론인들이 접근하자 짐 존스는 죽음으로 항거하자고 호소했고, 276명의 어린이를 포함한 914명의 신도들은 기꺼이 독극물 주사로 자살을 결행했다.

평범한 사람이 나치 열성당원으로 변하는 과정은 의외로 간단하다. 캘리포니아 팔로알토의 한 고등학교 교사 론 존스(Ron Johns)는 나치 청년단이라는 광신적인 조직이 어떻게 가능했는지 학생들에게 알려주기 위해 실험수업을 진행한다. 론 존스는 먼저 학생들에게 단순한 구호를 주술처럼 반복시켰다. "절제를 통해 힘을! 공동체를 통해 힘을! 행동을 통해 힘을!" 모든 발언을 세 단어 이내로 제한하고, 경례 방법을 통일하고, 제복을 입혀주었다. 평범한 학생들은 며칠 안에 나치 청년단과 똑같은 마인드를 갖게 됐다. 《루시퍼 이펙트》에 소개된 이 실험수업은 다큐멘터리 〈웨이브(Wave, Ron Jones)〉에 상세히 묘사돼 있다.

피터의 원리

히틀러의 나치 정권이나 한국의 독재체제가 유지되는 것은 평범한 사람들이 기계처럼 자기 몫을 하며 순응하기 때문이다. 거대한 순응의 시스템에서 지도자가 무능하면 재앙이 싹튼다. 이른바 '피터의 원리'를 보자.

"위계 조직에서 사람들은 자기의 무능력이 입증되는 지위까지 승진하는 경향이 있다."

캐나다 출신의 미국 교육학자 로렌스 피터(Laurence J. Peter, 1919~1990)가 제시한 이 원리는 얼핏 황당하고 시니컬한 얘기로 들리지만, 이를 증명하는 사례는 무수히 존재한다. 한 조직의 구성원은 승진을 위해 노력한다. 그런데 책임을 완수할 수 있는 지위에서 그렇게 할 수 없는 지위로 승진했을 때 문제가 발생한다. 이것은 위계조직의 모든 구성원들에게 닥쳐올 운명이다. 사람들은 각각 자신에 맞는 '무능한 수준'에 도달하는 경향이 있다. 평사원으로 남았으면 유능했을 사람이 부장, 국장, 이사, 사장으로 승진하다 보면 어느 단계에서는 반드시 무능이 드러나는 직위에 도달한다. 멀쩡히 일 잘 하던 평사원이 중간 간부가 되면 윗사람과 아랫사람의 의견을 기계처럼 전하는 배달부로 돌변하고, 임원이 되면 외압이 오기 전에 알아서 기는 원격조종 로봇으로 진화하기 십상이다. 위로 올라갈수록 연기력이 늘어서 제법 무게를 잡기도 한다.

그렇다면 모든 조직의 수장은 무능한 사람들뿐일까? 그렇지는 않다. 한두 번 승진해서 새로운 지위에 올라가도 계속 유능한 수준을 유지하는 사람도 많다. 이 사람은 더 높은 자리로 승진될 가능성이 남아 있다. 그러나 최후의 승진은 어쩔 수 없이 유능한 수준에서 무능한 수준으로 바뀌게 한다. 사회적 지위 상승은 계속되고, 언젠가 무능이 드러나는 순간이 오면 상승이 멈추며, 일찍 죽는 경우를 빼면 예외가 없다는 뜻이다.

무능한 수장이 이끄는 조직은 어떻게 유지될까? '피터의 제2원리'를 보자.

"아직 '무능한 수준'에 도달하지 않은 사람들이 많은데, 그들이 일을 계속하기 때문에 조직은 그럭저럭 굴러간다."

지도자가 무능하면 조직 전체에 무사안일주의가 확산된다. 창조성과 자율성이 말라버리고, 다치지 않으려면 입 다물고 있으라는 보신주의가 생존철학이 된다. 로렌스 피터는 이 현상을 '직업적 형식주의'

라고 불렀다. 이 현상은 교육뿐 아니라 정치, 법률, 산업 등 모든 분야에서 관찰할 수 있었다. 학교에서는 왜 지혜를 가르치지 않을까? 정부는 왜 질서를 유지할 수 없을까? 법원은 왜 정의를 구현하지 못할까? 번영은 왜 행복을 낳을 수 없을까? 이 모든 물음은 '무능'의 분석으로 설명할 수 있었다.

피터가 일했던 학교의 교장은 '창문의 차양을 가지런히 할 것, 교실에서 조용히 할 것, 장미 화단에 들어가지 말 것'이 주요 관심사였을 뿐 진정한 교육에는 무관심해 보였다. 신임 교사 클리어리는 지진아 특수학급을 맡아서 개인 능력차에 따른 맞춤형 교육을 시도했다. 아이들은 2년치 교과를 1년 만에 해냈고, 읽기와 산수에서 일반 학급보다 더 좋은 성적을 올렸다. 그러나 그녀는 특수교육 과정으로 지정된 구슬꿰기와 모래놀이를 생략했다는 이유로 해고됐다. 피터가 볼 때 클리어리가 해고된 것은 기존 체제를 무시하고 다음해 수업계획에 어울리지 않게 아이들의 수준을 높여놓았기 때문이었다.

'피터의 원리'는 정치에도 똑같이 적용된다. 변호사로, 토건사업가로, 국회의원으로 유능했던 사람이 대통령에 당선된 뒤 총체적 무능을 드러낸 사례를 우리는 잇따라 목격해왔다. 이 무능한 지도자가 사악하기까지 할 때 비극이 본격적으로 시작된다. 구성원들은 처음에는 대화를 원하지만 불통의 벽에 부딪친다. 소수의 사람들이 저항해보지만 꿈쩍도 않는다. 사회에는 자조와 냉소의 찬바람이 몰아치기 시작한다. 사악한 지도자는 개의치 않고 자기 의지를 관철한다. 이 지도자를 따르고 체제를 뒷받침하는 기계 같은 인간들이 많기 때문에

■ 이 그림에서 눈에 띄는 건 천사인가, 악마인가. "선과 악의 경계는 모든 사람의 마음 한복판에 있다."

가능한 일이다. 그것은 파국적인 진영 대립과 양극화를 낳을 수도 있고, 폭력과 살상의 전쟁으로 이어질 수도 있다.

'피터의 원리'가 나쁜 방향으로 흐르면 '악의 평범성'으로 연결되고, 이는 '루시퍼 이펙트'로 우리를 돌려놓는다. 무능하고 사악한 권위에 대해서도 복종할 수 있는 게 바로 인간이란 동물이다. 개인은 원래 선하지도 악하지도 않다. 단순한 형용사 하나로 설명하기에 인간 본성은 너무나 복잡하다. 인간의 성격은 찰흙과 같아서 긍정적인 면이든 부정적인 면이든 주어진 틀에 따라 결정되기 쉽다. 나쁜 시스템 속에서는 누구나 나쁜 행동을 할 수 있다. 그러나 상황 탓을 한다고 나쁜 행동이 면죄되는 것은 아니다.

썩은 사과 상자

짐바르도 교수는 성한 사과를 썩게 만드는 '썩은 상자'에 주목했다. 감옥과 군대라는 환경 자체가 '썩은 상자'였다. 권위에 대한 맹목적 복종, 폭력적인 말과 행동의 일상화, 아무도 이의를 제기하지 않는 순응의 시스템…….

우리 사회의 구성원들은 '썩은 상자'에 들어 있는 사과와 같다. 최근 고름처럼 줄줄이 터져나온 군대 폭력은 군대라는 환경 자체가 '썩은 상자'였기에 필연이었다. 군대만 문제가 아니다. 수십 일째 단식하는 사람들 앞에서 피자와 치킨을 보란 듯이 먹어대는 일베충들, 세월호 농성장을 쳐부수겠다는 자칭 '서북청년단'의 폭력배들. 지도층 인사들은 물론 극우 성향의 젊은이들까지 제 세상 만난 듯 활개를 치며 썩은 냄새를 풍기고 있다. 이 '썩은 상자'에 담긴 사과가 싱싱하기를 기대하기는 어려우니 결국 상자 자체를 바꿔야 한다는 것인데, 그게 가능한 일일까? 나 또한 어쩔 수 없이 썩어가고 있는 건 아닐까?

짐바르도 교수는 '악의 평범성'에 빗대어 '영웅의 평범성(Banality of Heroism)'을 얘기한다. 다수는 부조리한 체제에 순응하지만, 이에 항거하는 작은 영웅도 언제나 있었다는 것이다. 그는 부당한 시스템에 맞서는 10단계 프로그램을 제시하고, 각 단계에 해당하는 영웅을 예시

한다. 가령, 그의 제자로서 이 실험을 참관했던 크리스티나 메슬렉(Cristina Measlack)은 짐바르도 교수의 권위에 도전하며 실험을 중단하도록 설득했다. 그녀는 행동을 통해 불복종을 실천했고, 짐바르도 교수는 그녀의 의견을 수용했다.

크리스티나의 용감한 사례가 우리 사는 세상에 희망을 줄 수 있다고 믿고 싶다. 분명한 것은 두 사람이 결혼해서 부부가 됐다는 사실 하나뿐이다. 이런 소수의 '영웅'을 희생양으로 만들지 않고 그들의 행동을 격려할 제도적 장치를 마련할 수 있을 것이다. 짐바르도 교수는 스탈린의 굴라그에 갇혀 있던 러시아 작가 솔제니친(Aleksandr Solzhenitsyn, 1918~2008)의 말을 인용하며 책을 마무리한다.

"선과 악의 경계는 모든 사람의 마음 한복판에 있다."

—

헛소리와 소통하기

무엇이 소통을 방해하는가

아침에 눈을 뜨자마자 스마트폰을 찾는다. 밤새 메시지가 와있는지 확인하지 않으면 직성이 안 풀린다. 스마트폰을 잃어버리면 장기(臟器) 하나가 없어진 듯 텅 빈 느낌이다. 이 장기가 없으면 사람 사이의 네트워크에서 배제될 수밖에 없다.[1] 소통하지 못 하면 살 수 없는 게 인간이다.

인간은 태곳적부터 소통능력을 발전시켜왔다. 다른 모든 생명체처럼 먹고 배설하지만, 나머지 활동은 모두 소통을 위한 몸부림이다. 심지어 잠잘 때 꾸는 꿈도 소통의 연장이다. 시와 소설, 음악과 미술, 정치와 광고 등 인간의 모든 문화는 소통하려는 노력이 쌓인 결과다. 인간은 다른 동물의 아픔도 배려할 줄 알며, 아득히 먼 곳에 존재할지도 모르는 외계 생명체와 교신할 준비도 하고 있다. 유튜브(youtube)는 소통을 갈구하는 인류의 본능이 만들어낸 거대한 공동체다. 언젠가는 전 지구적 TV 네트워크도 생겨날 것이다.

그러나 사람들은 여전히 소통에 목말라 한다. 2008년 무렵부터 '소통'이란 말이 화두가 된 건 그만큼 소통이 어려운 세상이 됐다는 뜻이다. 2013년 즈음부터 소통이란 말보다 '불통'이란 말을 더 자주 쓰는 건 사람들이 거의 소통을 포기했다는 뜻이다. 소통이란 단어의 뜻부터 사람마다 제각각 다르게 해석한다. 사람은 자기중심적으로 생각하기 쉬우니, 대개 '내 말을 들어주는 것', '내 마음을 알아주는 것'이 소통이라고 생각한다. 전 올드도미니언대 교수 이진순 박사는 PD교육원이 마련한 인문학 포럼에서 소통의 어려움을 설명했다. "너나없이 소통의 중요성을 이야기하고 소통이 안 돼서 외롭고 답답하다고 아우성치지만, 불통의 책임은 늘 상대방에게 있다. 나는 소통을 원하는데, 상대가 막힌 사람이라 소통이 안 된다. 젊은이들은 늙은이들에게, 늙은이들은 젊은이들에게, 아내는 남편에게, 남편은 아내에게, 부모는 자식에게, 자식은 부모에게……."

하지만 내 말을 들어주고 내 마음을 알아주기 바라는 것 자체가 잘못은 아니다. 상대방도 나와 같은 바람을 갖고 있다는 걸 인정하고 예의 바르게 마주앉아 서로 귀 기울여주고 마음을 어루만져주면 그게 바로 소통이다. 결코 쉬운 일은 아니겠지만, 대등한 개인들 사이의 소통은 그렇게 하면 된다.

소통은 힘 있는 사람과 힘없는 사람 사이에서 먼저 일그러진다. 강남 사모님이 아파트 경비원을 하인 취급하면, 경비원은 인간으로 대해달라며 분신한다. 어제 유아원 선생이 네 살 어린이에게 KO펀치를 날리면, 오늘 학부모가 찾아와서 유아원 선생을 무릎 꿇린다. 이런 예는 일일이 열거할 수 없을 정도로 많다. 일방적으로 자기 의견을 강요하고 그걸 소통이라 부르는 게 일상이 되니, 이른바 '갑질'이 사회 꼭대기부터 밑바닥까지 만연하게 됐다. 소통 부족이 악화되어 일어난 비극이다. 소통의 적은 과연 무엇일까?

소통을 망가뜨리는 제1원인은 최고 권력자의 거짓말일 것이다. 국민성공시대를 외치며 대통령이 된 사람이 대다수 국민이 생활고에 허덕이는데도 저 혼자 성공했다는 듯 으스대며 자서전을 펴낸다. 국민행복시대를 내걸고 대통령이 된 사람이 날이 갈수록 불행하다고 사방에서 하소연해도 혼자 행복한 듯 방실방실 웃음이 넘친다. 이들에게 소통이란 욕쟁이 할매 국밥집에서 밥 먹기, 환경미화원 옷 입고 일하는 시늉하기 정도다. 높으신 분이 낮은 곳에 임하는 것 자체가 소통이라고 생각한다. 이분들의 거짓말을 열거하자면 책 한 권을 써도 모자랄 테니 생략한다.

문제는, 이분들이 자기가 거짓말을 했다는 사실을 인정하지 않을 뿐 아니라, 아예 무슨 일이 일어났는지 모른다는 듯 딴청을 일삼는다는 것이다. 이 '유체이탈 화법'이야말로 무책임의 극치다. 세월호 참사든 원전 비리든 자기는 다 잘 했는데 다른 사람 때문에 이렇게 됐다는 투다. 윗물이 더러우니 아랫물이 깨끗할 리 없다. 끔찍한 범죄가 하루가 멀다 하고 이어지는데, 다른 사람을 해코지한 사람은 예외 없이 자기도 피해자라고 하소연한다.

진리의 가장 큰 적은 헛소리

이진순 박사는 "소통의 적은 노이즈(noise)"라고 지적하고, 라스웰(Harold Lasswell, 1902~1978)의 소통이론을 소개했다. "메시지의 송수신을 교란하는 잡음이나 혼선 같은 기술적 노이즈뿐만 아니라, 메시지의 효과적 주입을 방해하는 모든 변수들이 다 노이즈다." 소통을 방해하는 대표적인 노이즈는 이른바 사회 지도층의 '헛소리'다. 끝없이 이어지는 헛소리의 홍수 속에서 사람들은 소통은커녕 사리분별의 잣대마저 잃어버릴 지경이 됐다.

세월호 참사로 국민들이 비탄에 잠겨 있을 때 한 유명교회의 목사는 "하나님이 세월호를 침몰시켰다"고 말했다. 교회 다니는 사람이 들어도 민망할 소리다. 인간의 힘이 닿지 않는 일을 신의 뜻으로 돌리는 것은 위안을 준다. 비극적인 사건에서 신의 뜻을 읽고 겸허히 받아들이는 태도는 카타르시스와 치유 효과가 있다. 그러나 거두절미해서 보면 정신 나간 사람의 헛소리로, 사람들의 상처를 덧나게 하는 망언에 불과했다. 2014년, 한 총리 지명자는 "식민지배와 남북분단은 하나님의 뜻"이라고 운을 뗀 뒤 "6·25는 미국을 붙잡기 위해 하나님이 주신 것"이라고 덧붙였다. 이런 사람이 총리에 지명됐다니, 가뜩이나 마음 상해 있는 국민들에게 '멘탈 붕괴'를 안겼다. 물론 앞뒤 맥락을 보면 꼭 나쁜 의도는 아니었을 것이다. 총리 지명자는 "하나님이 온갖 시련을 주셔서 오늘의 번영하는 나라로 이끄셨다"는 뜻이었다고 해명했다.

세월호 참사 이후 많은 어린이들이 '하나님을 믿지 않겠다'는 반응을 보였다. '하나님이 세월호를 침몰시켰다'거나 '하나님이 식민지배와 분단을 주셨다'는 말을 글자 그대로 보면 신이 나쁜 짓만 골라 하는 존재처럼 보이기 때문이다. 순수한 어린이들의 정직한 반응이다. 교수, 언론인, 총리 지명자 등 요직에 있는 사람들이 허구한 날 헛소리를 뱉어내면 그 사회의 소통 시스템이 건강할 수 있을까? 노이즈로 가득한 공기 속에서 합리적인 소통이 이뤄질 수 있을까?

미국의 철학자 스티븐 로(Stephen Law)는, "진리의 가장 큰 적은 거짓말이 아니라 헛소리(bullshit)"라고 지적한다. 헛소리는 종종 심오한 전문용어로 포장되지만 합리성과 거리가 멀다. '배운 사람'이 종교집회에서 헛소리를 하면 대부분의 사람은 모순으로 인식하는 대신 뭔가 심오한 뜻이 있나 보다 하고 참아주고 넘어간다. 스티븐 로는 좀체 빠져나오기 어려운 '허튼 신념의 체계'를 '지적 블랙홀'이라 부른다. 교묘하게 휩쓸려 들어가지만, 한번 빠지면 헤어나기 어려운 늪과 같다는 것이다. 헛소리는 일종의 사기행위로, 거짓말과는 좀 다르다. 자기가 틀린 줄 뻔히 알면서 의식적으로 거짓말을 하는 게 아니라 사실에 부합하건 안 하건 자기 목적을 위해 맘에 드는 말만 골라서 하는 것이다. '지적 블랙홀'에 빠진 사람은 자기 헛소리가 물의를 빚으면 그런 뜻이 아니었다고 태연하게 우긴다. 총리 지명자가 하루는 KBS를 고소하고, 또 하루는 기자회견을 열어 사과하는 등 좌충우돌한 것도 같은 맥락이다.

편 가르고 낙인찍기

"저 X도 인간이냐?" TV를 보다 나도 모르게 이 말이 튀어나오는 걸 보면, 나 또한 인간이 다른 동물보다 낫다고 믿고 싶어 한다는 걸 알 수 있다. 인간을 욕되게 하고 자연스런 소통을 방해하는 건 편 가르고 낙인찍는 짓이다. 인권 유린에 항의하고 복지 확대를 주장하면 종북(從北)으로 낙인찍힐 위험을 감수해야 한다. 반대로, 종북몰이에 앞장서는 사람들은 친일파의 후손으로 몰릴 각오를 해야 한다. 물론 양비론을 펴자는 건 아니다. 종북은 일부 언론이 만들고 권력층이 편리하게 써먹는 사이비 프레임이다. 반면, 친일문제는 청산되지 않은 과거이자 지금도 막강한 힘을 발휘하는 기득권층의 현실적인 뿌리다. 그러나 편 가르기로는 탈출구가 보이지 않는다는 게 고민이다.

"어떻게 인간이 저럴 수 있지?"

미국 사람들도 우리와 비슷한 고민을 한 게 분명하다. 신자유주의가 본격적으로 모습을 드러낸 1980년대, 레이건을 비판하던 사람들은 무력감에 빠졌다. 자본의 탐욕에 날개를 달아주는 정책들이 서민

■ 허시먼은 기득권층이 저항세력을 비판할 때 사용하는 수사법에는 패턴이 있다고 말한다. 돌아이, 헛수고, 사고뭉치. 이 패턴이 되풀이되어 학습되면 거대한 침묵의 올가미에 갇혀서 더 이상 목소리를 내기 어렵게 된다.

들에게 먹혀드는 게 어이가 없었다. 아무리 반대해도 되돌릴 수 없었다.

경제학자 허시먼(Albert Hirschman)은 기득권층이 저항세력을 비판할 때 쓰는 수사법에 일정한 패턴이 있음을 간파하고, 이를 세 단어로 요약했다. 첫째, 돌아이(perversity). '반대해봐라, 너만 돌아이가 된다.' 둘째, 헛수고(futility). '아무리 해봐라, 헛수고다.' 셋째, 사고뭉치(jeopardy). '해결도 못 하는 주제에 혼란만 일으킨다.' 그래도 저항을 계속하면 가혹한 탄압을 가하는 건 물론이다. 이 패턴이 되풀이되어 학습되면 거대한 침묵의 올가미에 갇혀서 더 이상 목소리를 내기 어렵게 된다. 소통의 죽음이다.

허시먼은 이에 맞서는 논리도 정형화된 수사법을 벗어나지 못했다고 지적한다. '가만히 앉아서 당할 수는 없다', '투쟁해야 조금이라도 나아진다', '역사는 우리 편이다', 이 세 가지 진술은 보수주의자의 세 단어와 정확하게 대응한다. 양쪽 다 자기 입장에서 비타협적 주장을 반복해온 셈이다. 허시먼은 이러한 분석이 양비론이 아니라고 한다. 불통의 시대, 진영논리와 극단적 대립을 넘어 좀 더 '민주주의 친화적'인 논의를 모색하자는 것이다. 편 가르기와 낙인찍기를 벗어나, 좀 더 큰 시야에서 세계를 보고 앞날을 모색하자는 뜻일 것이다. 상대를 알고 나를 알자는 뜻으로 받아들여본다.

허시먼의 이론이 우리나라에서도 설득력이 있을까? 한국의 기득권 세력은 대화하기 어려운 상대다. 소통이 꽉 막혀 있다면 힘 있는 쪽이 먼저 손을 내밀어야 대화의 물꼬가 트일 텐데, 한국에서는 기대하기 어려운 일이다. 수십 명의 노동자가 죽어나가고 천 명이 오체투지를 벌여도 한국의 자본은 아무 일 없다는 듯 이윤 추구에 열중한다. 노동자에게 편 가르기를 그만두라고 말하는 건, 그들의 유일한 무기인 단결을 포기하라는 것과 같다. 따라서 허시먼의 조언은 그냥 타산지석, 참고자료로 받아들이는 게 좋을 것이다.

편 가르기와 낙인찍기는 소통의 적이다. 진영을 가르면 그 안의 개인들은 보이지 않는다. 사람들을 싸잡아서 낙인찍는 것은 인간에 대한 예의가 아니다. 대립하는 집단 간의 소통은 출구가 보이지 않는다. 일단 개인 차원의 소통에서 출발하는 수밖에 없다. 건국대 하지현 교수는 《소통, 생각의 흐름》에서 "소통이란 자기 의도를 관철하기 위한 수단이 아니라 내가 더 나은 인간이 되고자 하는 끝없는 노력의 과정"이라고 말했다.

소통이란 인간 행동의 일종이 아니라 인간의 삶 자체일지도 모른다. 정치, 경제, 사회는 물론 모든 예술행위도 결국은 소통의 몸짓이다. 《길 위의 미술관》을 쓴 제미란 작가는 한때 별명이 '인어공주'였다. 언제나 소통을 갈망했지만 이성적인 말을 할 줄 몰랐기 때문이라고 한다. 그는 고등학생 때 생텍쥐페리(Antoine de Saint-Exupéry, 1900~1944)의 《야간비행》을 읽으며 밤하늘에서 본 지상의 촘촘한 불빛에 매혹됐는데, 그 불빛들은 어린 그에게 인간 소통의 네트워크였다. 80년대 암울한 현실, 봉제공장 시다로 들어간 그는 지쳐서 멍하니 벽에 기대고 있는 여성노동자의 모습에서 자기 자신을 보았다. 그 노동자와 자기를 연결해주는 소통의 매체는 미술임을 깨달은 그는 주저 없이 불문학에서 미술의 세계로 발길을 옮겼다.

《길 위의 미술관》은 소통의 기록이다. 제미란 작가에게 남성 미술가들은 소통하기 어려운 상대였을까? 13명의 작가들 모두 여성이다. 책을 펴면 제일 먼저 레오노라 캐링턴(Leonora Carrington, 1917~2011)에게 눈길이 간다. 마술사의 응접실 같은 곳에 하이에나가 있는 그림이 매혹적이다. 초현실주의 작가들은 캐링턴을 '뮤즈'로 예찬했지만 캐링턴은 이를 거부했다. '뮤즈'는 대상화되고 타자화된 여성일 뿐이었고, 그것은 소통이 아니었다. 막스 에른스트(Max Ernst, 1891~1976)의 연인으로 소모된 그는 결국 홀로 선다. "나는 오래된 영혼입니다. 누구의 뮤즈가 될 시간이 없어요."

이 책은 여성주의의 테두리에 머물지 않는다. 브라질 출신의 작가

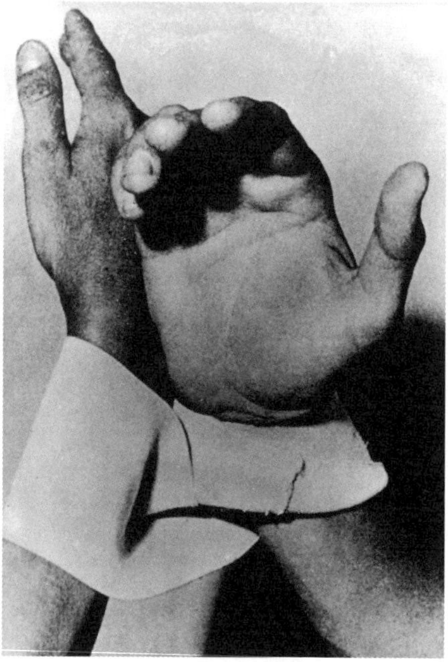

■ 리지아 클라크는 '뫼비우스의 띠'를 통해 사람과 사람을 이어주는 치유의 영매였다. 퍼포먼스에 참여하는 사람들은 '뫼비우스의 띠'를 매개로 상대의 손을 느끼며 소통한다.

리지아 클라크(Lygia Clark, 1920~1988)는 '뫼비우스의 띠'를 통해 사람과 사람을 이어주는 치유의 영매였다. 여기서 중요한 감각은 촉각이다. 퍼포먼스에 참여하는 사람들은 '뫼비우스의 띠'를 매개로 상대의 손을 느끼며 소통한다. 리지아 클라크는 뫼비우스의 띠로 두 남녀의 손을 묶고, 그 손을 함께 움직여 서로의 신체를 천천히 그리고 부드럽게 만지도록 한다. 만지는 자와 만져지는 자 사이에 일종의 '흘러들어감'이 생성되고, 만지는 행위는 너와 내가 만나는 제의가 된다는 것이다. 이렇게 공감각적인 '인터랙티브 예술'은 결국 정신분석적인 치유의 과정으로 연결된다고 한다.

리지아 클라크와의 만남은 제미란 작가에게 계시와 같았다. 요즘 '뫼비우스의 띠'를 소통의 매개로 다양한 치유 예술을 시도하고 있는 그는 최근 강연에서 "예술을 위해 나를 바칠 생각이 없다"며, "반대로 예술이 나를 위해 복무하도록 하겠다"고 힘주어 말했다. "너의 지복을 추구하라!(Follow your bliss!)" 비교신화학자 조지프 캠벨(Joseph Campbell, 1904~1987)의 이 말이 그의 모토라고 한다. 나의 예술, 나의 소통, 나의 지복(bliss)…….

1. 요즘 스마트폰은 소모품인 것 같다. 1년이 멀다 하고 새 제품이 나오는데, 번번이 날개 돋친 듯 팔린다. 인간 행동에 변화를 강요하는 신기술은 엄격한 규제를 받아야 마땅하지만, 스마트폰 신제품 개발에 대한 규제는 전혀 없다. 돈 되는 일에 대한 규제는 '암덩이'고, 돈 되는 일을 방해하는 규제는 단두대로 보내야 한다는 세상이다. 정부 주도로 민관이 참여하는 '규제 개혁 기요틴 회의'를 열었다니, 규제 강화를 주장하면 기요틴(단두대)에서 목이 잘릴까 두렵다. 스마트폰은 소통을 촉진하는 기계가 분명하지만, 스마트폰 때문에 불통이 만연하게 된 측면도 있다. 버스나 지하철에 혼자 앉아 열심히 게임을 하고, 네 사람이 앉은 대화 자리에서 두 사람이 스마트폰을 들여다보는 풍경은 이제 일상이 됐다.

5장

인간다움의 길

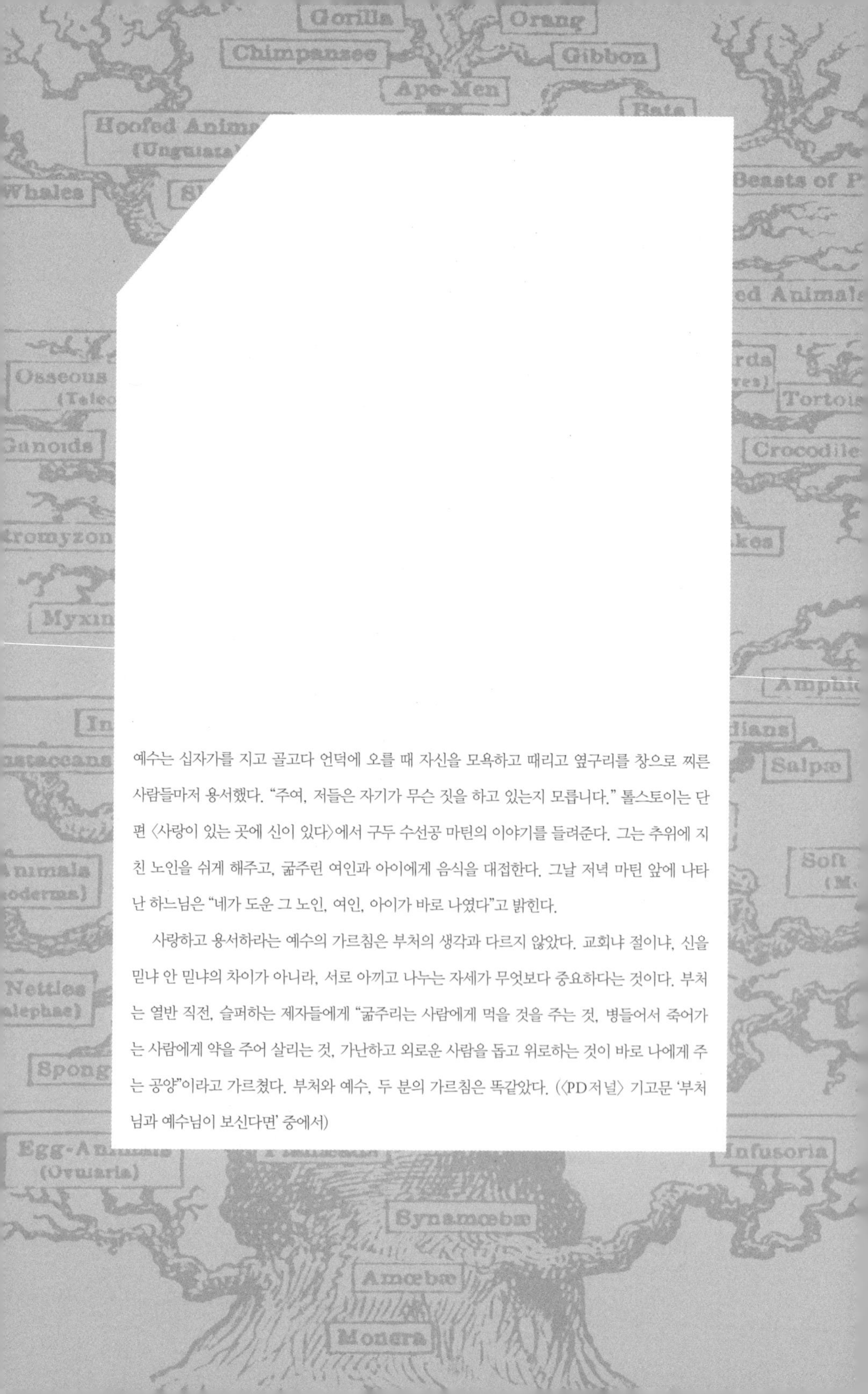

예수는 십자가를 지고 골고다 언덕에 오를 때 자신을 모욕하고 때리고 옆구리를 창으로 찌른 사람들마저 용서했다. "주여, 저들은 자기가 무슨 짓을 하고 있는지 모릅니다." 톨스토이는 단편 〈사랑이 있는 곳에 신이 있다〉에서 구두 수선공 마틴의 이야기를 들려준다. 그는 추위에 지친 노인을 쉬게 해주고, 굶주린 여인과 아이에게 음식을 대접한다. 그날 저녁 마틴 앞에 나타난 하느님은 "네가 도운 그 노인, 여인, 아이가 바로 나였다"고 밝힌다.

사랑하고 용서하라는 예수의 가르침은 부처의 생각과 다르지 않았다. 교회냐 절이냐, 신을 믿냐 안 믿냐의 차이가 아니라, 서로 아끼고 나누는 자세가 무엇보다 중요하다는 것이다. 부처는 열반 직전, 슬퍼하는 제자들에게 "굶주리는 사람에게 먹을 것을 주는 것, 병들어서 죽어가는 사람에게 약을 주어 살리는 것, 가난하고 외로운 사람을 돕고 위로하는 것이 바로 나에게 주는 공양"이라고 가르쳤다. 부처와 예수, 두 분의 가르침은 똑같았다. (〈PD저널〉 기고문 '부처님과 예수님이 보신다면' 중에서)

에피쿠로스의 와인 두 잔

우리는 모두 '나나교' 신자

모든 생명체의 제1원리는 '계속 살고자 하는 것'이다. 벌레든 개와 고양이든 사람이든 죽음의 위협을 느끼면 예외 없이 필사적으로 도망칠 것이다. 에피쿠로스(Epicouros, 기원전 341~270)는 "다른 사람의 공격으로부터 자신의 안전을 지키는 게 자연의 선(善)"[1]이라고 했다.(중요한 가르침, 6)

삶을 지속하기 위한 필수조건은 먹고 배설하는 것이다. 먹지 않으면 살 수 없듯, 배설하지 않으면 살 수 없다. 문화활동을 포함한 인간의 모든 행동은 먹고 배설하는 행위 위에서 펼쳐진다. 잠도 필수지만, 때 되면 저절로 잠들게 되어 있으니 먹고 배설하는 것처럼 따로 검토할 필요가 없다. 에피쿠로스는 말했다. "우리의 몸을 배고픔, 목마름, 추위로부터 구해달라고 외친다. 이런 것들로부터 자유로울 수 있다면 그 행복은 제우스와 견줄 만할 것이다."(바티칸 소장 문헌, 33)

섹스는 종(種)의 번식을 위해 필수지만, 개체에게는 선택과목일 뿐이다. 섹스 안 한다고 그 개체가 죽지는 않는다. 인간의 문화활동은 섹스를 추구하거나 성욕을 승화시키는 과정에서 이뤄지곤 한다. 에피쿠로스에 따르면 성욕은 해소해야 할 고통의 일종이지만, 이를 해소한 뒤 남는 건 아무것도 없다. "섹스는 인간에게 이득을 준 적이 없다. 이것 때문에 피해를 입지 않았다면, 그 사람은 운이 좋은 셈이다."(향연, 8)

인간은 삶과 죽음의 의미에 대해 사색하며, 이 점에서 다른 모든 동물과 구분된다고 한다. 개와 고양이 등 다른 동물들이 자기 삶과 죽음의 의미를 성찰했다는 증거를 아직 발견한 적이 없다. 그에 반해 인간은 언어를 발명했고, 경험을 축적하고 교류하여 과학을 탄생시켰으며, 마침내 우주의 기원을 알아내기 시작했다. 인간이 다른 어떤 동물보다 뛰어난 지적 성취를 이뤘다는 건 분명하다. 인간이 자신의 죽음을 성찰하고 삶의 의미를 추구할 수 있는 것은 다른 동물들에 비해 지성이 뛰어나다는 증거일 것이다.

그러나 지성이 뛰어나다는 바로 그 이유 때문에 인간은 역설적 상황으로 몰렸다. 인간은 죽음에 대한 공포를 극복하고 영생을 꿈꾸기 위해 신을 만들었는데, 결국 신의 권위에 짓눌려서 실제 삶을 초라하게 만들고 있는 게 아닐까? 다른 동물들은 우매하기 때문에 자기 삶의 의미를 성찰하지 않지만, 마찬가지로 죽음에 대한 불필요한 공포에 시달리지도 않는다. 죽음에 대한 공포 때문에 삶이 불행해진다면 이 점에서 인간은 우매한 동물들만 못한 셈이 된다.

에피쿠로스는 "죽음은 우리와 관계가 없다"고 말했다. 내가 볼 때, 에피쿠로스의 다음 두 문장을 체득하면 삶과 죽음에 대한 인간의 번민은 모두 해소된다. "내가 살아있는 한 죽음은 없다. 죽음이 오면 나는 존재하지 않는다."

"내가 살아있는 한 죽음은 없다"라는 첫 문장은 기쁨과 생명력으로 가득한 삶의 긍정이다. 나의 삶에는 죽음의 흔적도, 그림자도 없다. 평화로운 마음과 충만한 감각으로 오늘을 살면 된다. 아직 오지 않은 일을 두려워하거나 이미 가진 것을 잃어버릴까 전전긍긍할 필요는 없다. 바로 지금 충만한 삶을 감사히 누리면 될 뿐, 과거를 한탄하거나 미래를 염려할 필요도 없다.

"죽음이 오면 나는 존재하지 않는다." 죽는 순간 나의 모든 감각과 욕구는 없어지며, 고통과 쾌락도 사라진다. 에피쿠로스의 말대로 쾌락이 유일한 선이고 고통이 유일한 악이라면, 죽은 뒤엔 선과 악의 분별도 없어진다.[2] 살아있는 동안 우리는 모두 '나나교' 신자다. 개체의 경계 안에 갇혀있는 '나'는 감각과 욕구에서 벗어날 길이 없으며, 이타적 행동도 결국 '나'의 즐거움으로 귀결된다. 그러나 죽음과 함께 '나'는 없어진다. 선불교에서 얘기하는 '나 없다'는 말은 사실은 죽은 뒤에 내가 없다는 뜻이다. 억겁의 시간에서 내가 존재하는 시간은 찰나일 뿐이니 '나 없다'는 선불교의 가르침이 틀렸다고 할 수 없다. 나의

■ 살아있는 동안 인간은 모두 '나나교' 신자다. 개체의 경계 안에 갇혀있는 '나'는 감각과 욕구에서 벗어날 길이 없으며, 이타적 행동도 결국 '나'의 즐거움으로 귀결된다. 에피쿠로스에 따르면 '영혼불멸'은 환상에 불과하다.

시신은 이미 내가 아니고, 따지고 보면 '나'의 시신도 아니다. '나'라는 존재가 없기 때문이다. 죽음의 순간 '나'의 경계는 허물어지고, 흙으로 돌아가서 미생물의 먹이가 될 것이다. 만물은 죽어서 섞이며, 거기에서 새로운 개체가 태어날 것이다.

'영혼불멸'이라는 환상

영원히 살 것 같은 내가 흔적도 없이 사라진다는 걸 사람들은 믿기 어려워한다. 그래서 고안해낸 게 '영혼불멸'인데, 에피쿠로스에 따르면 이건 환상에 불과하다. 모든 존재는 궁극적으로 쪼갤 수 없는 원자로 이뤄져 있다. 죽음이 와서 개체의 경계가 허물어지면 원자와 원자는 모두 해체되고, 이때 영혼도 소멸한다. 원자들이 새로운 방식으로 다시 결합하여 새로운 개체가 태어날 때 새로운 영혼도 함께 생겨나는 것이다.

'영혼불멸'은 윤회설이나 환생설로 연결되는데, 이는 끝없는 공포의 원인이 되어 사람을 괴롭힌다는 게 에피쿠로스의 생각이다. '영혼불멸'은 인간의 고통을 영속화시키며, 이 고통에서 해방될 수 있다는 희망을 좌절시킨다. '전생의 업보 때문에 이 고생을 한다'든지, '지금 덕을 쌓으면 내세에 더 좋은 곳에 간다'는 생각은 지금 이곳에서의 삶을 초라하게 만들 뿐이다. 죽음에 대한 공포는 종교와 연결된다. 어떤 종교든 '죽은 자는 불행하다'는 견해를 유포해왔고, 사람들은 '죽음이 두려워서' 각자 자기 문화권의 종교를 찾는다. 삶이 비참할수록 종교는 번창하고, 종교가 번창할수록 삶은 비참해지는 경향이 있다. 에피쿠로스는 불멸에 대한 욕망을 없애는 게 유한한 삶을 즐기는 비결이라고 생각했다.

에피쿠로스는 신(神)이란 존재는 사람에게 겁을 주어 지금의 삶을 위축시킬 뿐이라고 보았다. 자연 그대로의 삶에 초자연적인 누군가 개입할 수 있다는 생각 자체가 공포의 원천이다. 플라톤은 소크라테스의 입을 빌어 "영혼은 불멸하며"(파에돈)[3], "신은 선하고 전능하다"(국가)고 주장했다. 반면, 에피쿠로스는 "신은 선하고 전능하다"고 말하면 모순에 빠진다고 보았다. 이른바 '에피쿠로스의 패러독스'다.

"(신은) 악을 막을 의지는 있지만, 능력이 없는가? 그렇다면 그는 전능하지 않은 것이다. 악을 막을 능력은 있지만, 의지가 없는가? 그렇다면 그는 악한 것이다. 악을 막을 능력도 있고 의지도 있는가? 그렇다면 이 세상의 악은 도대체 어디에서 오는 걸까? 악을 막을 능력도, 의지도 없는가? 그렇다면 왜 그를 신이라 불러야 하는가."

에피쿠로스는 신이 있냐 없냐를 굳이 따지지도 않았고, 굳이 '신이 없다'고 주장하지도 않았다. "신은 인간의 일에 관심도 없고 개입하지도 않는다"고 말했을 뿐이다. 신이 있다면 그는 영원히 침묵하는 존재일 뿐이다. "다른 이가 믿는 신을 거부하는 사람이 아니라, 대중들의 희망사항을 신에게 귀속시키는 사람이 불경스럽다."(메노이케우스에게 보낸 편지) 어떤 신이 존재하는지 알 수 없지만, 그들이 우리에게 상이나 벌을 주는 건 아니다. 신에 대한 공포와 죽음에 대한 걱정에서 벗어나는 게 행복의 첫걸음이다.

우주는 광활하고 영원하며, 모든 세상사(世上事)는 텅 빈 공간에서 움직이는 원자들의 상호작용으로 일어난다. 지혜롭고 명예롭고 정의롭게 살지 않으면 유쾌하게 사는 게 불가능하다. 반대로, 유쾌하게 살지 않으면 지혜롭고 명예롭고 정의롭게 사는 게 불가능하다. 그에 따르면 철학의 목적은 공포에서 벗어나 자족할 수 있는 '아타락시아(Ataraxia)', 즉 평온한 마음의 상태로 사람들을 이끄는 것이었다. 철학이 줄 수 있는 네 가지 치유법은 매우 간단하다.

"신들을 두려워 말고, 죽음을 걱정하지 말라. 좋은 것을 얻기는 쉬우며, 끔찍한 일은 곧 지나갈 것이다."

와인 두 잔의 호사

인간은 지구 위에 단 몇 십 년을 살다갈 뿐이다. 에피쿠로스는 인간이 살아가는 동안 반드시 해야 할 일 같은 건 없다고 생각했다. 쾌락은 축복받은 삶의 시작이자 끝이었다. "미각의 즐거움, 사랑의 쾌락, 음악의 아름다움, (예술)형식이 주는 즐거움을 빼고 어떻게 '선'을 말할 수 있을까?"(인생의 목적에 관하여, 10) 쾌락에 대한 그의 생각은 늘 오해되어왔다. 사람들은 뭐든지 자기 식으로 해석하고 받아들이기 때문이다. 그가 말하는 쾌락은 방탕한 쾌락도 아니고 관능적 쾌락도 아니다. 술이든 음식이든 먹고 마실 때는 즐겁지만, 지나치면 다음 날 두고두고 괴롭다. 그는 "지나친 쾌락에 탐닉하면 오히려 고통이 올 뿐"이라고 했다.

"우리가 말하는 쾌락이란 신체에 고통이 없고 영혼에 문제가 없는 상태다. 즐거운 삶이란 끝없이 술 마시고 떠들며 노는 것도 아니고, 섹스에 탐닉하는 것도 아니고, 화려한 식탁에 산해진미를 차려놓고 먹는 것도 아니다. 즐거운 삶이란 냉철하게 이성적으로 생각하고, 무엇을 선택하든 회피하든 그 근거를 찾고, 영혼을 잠식하는 잘못된 믿음을 없애는 데서 얻을 수 있다."(메노이케우스에게 보낸 편지)

재산이 많을수록 신경 쓸 게 많고 번뇌도 증가한다. "자연의 목적에 따라 판단한다면, 가난은 큰 부(富)고, 제한 없는 부는 큰 가난이다."(바티칸 소장 문헌, 25) 물은 우주에서 제일 값진 귀중품인데, 이러한 물이 거저 주어진다면 얼마나 큰 축복일까. 그는 굳이 무소유를 얘기하진 않았지만 지극히 검소하게 살았고, 빵과 물로 끼니를 해결했다. "조금 가지고 만족하지 못하는 사람은 뭘 가져도 만족하지 않을 것이다."

그는 가끔 와인을 마시는 호사를 누렸지만 하루에 두 잔을 넘기지 않았다. "막걸리 두 잔으로 만족하지 못하는 사람은 두 병으로도 만족하지 않을 것이다." 에피쿠로스가 내게 이렇게 말하는 것 같아서 뜨끔하다.

그는 30대 중반에 접어든 기원전 306년, 플라톤의 아카데미아 가까운 곳에 '정원'이라는 아담한 공동체를 열었다. 여기엔 철학을 배우려는 제자들뿐 아니라 여자들과 노예들도 자유롭게 출입했다. 에피쿠로스가 얼마나 열린 자세를 갖고 있었는지 짐작케 한다. '헤타이라'로 불린, 지식과 기예와 미모를 겸비한 아테네의 사교계 여성들이 '정원'에 드나들자 구설수에 오르기도 했다. "에피쿠로스는 창녀인 레온티온과 사귀었다", "에피쿠로스는 많은 창녀들에게 편지를 썼고 특히 테미스타에게 보낸 편지에서는 그녀에게 아첨했다", "맘마리온, 헤데이아, 에로티온, 니키디온 등 여러 창녀들이 에피쿠로스와 함께 살았다"는 기록이 있다.(디오게네스 라에르티오스, 《철학자들의 생애와 사상(De clarorum philosophorum vitis)》) 그러나 자신의 철학과 생활 태도를 못마땅하게 여긴 사람들의 비방에 에피쿠로스는 전혀 개의치 않았다고 한다.

■ 페르시아의 다리우스 3세와 전쟁 중인 알렉산드로스 대왕. 에피쿠로스가 여덟 살 때 시작된 알렉산드로스의 정복 전쟁은 30년 넘게 계속되었다. 그러나 에피쿠로스는 정치에 큰 관심을 두지 않았다.

에피쿠로스가 죽은 뒤 이 '정원'을 방문한 키케로(Marcus Tullius Cicero, 기원전 106~43)가 짧은 기록을 남겼다. 정문에는 이렇게 새겨져 있었다. "귀한 손님이여, 이곳에 편안히 머물다 가십시오. 여기서 최상의 선은 쾌락입니다." 친절한 안내인이 손님을 맞아 주고, 보리죽과 물을 갖다 주었다. 잠시 앉았다가 떠나려 하자 안내인이 물었다. "즐거우셨습니까? 이 정원은 그대의 식욕을 자극하는 대신, 식욕을 진정시키지요. 물을 드림으로써 더 목마르게 하지 않고, 자연 음료로 갈증을 치유하지요. 비용은 전혀 받지 않습니다. 저는 이런 쾌락을 누리며 지금껏 늙어왔답니다."

에피쿠로스는 우정이 중요하다고 수없이 강조했다. "친구 없이 혼자 먹고 마시는 것은 사자나 늑대처럼 배를 채우는 것밖에 안 된다"고 말했다. 그의 '정원' 또한 친구들과 함께하는 생활공동체를 닮았을 것으로 짐작된다. 현대 진화생물학에 따르면 인간은 약 100명 안팎, 최대 150명의 친구나 지인과 교류하며 살아가며, 이 사실은 구석기 시대나 요즘이나 별 차이가 없다고 한다. 극단적인 고독보다 친구와 어울려 사는 게 인간 본성에 맞는다는 점을 에피쿠로스는 간과하지 않았다.

에피쿠로스는 정치에는 큰 관심을 두지 않았다. 정치는 의미 없는 걱정과 불안감의 원천일 뿐이었다. 세상일에 너무 깊이 관여하면 자꾸 갈등에 휘말리게 되니 조용히 떨어져서 사는 게 나았다. 에피쿠로스의 젊은 시절은 전쟁이 끊이지 않았다. 그의 나이 여덟 살 때 시작된 알렉산드로스의 정복 전쟁은 30년 넘게 계속됐다. 기원전 323년 알렉산드로스가 바빌로니아에서 사망한 뒤 6명의 디아도코이(후계자)들이 파괴적인 전쟁을 이어갔다. 기원전 300년 무렵 지중해 연안을 프톨레마이오스(Ptolemaios, 기원전 367?~283?)가, 페르시아 일대를 셀레우코스(Seleucos, 기원전 358?~280)가 분할 지배하면서 전쟁은 일단락됐지만, 에피쿠로스에게 정치란 잔인하고 탐욕스러운 전쟁과 동의어였다. 권력자들의 야심 때문에 무고한 젊은이들이 죽어가야 하는 전쟁은 악(惡) 자체였다. 그가 정치를 멀리한 것은 그 시대 상황을 고려하면 충분히 납득할 만하다.

근대 개인주의의 뿌리

알렉산드로스의 정복 전쟁은 코즈모폴리스, 즉 '세계 도시'의 건설로 이어졌고 자연스레 코즈모폴리턴, 즉 '세계 시민' 의식을 낳았다. 그의 군대가 진출한 인도는 당시 유럽인들에게는 세계의 끝이나 다름없었다. 그리스인들은 더 이상 작은 폴리스의 시민이 아니라, 다양한 문화가 서로 섞이며 공존하는 드넓은 세계의 시민으로 자신을 인식하게 됐다. 국가 공동체보다 개인의 행복을 중심에 놓은 에피쿠로스의 사상은 근대 개인주의 사상의 원류가 됐다. 알렉산드리아의 도서관을 중심으로 수학, 물리학, 천문학, 공학 등 자연과학이 꽃피었는데, 에피쿠로스의 사상은 이러한 새로운 과학적 조류와도 잘 어울렸다.

코즈모폴리턴의 지혜를 실천한 에피쿠로스는 로마 시대에 널리 알려졌지만, 기독교가 로마의 국교가 된 4세기 이후 유럽에서 자취를 감추었다. 그의 사상은 기독교와는 쉽게 섞이기 어려웠다. 신약성서의 《사도행전》에서 바울은 아테네에서 에피쿠로스 추종자를 만나 대화를 나누는데, 그리스말로 얘기해도 소통이 어려웠나보다. 《사도행전》의 관련 대목, 바울의 거룩한 아우라를 제거하고 읽어보면 이렇다.

"바울은 아테네가 온통 우상으로 가득 차 있는 걸 보고 격분했다. 그는 광장에 모인 사람들에게 예수의 사망과 부활의 교리를 설명했는데, 에피쿠로스학파와 스토아학파 사람들은 그의 말이 사리에 맞지 않는다고 여겼다. '이 떠버리가 도대체 무슨 소리를 하는 거야?' '다른 나라의 신들을 선전하는 모양이군.' 아테네 사람들은 새로운 사상이라면 무엇이든 들어보고 토론하기를 즐기는 사람들이었다. 그들은 바울의 말을 좀 더 자세히 들어보자며 아레오파고 법정으로 데리고 갔다. 여기서 바울은 '아테네 사람들이 미처 알지 못한 채 예배해온 그분'의 복음을 설파한다. 죽은 자가 다시 살아난다는 말을 듣고 바울을 비웃는 사람도 있었지만, 훗날 다시 그 얘기를 들으러 오겠다는 사람도 있었다. 몇몇 사람이 바울의 편이 되어 예수를 믿게 됐다."(17장 16절~34절)

로마시대에 스토아학파는 주로 귀족층에서, 에피쿠로스학파는 평민층에서, 기독교는 변방의 식민지 민중 사이에서 지지를 받으며 300년가량 공존했다. 에피쿠로스는 300권이 넘는 책을 썼다고 하는데, 기독교가 로마의 국교가 된 뒤 거의 다 사라져서 짧은 단편과 네 통의 편지가 전해질 뿐이다. 기원전 1세기경 루크레티우스(Titus Lucretius Carus, 기원전 99~55)의 《사물의 본성에 대하여(De Rerum Natura)》는 에피쿠로스의 사상을 시로 풀어 쓴 거라고 한다.

에피쿠로스의 사상은 1,000년 넘도록 잠자다가 근대 이후 다시 발견되어 죽음과 고통에 대한 쇼펜하우어(Arthur Schopenhauer, 1788~1860)의 견해에 큰 영향을 미쳤고, 젊은 마르크스의 유물론적 세계관을 형성하는 토대가 됐다. 에피쿠로스의 가르침은 '최대 다수의 최대 행복'을 추구한 제러미 벤담(Bentham, Jeremy, 1748~1832)의 공리주의로 변신하기도 했다. 니체 또한 《즐거운 학문(Die fröhliche Wissenschaft)》과 《선악을 넘어서

(Jenseits von Gut und Böse)》에서 에피쿠로스에게 공감을 표시했다. 그의 '바티칸 소장 문헌' 첫 문장은 니체를 연상시킨다.

"축복받은 존재는 스스로 어떤 고통도 모르며, 다른 존재에게 고통을 주지도 않는다. 이러한 본성에 분노와 호의는 포함되지 않는다. 분노나 호의는 단지 약한 것들에게만 존재하기 때문이다."

에피쿠로스의 사상은 근대 개인주의의 철학적 뿌리가 됐다. 그는 모든 존재를 원자들의 상호작용으로 설명했고, 감각의 소멸이 곧 죽음이라고 말했다. 감각을 통해 검증된 것만 진리로 인정한 그의 태도는 자연과학의 눈부신 성과가 축적된 21세기에도 여전히 유효하다. 인기 작가 알랭 드 보통(Alain de Botton)은 2008년 영국 남동부 블룸스버리에 '인생학교'를 세워서 사람들의 문화적, 철학적 삶을 풍요롭게 해주고 있다. 에피쿠로스의 '정원'을 본떠서 만든 이 학교의 구내 서점에는 에피쿠로스를 기념하는 나무 둥치들이 있고, 에피쿠로스 흉상이 사람들을 내려다보고 있다. 에피쿠로스는 동상을 세우고자 하는 욕구가 쓸모없는 거라고 썼지만, 그가 '인생학교'에 있는 자기 흉상을 보았다면 이렇게 말했을 것이다. "그 흉상이 있어서 너희들이 즐거우면 그렇게 하려무나."

공자(孔子, 기원전 551~479)의 말씀을 기록한 《논어(論語)》 첫 문장은 이렇다. "배우고 때로 이를 체득하면 즐겁지 아니한가?[學而時習之不亦悅乎]" 에피쿠로스도 '메노이케우스에게 보낸 편지'에서 공부하는 즐거움을 강조했다. "젊은 사람이 철학하기를 주저해서는 안 되듯, 늙었다고 철학에 싫증을 내서는 안 된다. 어느 누구도 마음의 건강을 얻기에 너무 이르거나 너무 늦은 법은 없기 때문이다. 이는, 행복을 위한 나이에 제한이 없는 것과 다름없다. 젊은이건 늙은이건 철학을 탐구해야 한다."

1. 에피쿠로스의 글은 《쾌락》(오유석 옮김, 문학과지성사, 1998)을 참고했다. 인용할 때 읽기 쉽도록 글을 다듬었다.

2. 플라톤은 "선과 쾌락은 동일하지 않으며, 또한 악과 고통은 같지 않다"고 말했다.(《고르기아스 소피스트 서간집》, 최민홍 옮김) 그렇다면 에피쿠로스와 플라톤은 정반대의 주장을 펼친 셈이다.

3. 《파에돈》에서 플라톤은 소크라테스의 입을 빌어 영혼불멸을 설파하고, 인간이 뭔가 배운다는 것은 영혼이 이미 알고 있는 것을 상기하는 것(aletheia)에 불과하다고 추론했다. 그러나 소크라테스가 영혼불멸을 실제로 믿었는지, 아니면 자기의 죽음을 앞두고 상심해 있는 친구들을 위로하려고 아이러니(Irony)로 이 얘기를 했는지는 확실치 않다. 플라톤은 영혼불멸에 대한 논증을 상세히 적었지만, 소크라테스가 애매한 태도를 보이는 대목은 아주 짧게 묘사했다. 심미아스와 케베스가 "영혼은 육체의 일부분이며, 죽음과 함께 사라져 버린다"는 주장에 대한 견해를 묻자, 소크라테스는 즉답을 피한 채 넌지시 말한다. "설령 인간의 죽음 후에 남는 게 아무것도 없다고 하더라도, 죽기 직전의 짧은 시간 동안 비탄에 빠져 곁에 있는 사람들을 슬프게 만들고 싶지 않네."

—

전국시대의 반전사상, 양주(楊朱)

맹자가 비난한 '듣보잡' 양주

최근 김시천 교수의 《이기주의를 위한 변명》을 읽었다. 도발적인 제목이 눈에 쏙 들어왔다. 저자는 자기 머리로 생각하는 독립적인 정신의 소유자가 분명했다. 게다가 춘추전국시대의 사상을 통해 이기주의를 옹호한다는 기상천외한 발상이 신선했다. 책을 여는 순간 이름도 낯선 양주(楊朱, 기원전 440?~360?)란 분이 불쑥 등장했는데, 우리에게 친숙한 맹자(孟子, 기원전 372?~289?)가 '듣보잡' 양주를 아주 호되게 비난하고 있다!

"양주가 '나를 위해 산다'는 학설[爲我說]을 주장하는데, 이에 따르면 터럭 하나를 뽑아 온 천하를 이롭게 할 수 있다 해도 그렇게 하지 않겠

■ 공자가 죽고 나서 100여 년 후 나타난 맹자. 전국시대 각국의 군주들에게 '너그러움의 정치'를 역설한 그의 눈에 온 천하를 이롭게 하기보다 몸의 터럭 하나를 소중히 여긴 양주는 "짐승 같은 놈"이었다.

다는 것이다."

세상을 근심하고 정의를 세우려고 한 맹자의 눈에 이런 이기주의자가 곱게 보일 리 없었다. 게다가 양주의 사상은 젊은 세대에게 막대한 영향력을 미치고 있었다. 맹자가 "온 천하에 양주와 묵적(墨翟)의 이론이 가득 차 있다"고 개탄한 것을 보면, 양주는 가볍게 여길 사람이 결코 아니었다. 맹자는 분이 풀리지 않는다는 듯 양주를 가리켜 "짐승 같은 놈"이라고 욕설을 퍼부었다. 2,500년 동양사상사에서 양주는 극단적인 이기주의의 대명사로 전해졌다. 자기 이익밖에 모르는 사람은 "너 그러다 양주 되겠다" "얼씨구 이놈 이거 봐라, 말하는 게 양주 같네" 등 곱지 않은 소리를 들어야 했다.

노발대발하는 맹자보다, 이토록 맹자를 화나게 한 양주란 사람이 어떤 분일까 호기심을 억누를 수 없었다. 양주는 묵자(墨子, 기원전 480?~390?)와 함께 전국시대의 사상계를 주도한, 매우 영향력 있는 사상가였다. 게다가 맹자의 고발대로 양주가 "국가와 사회질서의 상징인 군주의 존재를 부인"했다면, 양주는 개인의 자유를 위해 국가권력에 맞선 일종의 아나키스트였다는 뜻 아닌가? 전쟁과 환란이 끊이지 않던 전국시대(戰國時代)에 반전사상가가 한 명쯤 있지 않았을까 궁금했는데, 양주가 바로 그 사람이란 말일까? 내 몸의 터럭 하나를 천하의 이익보다 소중히 여겼다니, 거참, 래디컬한 이기주의자로군!

맹자의 감정 섞인 비난을 액면 그대로 믿을 수는 없다. 《열자(列子)》의 한 대목에 '터럭' 논란이 좀 더 자세히 기록돼 있다. 문제의 '터럭' 발언은 양주가 직접 한 게 아니라, 백성자고(伯成子高)라는 옛사람의 말을 인용한 것이었다. 이 책을 옮긴 김학주 교수는 이렇게 옮긴다. "백성자고는 자기 몸의 터럭 하나를 뽑아 남을 이롭게 할 수 있더라도 하지 않고, 나라를 버리고 숨어 살면서 밭을 갈았다. (중략) 옛날 사람들은 자기를 희생해서 남을 구한다는 생각을 거부하고, 천하를 다 들어 자기 한 사람에게 바친다 하더라도 받지 않았다. 사람마다 자기 몸에서 터럭을 하나도 뽑지 않고, 사람마다 천하를 이롭게 하는 일을 그만둔다면 천하가 잘 다스려질 것이다."

천하를 평정하려는 전쟁을 중단하고, 전쟁에 동원되는 것을 민중이 다함께 거부하면 세상에 평화가 올 거라는 뜻이었을까? 묵자의 제자 금자(禽子)가 양주를 찾아와서 물었다. "선생님 몸에서 한 개의 터럭을 뽑음으로써 온 세상을 도울 수 있다면 선생님은 그렇게 하시겠습니까?" 양주가 대답했다. "세상은 원래 한 개의 터럭으로 구할 수 있는 게 아니지요." 금자가 다시 물었다. "가령, 그렇게 해서 도움이 된다면 하시겠습니까?" 이 물음에 양주는 대답하지 않았다.

《열자》가 전하는 이 대화가 사실이라면 양주는 사리에 맞도록 간결하게 대답하고 '자기를 시험에 들게 하는' 억지스런 질문에는 대답하지 않은, 합리적이고 온유한 품성의 사람이었으리라 짐작된다. 금자가 밖으로 나오자 양주의 제자 맹손양(孟孫陽)이 대신 설명한다. "세상을 이롭게 하기 위해 터럭 하나를 뽑는 데 동의한다면 그다음엔 살갗을 바쳐야 하며, 그다음엔 한술 더 떠 몸 한 마디를 끊어서 바쳐야 할 것입니다. 터럭은 살갗보다 작고, 살갗은 몸 한 마디보다 작지만, 한 개의 터럭이 쌓여서 살갗을 이루고 살갗이 쌓여서 몸의 한 마디를 이룹니다. 한 개의 터럭은 몸 전체의 만 분의 일이 안 되겠지만, 결코 가볍게 여길 수 없습니다."

자취를 감춘 양주의 사상

양주는 기원전 440~360년에 살았던 인물로 추정된다. 전국칠웅(戰國七雄)이 할거한 기원전 403년부터 진(秦)이 천하를 통일한 기원전 221년까지를 전국시대(戰國時代)라 한다면, 양주는 전국시대 초기에 활동한 사상가로 볼 수 있다. 부국강병(富國强兵)의 대의를 내세우며 개인에게 국가를 위해 희생하라고 강요하던 시대였다. 양주는 노골적으로 전쟁 반대를 말한 적은 없지만, 천하보다 자기 몸을 소중히 여기는 그의 위아(爲我)사상 자체가 필연적으로 전쟁 반대의 사상적 바탕이 되지 않았을까? 양주는 인간이 남을 위해 무조건 희생하거나 남에게 희생을 강요하는 것은 비인간적이며, 인간이 스스로를 위하는 것은 궁극적으로 자신뿐만 아니라 공동체를 위하는 일이라고 본 게 아닐까?

김시천 교수에 따르면 양주는 노자(老子), 장자(莊子, 기원전 369~289)와 비슷한 도가(道家) 계열의 사상가로 여겨지지만 한 개인이 아니라, 위아(爲我)사상을 지지하는 많은 사람들이 대표로 내세운 상징적 인물이었을 가능성이 크다. 그의 사상과 행적은 《열자》《장자》《여씨춘추(呂氏春秋)》《한비자(韓非子)》《회남자(淮南子)》 등 여러 문헌에 산발적으로 나타난다. 기록한 사람에 따라 다양한 편차를 보이기 때문에 진정한 양주의 모습을 가려내는 일은 전문가들에게도 무척 어려운 일인 모양이다. 양주의 사상은 진시황(始皇帝, 기원전 259~210)의 분서갱유(焚書坑儒) 때 된서리를 맞았고, 한(漢)나라가 공자를 국가 이념으로 채택하면서 중국사상사에서 거의 자취를 감췄다.

김학주 교수의 《열자》 〈양주 편〉에는 삶 자체보다 명예에 집착하는 게 얼마나 어리석은 일인지 강조하는 내용이 되풀이 나온다. 죽은 뒤의 명예를 추구하다가 삶의 소박한 기쁨을 놓치는 사람이 너무나 많은 시대였다. "옛 사람들은 죽은 뒤의 명예를 추구하지 않았다. 마음에 따라 움직이면서 자연을 어기지 않았고, 그가 좋아하는 것이 몸의 즐거움에 합당한 것이면 피하지 않았다. 실속 있는 명예는 존재하지 않는다. 명예란 것은 거짓일 뿐이다." 양주에 따르면, 왕위를 사양하다가 나라를 망치고 수양산에서 굶어죽은 백이(伯夷)와 숙제(叔齊)는 명예에 집착하다가 삶을 훼손한 어리석은 사람이었다. "백이와 숙제는 욕망이 없었던 게 아니다. 깨끗한 몸가짐을 지나치게 뽐내다가 굶어죽기에 이른 것이다."

양주의 이러한 생각은《장자》〈추수(秋水) 편〉에 나오는 거북 이야기와 서로 통한다. 초나라에 신령한 거북이 있었는데, 죽은 지 3,000년 된 이 거북을 왕께서 헝겊에 싸서 묘당에 소중히 간직했다. 하지만 그 거북은 죽어서 뼈만 남긴 채 3,000년 동안 받들어지기를 원했을까, 아니면 살아서 진흙탕에 꼬리를 끌며 다니기를 원했을까? 장자는 자기에게 벼슬을 주러 온 두 대부에게 이 이야기를 들려준 뒤 "나도 이 거북처럼 진흙 속에서 꼬리를 끌며 다니며 사는 게 좋다"며 돌아가라고 말한다. 벼슬을 하면 세상의 갈등과 다툼에 휘말려 화를 입기 쉽다는 뜻이었다. 삶 자체를 가장 중요시한 양주도 장자의 이러한 생각에 동의했을 것이다.

양주를 반전(反戰)사상가로 보는 것은 하나의 가설에 불과하다. 양주는 "죽은 뒤의 명예가 헛되다"고 강조했지만, 이를 곧 반전사상으로 단정한다면 논리의 비약일 것이다. 나라를 위해 전쟁터에 나가라는 명령을 거부하는 것은 군주의 명령을 거역하는 셈이니, 당시로서는 죽을죄에 해당했을 것이다. 따라서 아무리 반전사상을 품고 있다 하더라도 이를 노골적으로 말하기는 어려웠을 것이다. 양주는 그냥 삶이 소중하다고 역설했을 뿐인데, 이 정도 언급만으로도 전쟁터에

나가서 목숨을 버려서는 안 된다는 뜻으로 자연스레 받아들여지지 않았을까? 이 가설이 맞는지 틀린지 입증해줄 자료가 부족하지만, 충분히 개연성이 있는 가설 아닐까?

공자와 정반대에 서서

한비자는 양주에 대해 "위험한 성에는 들어가지 않았고, 군대에 머무르지도 않았고, 천하의 큰 이익을 위해 자기 정강이의 털 한 올과도 바꾸지 않았다"고 썼다. 살생무기가 있는 곳은 물론 전쟁의 살기가 느껴지는 곳을 양주가 멀리했다는 뜻이다. 군인은 명예에 살고 명예에 죽는다. 전쟁터에서 죽어가는 군인들은 멋진 군복을 입고 있는데, 한 번 입고 버리기 아까운 이 화려한 군복은 군인의 명예를 치장해준다. 공자의 제자 자로(子路, 기원전 543~480)는 죽음의 순간 머리에 투구를 쓰려고 안간힘을 다한다. 당시 사람들은 투구를 쓴 채 죽어야 명예로운 죽음이라고 믿었기 때문이다. 전쟁이 끊이지 않은 전국시대(戰國時代)에는 군인의 명예를 강조하는 이데올로기가 넘쳐났을 것이다. 따라서 양주가 '죽은 뒤의 명예는 헛될 뿐'이라고 강조한 것은 그의 반전사상을 에둘러 표현한 것으로 보아도 무방할 것이다.

전국시대에 성공하는 길은 아마 전쟁에 나가 공을 세우고 돈과 명예를 거머쥐는 일이었을 것이다. 그것은 달콤한 유혹일 수 있지만, 결국 사람을 죽음으로 몰고 가는 일이었다. 전쟁 중에 군사가 죽는다면,

■ 진시황릉에서 발견된 병마용(兵馬俑). 진시황이 최초로 통일하기까지 전국시대의 중국은 전쟁과 혼돈의 땅이었다. 모두가 '명예'를 외칠 때 양주는 '죽은 뒤의 명예는 헛될 뿐'이라며 자신의 반전사상을 에둘러 표현했다.

전쟁을 지속하고 승리하기 위해서 그 자리에 다른 군사를 대체하여 투입하는 게 전쟁의 속성이다. 《처음 만나는 동양 고전》을 쓴 김경윤은 양주의 반전사상을 이렇게 읽어낸다. "너를 죽음으로 몰아가는 외부의 유혹을 무시하라. 그 유혹이 아무리 달콤할지라도 넘어가지 마라. 너의 삶은 세상과도 바꿀 수 없는 소중한 것이다."

동서고금을 막론하고 전쟁은 지배층의 이익을 위해 수많은 민중의 아들을 제물로 바치는 탐욕과 살생의 축제였다. 군주를 중심으로 천하의 질서를 세우려 한 공자의 입장은 전쟁을 반대하는 목소리가 아니었다. 군주의 명령과 위계질서를 강조한 그의 사상은 젊은이를 전쟁에 동원하는 권력자의 논리와 잘 어울릴 수 있었다. 자기 목숨을 최우선으로 여긴 양주의 입장[重己]은, "작은 나를 극복하여 예를 회복하라"며 '극기복례(克己復禮)'를 강조한 공자와 정반대에 서 있는 것으로 보인다. 공자의 후계자인 맹자가 양주를 가리켜 "짐승 같은 놈"이라며 펄펄 뛰고 "국가와 사회질서의 상징인 군주의 존재를 부인했다"고 일갈한 것은 이런 맥락에서 이해된다. 맹자는 양주가 위험한 반전사상가이자 아나키스트였다는 점을 간파했기에 그토록 분개한 게 아니었을까? 공자의 사상은 한(漢)나라 이후 중국의 국가 이데올로기로 2,000년 넘게 명맥을 유지했지만, 군주의 권위를 부정한 양주의 불온한 사상은 중국 사상사에서 발붙일 자리가 없었다.

이토록 위험한 인물인 양주를 당시 제후들이 참으로 융숭하게 대접했다는 사실은 뜻밖이다. 자신들의 권위를 부정하고 자신들의 생존수단인 전쟁을 철학적으로 반대한 원흉인 양주를 잘 대접했다니, 당시 군주들은 아주 특별한 '톨레랑스(tolerance, 관용 정신)'라도 보여준 것일까? 이 문제에 대해 김시천 교수에게 이메일로 질문을 드렸더니 친절한 답장을 보내주셨다. "그의 위아사상이 실은 수많은 제후가 환영할 만한 사상이었다"는 것이다.

양주는 군주의 면전에서 "당신은 전쟁광입니다. 탐욕을 버리고 전쟁을 포기하십시오"라는 투로 말해서 자기 목숨을 내놓는 어리석음을 범하지 않았다. 이는 적당히 아첨하고 타협하여 부귀영화를 도모한 게 아니었다. 온유하고 합리적인 성격이었던 그는, 상대방이 이해하고 받아들일 수 있는 말로 실질적인 이득을 주려고 했다. 민중에게 반전사상으로 읽힌 그의 위아(爲我)는, 군주에게는 하늘의 뜻을 자연스레 순리대로 현실에 적용하라는 통치철학이었다.

"처음에 생명을 낳아준 것은 하늘이고, 이를 기르고 자라나게 하는 것은 사람이다. 하늘이 낳은 바를 능히 기르면서 이를 어그러지게 하지 않는 사람이 천자가 된다."《여씨춘추》의 〈본생(本生)〉〈중기(重己)〉〈귀생(貴生)〉 편은 양주가 자신의 사상을 군주에게 말한 바를 간추린 것으로 보인다. 옛 군주의 언행을 인용하며 자연의 흐름에 따르는 통치의 지혜를 설파하고 있기 때문이다. 하늘과 땅의 에너지 흐름에 맞게 세상을 살리라는 철학을 당시 군주들이 싫어할 이유가 없었다.

"오래 사는 것을 구하여 무엇하겠느냐"

여기에 양주사상의 핵심, 즉 물질을 가볍게 여기고 생명을 중요시하는 경물중생(輕物重生)의 철학이 더해진다. 부국강병도 좋지만 군주 자신의 생명을 먼저 소중히 여기라는 가르침이다. "천자의 움직임은 하늘이 부여한 본성과 생명을 온전히 보전하는 것을 기본으로 삼아야 한다. 사람의 본성은 장수하는 것인데, 외물(外物)이 이를 어지럽게 만들기 때문에 장수하지 못하는 것이다. 외물은 본성을 기르는 수단일 뿐, 본성으로 외물을 길러서는 안 된다. 세상 사람들 중 똑똑하지 못한 사람들은 대부분 본성으로 외물을 기르고 있으니, 움직일 때마다 실패하지 않는 적이 없다."(김근,《여씨춘추》)

절제된 소비와 소박한 환경을 권유한 그의 조언은 '군주를 위한 건강법'이라 할 만하다. 김근 교수는 다음과 같이 옮긴다 "옛날의 훌륭한 임금들은 넓은 방에 거처하지 않았고, 높은 대를 짓지 않았으며, 맛은 갖가지 진기한 것을 찾지 않았고, 옷은 너무 덥지 않게 입었다. 옷을 너무 덥게 입으면 맥의 연락이 막히고 기가 통하지 않는다. 맛으로 갖가지 진기한 음식을 찾으면 위장이 꽉 차고 심한 답답증에 걸린다. 이러고도 오래 살기를 원한다면 그게 가능하겠는가? 옛날의 훌륭한 임금들이 정원, 연못, 과수원을 만들 때는 관상하고 몸을 지치게 하기에 충분하도록 만들었고, 사당, 침실, 정자를 만들 때는 햇빛과 이슬을 가리기에 충분하도록 만들었을 뿐이다."

이런 현실적인 조언을 해주는데 싫어할 군주가 어디 있겠는가? 그는 지혜로운 군주의 덕(德)에 대해서도 조언을 아끼지 않았다. "위로 천자가 되더라도 교만하지 않고, 아래로 필부가 되더라도 찌들지 않으니 이러한 사람을 일컬어 덕을 온전히 갖춘 사람이라고 한다."

유럽 사람들은 양주의 사상이 삶의 기쁨을 설파한 에피쿠로스의 철학과 비슷하다는 점에 주목했다. 1912년 안톤 포크(Anton Forke)가 영어로 옮긴 《열자》 〈양주 편〉의 제목은 "양주의 쾌락의 정원(Yang Chu, Garden of Pleasure)"이었다. '에피쿠로스의 정원'을 염두에 둔 제목임이 분명해 보인다. 김시천 교수에 따르면, 동서양을 막론하고 그의 사상은 생명철학, 개인주의, 쾌락주의의 원천으로 간주된다. 《열자》 〈양주 편〉에 나타난 그의 사상은 현세의 즐거움과 자유로운 삶을 중요시한 에피쿠로스와 비슷하다는 느낌을 준다.

에피쿠로스는 "내가 살아 있는 동안엔 죽음이 없고, 내가 죽은 뒤엔 내가 존재하지 않는다"는 말로 죽음의 공포를 극복했다. 양주도 비슷하게 말했다. 이미 세상에 태어났다면 모든 것을 물 흐르듯 맡겨 두고 살아가면 그만이다. 사람은 기껏 살아야 100년이고, 100년을 사는 사람은 천 명에 한 명꼴도 안 된다. 설혹 100살을 산다 해도 엄마 품의 어린이일 때와 늙어서 힘을 못 쓰는 기간이 절반은 된다. 밤에 자느라고 활동을 중단하는 시간이 많고, 낮에 깨어 있더라도 멍하니 앉아 있는 시간이 절반은 된다. 병들어 아파하는 시간과 걱정하고 두려워하는 시간도 절반은 된다. 느긋하게 만족하고 근심 없이 지내는 시간은 얼마 되지 않는다. "현재의 삶을 즐겨야지, 어찌 죽은 뒤의 일을 걱정할 겨를이 있겠는가."

오래 살려고 발버둥치는 건 헛되다. "10년 만에 죽어도 죽는 것이요, 100년 만에 죽어도 죽는 것이다. 어진 사람과 성인도 죽고 흉악한 자와 어리석은 자도 역시 죽는다. 오래 사는 것을 구하여서 무엇 하겠느냐. 사람의 감정이 좋고 나쁜 건 예나 제나 마찬가지고, 신체의 안위도 옛날과 지금이 같고, 세상일의 괴로움과 즐거움도 언제나 같았고, 변화하고 바뀌고 어지러운 것도 마찬가지다."

삶이 덧없다는 이유로 스스로 목숨을 단축할 필요도 없다. 맹손양이 양주에게 물었다. "그렇다면 빨리 죽는 게 오래 사는 것보다 낫습니까? 창끝이나 칼날을 밟고 끓는 물이나 불에 들어가 자살하면 뜻한 바를 얻겠습니까?" 양주가 대답했다. "그렇지 않다. 이미 태어났으니 인력으로 죽으려 하지 말고 사는 대로 맡겨라. 오래 살고 일찍 죽는 것은 중요한 일이 아니다."

양주가 말한 잘 사는 법

양주는 미래를 걱정하지 말고 지금을 즐기며 살라고 말했지만, 지나친 탐닉은 오히려 병을 가져온다고도 경고했다. "세상의 부귀한 자들은 아름다운 성색과 좋은 맛에 너무 현혹된 나머지 밤낮으로 이를 찾아 헤매다가 요행히 그것을 얻으면 완전히 탐닉해버린다. 탐닉하면 어찌 본성이 병들지 않을 수 있겠는가." 지나친 쾌락은 고통으로 이어진다는 에피쿠로스의 지적과 통하는 말이다.

에피쿠로스가 간파했듯, 살아 있다는 건 감각이 깨어있다는 뜻이다. 잘 살아 있는 상태란 모든 감각이 자유롭게 흐르며 막힘이 없는 상태를 말한다. 보고 싶은 것을 못 보게 하고, 듣고 싶은 것을 못 듣게 하는 것은 본성을 막는 것으로, 사람을 학대하여 피폐하게 만드는 짓이다. 《열자》에는 관중(管仲)이 잘 사는 법에 대해, 안영(晏嬰)이 죽은 자를 잘 처리하는 방법에 대해 각각 얘기하는 대목이 나온다.

관중의 입을 빌어 양주가 설명한 '잘 사는 법'은 이렇다. "귀가 듣고 싶어 하는 대로 듣게 하고, 눈이 보고 싶어 하는 대로 보게 하고, 코가 냄새 맡고 싶어 하는 대로 맡게 하고, 입이 말하고 싶어 하는 대로 말하게 하고, 몸이 편안하고자 하는 대로 편하게 하고, 뜻이 행하고자 하는 대로 하게 내버려두는 것이다."

이번에는 관중이 안영에게 '죽은 자를 잘 처리하는 법'에 대해 질문한다. 안영의 대답은 장례에 대한 양주의 의견인 셈이다. "이미 죽은 뒤에야 어찌 나와 상관이 있을까. 그를 태워도 좋고, 물에 가라앉혀도 좋고, 땅에 묻어도 좋고, 들에 내버려도 좋고, 나무섶에 싸서 깊은 골짜기에 던져도 좋고, 곤룡포에 수놓은 바지를 입혀 돌로 만든 덧관에 넣어도 좋다. 원하는 대로 하면 되는 것이다."

양주는 인간이 나약한 존재임을 잘 알고 있었다. 인간은 손톱, 발톱, 이빨이 있지만 몸을 지키기에 미흡하다. 달릴 수 있지만 맹수를 피할 만큼 빠르지 못하다. 살갗이 있지만 얇으며, 털로 추위를 막을 수 없다. 그래서 인간은 물질에 의존해서 생을 기르는데[養生], 지혜에 의존하는 것이지 완력을 쓰는 게 아니다. 지혜를 귀하게 여기는 것은 나의 생존을 위해 지혜를 귀하게 쓰자는 것이다. 양주는 살아 있는 동안 서로 연민하며 사는 게 좋다고 말했다. "살아서 서로 동정하라는 건 단순히 감정으로만 하라는 게 아니라 고생한 사람을 편안하게 해주고, 굶주린 사람을 배부르게 해주고, 헐벗은 사람을 따뜻하게 해주고, 궁지에 빠진 사람을 뜻대로 잘 되게 도와주는 것이다."

누군가 죽었다고 너무 슬퍼할 필요도 없다. 죽은 이에게 구슬을 물리고, 무늬 있는 비단을 입히고, 제물을 그의 앞에 늘어놓고, 무덤 속에 좋은 그릇을 함께 묻어주는 건 살아있는 이에게 위안이 된다면 말릴 일이 아니지만, 죽은 이에게 그다지 도움 되는 일은 아니다.

양주는 제자백가 가운데 개인 생명의 가치와 존엄성을 외친 최초의 인물이라고 할 수 있다. 양주의 사상이 경물중생(輕物重生)이라면 공자를 비롯한 과거의 사상은 중물경생(重物輕生)이었다. 신정근 교수는 그의 책 《동양고전이 뭐길래?》에서 다음과 같이 말한다. "공자는 이해를 초월한 사랑과 도리를 힘주어 강조하지만 곳곳에 명예욕이라 할 정도로 이름을 남기는 문제에 많은 관심을 보인다. 예컨대 자기 주도적으로 삶을 살아가는 군자도 평생에 걸쳐 이름이 알려지지 않은 것을 부담스러워했다. 양주가 보기에 공자는 원래부터 자신에게 달려있지도 않을 뿐만 아니라 생명 유지에 아무런 필요도 없는 것들에 목숨을 거는 사람으로 비친다."

이기적 유전자가 전부는 아니다

신정근 교수는 또 그의 책 《여씨춘추》에서 양주가 생명의 양상을 네 가지로 분류한 점을 주목한다. 모든 욕망이 온전히 지켜지는 전생(全生), 일부 욕망은 지켜지고 일부 욕망은 지켜지지 못하는 휴생(虧生), 욕망을 느끼지 못하는 죽음[死], 타자를 위해 사느라 오히려 자신을 핍박하는 박생(迫生)이 바로 그것이다.

완벽한 행복에 해당하는 전생을 누리는 사람은 아주 드물 것이다. 삶을 성찰하며 나날이 경이와 행복을 느끼는 일부 사람들은 휴생을 누리고 있다고 보아도 좋다. 대부분의 사람들은 아마 타인을 위해서 허덕이며 생존을 이어가는 박생을 살고 있을 것이다. 양주는 박생이 죽음만도 못하다고 말했다. 생명이 가장 소중하다면 어떤 삶이든 죽음보다는 낫다고 해야 옳을 텐데, 죽음만도 못한 박생이라니! 대부분의 사람들이 죽지 못해 살고 있다는 저주스런 얘기 아닌가!

"박생은 내가 나를 위해 존재하는 것이 아니라 남을 위해 존재하는 삶이다. 나를 괴롭히고 학대하면서 타인의 전생과 휴생에 기여하는 수단적 존재가 될 뿐이다. 박생은 노예의 삶이고 죽음보다 못한 삶이며 살아 있어도 산 것이 아닌 삶이다. 박생을 죽음만도 못하다고 보는 양주는 바로 노예의 삶을 부정하는 것이며, 주인으로서 삶의 권리를 주장하는 것이다."(신정근,《여씨춘추》)

신정근 교수의 이러한 해석을 받아들인다면, 자기 생명을 소중히 여기는 사람은 박생의 구속 상태를 걷어차고 자유를 회복할 일이다. "명예를 추구하고 사후의 영화를 도모하느라 당장의 지극한 즐거움을 잃고 스스로 자유를 누리지 못한다면 이는 구속되어 자유를 빼앗긴 중죄인의 삶과 무엇이 다른가."(《열자》) 양주가 잊히고 유가가 지배하면서 동양에서는 개인의 자유를 중요시하는 합리적 사고방식이 희미해져간 게 아닐까? 모든 개인이 자기 삶에 충실할 때 사회도 건강해질 수 있지 않을까?

흔히 말하는 이기주의는 자기 잇속만 차리고 남이 피해 입는 것은 신경도 안 쓰는 못된 태도를 가리킨다. 따라서 당연히 이기주의는 나쁜 것으로 간주된다. 그러나 엄밀히 따지면 이런 태도는 이기주의가 아니라 몰상식과 파렴치에 해당한다. 현대의 뇌과학은 인간은 물론 모든 동식물이 이기적이라는 사실을 밝혀냈다. 모든 생물의 가장 기본적인 본능은 삶을 유지하려는 충동이다. 식물은 햇빛으로 에너지를 만든다. 동물은 햇빛이 있기 때문에 눈을 갖게 됐고 눈의 도움으로 먹이를 찾아 움직인다. 입이 앞에 달린 것은 먹이를 찾으려는 의지 때문이며 에너지를 섭취하고 남은 찌꺼기는 다시 볼 일이 없기 때문에 뒤로 배출한다. 지구 위의 생물 중 가장 뇌가 발달한 인간도 예외가 아니다. 모든 생물이 '이기적 유전자'의 그릇이라면, 이기주의는 선과 악으로 따질 가치의 문제가 아니다.

그러나 중요한 전제조건이 있다. 내가 소중한 줄 알면 남도 똑같이 소중하다는 걸 알아야 한다는 것이다. 서로 존중하고 상생하는 태도는 합리적 이기주의의 필수조건이다. 김시천 교수는《이기주의를 위한 변명》에서 말한다. "우리가 살고 있는 근대 세계의 개인주의, 민주주의, 자유와 평등의 모든 가치는 이기주의라는 철학적 인간관에 바탕하고 있다. 그것은 생물학적으로 인간의 몸에 장착되어 있는 본성이며, 따라서 누구나 그렇게 될 수밖에 없는 자연스런 것이다."

이기주의자 양주를 다시 바라본다. 그가 이렇게 말해주고 있는 것 같지 않은가. "살아 있는 날은 축복이다! 그대와 나는 단 하나뿐인 삶을 살아가는 자유인이다!" 천자와 필부, 군자와 소인, 양주 시대의 사람과 오늘날의 우리들, 똑같이 이렇게 외칠 만하지 않은가. 김경윤은 양주의 경물중생을 한마디로 요약한다. "대체 가능한 삶에서 대체 불가능한 삶으로의 이동! 삶의 고유성(singularity)의 예찬!" 자본의 물신숭배에 휘둘려 개인의 소중한 삶이 어디로 가는지조차 잊게 만드는 21세기 자본주의 세계에 양주의 경물중생 사상은 더욱 절실히 다가온다.

김시천 교수는《이기주의를 위한 변명》을 이렇게 마무리한다. "양주가 발견한 개인은 어떤 추상적인 존재가 아니다. 눈이 있고, 코가 있고, 귀가 있으며, 행복하고 싶은 욕망이 있고 또한 자신의 행동을 스스로 조절할 줄 아는 그런 평범한 인간이다. 사회적 신분이나 지식의 차이에 상관없이 동등한 생명, 욕구, 감정을 지닌 존재, 즉 생물학적으로 동일한 인간을 말한다. 양주는 그런 개인들을 대상으로 '자신을 위해, 자신의 생명을 위해, 자신의 삶을 위해' 살라고 충고한다"고 말한다.

이기주의의 참모습을 설명하면서 동양의 향기로운 양주 한 병을 선물해주신 김시천 교수에게 감사드린다.

네 머리로 생각하라

모든 것을 의심하고 남는 단 하나

"나는 생각한다, 고로 나는 존재한다." 프랑스의 시인 폴 발레리(Paul Valéry, 1871~1845)는 데카르트(René Descartes, 1596~1650)가 이 말을 하면서 책상을 쾅 내리쳤을 것이라고 상상했다. 믿음을 강요하는 중세의 권위에 반기를 들고, 생각하는 존재인 인간의 자존심을 외쳤다는 것이다. 데카르트는 아리스토텔레스와 토마스 아퀴나스(Thomas Aquinas, 1225~1274)의 권위를 의심했고, 전통, 관습, 상식, 통념을 의심했으며, 개인의 주관적 편견과 선입견을 의심했다. 인간의 다섯 감각은 물론, 2+3=5라는 수학적 진리마저 의심했다.

데카르트는 세계에 대한 지식을 확실한 기초 위에 다시 세우고자

■ 데카르트는 군인이자 여행가로 유럽을 떠돌며 살았다. 사상의 자유가 보장된 네덜란드에 오래 머물렀고, 스웨덴에서 크리스티나 여왕의 가정교사 생활을 하다가 죽었다. 당시 학계는 주로 라틴어를 사용했지만, 데카르트는 《방법서설》을 프랑스어로 썼다.

했다. 모든 지식을 가능한 한 작은 부분으로 나누고, 단순한 것부터 복잡한 것으로 쌓아나가고, 모두 열거한 뒤 빠뜨린 건 없는지 검토했다. 그는 아르키메데스(Archimedes, 기원전 286~212)의 점처럼 확고한 철학의 출발점을 발견했다고 생각했다. 모든 것을 의심한 뒤 남는 단 하나의 진리는 "코기토 에르고 숨(Cogito ergo sum)", 즉 "나는 생각한다, 고로 나는 존재한다"는 사실이었다. 이 문장은 '철학의 제1원리'로 인정받아, 데카르트는 '근대철학의 아버지'로 추앙되었다.

데카르트의 사고는 개인의 이성이 존중되는 계몽의 시대를 열었고, 불합리한 구제도(Ancien Régime)를 급진적으로 타파하려는 프랑스 혁명의 사상적 길잡이가 됐다. 23세 때인 1619년 도나우 강변의 울름에서 쓴 《방법서설(Discours de la Méthodes)》은 18년 뒤인 1637년 익명으로 출판됐다. 지동설을 주장한 갈릴레이가 종교재판에 회부된 게 1633년이었으니, 몸조심을 하지 않을 수 없던 시대였다.

모든 학문을 수학처럼 확실한 기초 위에 세우겠다는 데카르트의 꿈은 이뤄지지 않았지만, 이른바 '철학자'들은 그가 시범을 보인 '생각의 모험'을 이어갔다. 가령, 헤겔(Georg Wilhelm Friedrich Hegel, 1770~1831)은 데카르트처럼 모든 지식을 의심한 뒤 '순수존재'에 도달했다. 존재는 존재이되 '냉텅'인 존재……. 헤겔의 추론에 따르면 이 '순수존재'는 내용이 없으므로 무(無)와 같고, '순수존재'와 무의 절대적 모순(=절대적 동일성)에서 사유의 운동이 시작된다.

키르케고르는 이러한 헤겔의 주장이 난센스라고 했다. "모든 것을 회의했다"는 헤겔에 대해 키르케고르는 "실제로 그가 모든 것을 회의했는지" 의문을 제기한다. 미완의 저서 《모든 것을 의심해야 한다(De Omnibus Dubitandum Est)》에서 그는 젊고 순박한 철학도가 글자 그대로 모든 것을 회의하게 만들어, 이 일이 불가능할 뿐 아니라 결국 절망임을 보여준다. 키르케고르는 "회의(懷疑)는 생각의 절망(絕望)이고, 절망은 인격의 회의"라고 요약했다. 그는 회의보다 경이(驚異)에서 출발한 고대 그리스 철학의 소박한 자세가 더 아름답다고 보았다. 데카르트의 제1원리도 "나는 존재한다, 고로 나는 생각한다"로 두는 게 더 자연스럽다고 했다.

데카르트의 오류

데카르트의 사상은 새로운 시대의 신호탄이었지만, 여전히 낡은 시대의 틀에 갇혀 있었다. 그는 환상을 만들어내는 '사악한 정령(Malin Génie)'이 우리를 속이고 있을지도 모른다고 가정했다. 이 정령은 우리에게 '육체를 가지고 있다는 환상, 이 세상에 살고 있다는 환상, 3+2=5라는 환상'을 불어넣었는지도 몰랐다. 존재할 리 없는 정령을 퇴치하기 위해 그는 '신이 진리를 보증한다'는 해묵은 논법을 도입했다. '신은 무한하고, 전지전능하고, 절대적이다. 신은 완전하기 때문에 내가 잘못 생각하기를 원치 않으실 것이다.'

데카르트의 논증은 21세기의 우리가 볼 때 어처구니없는 오류로 가득 차 있다. 그는 신이 있다고 전제한 뒤 신의 존재를 증명하는 전형적인 순환논법에 빠졌다. 교회 당국의 검열을 피하기 위해 일부러 쇼를 한 거라면 이해해줄 만하지만, '모든 것을 회의했다'는 말과 정면으로 모순되는 게 분명하다. 그는 꿈 얘기를 하며 '방법론적 회의'를 계속한다. "나는 꿈을 꾸고 있는 것일까? 꿈을 꾸고 있다고 생각하는 것일까? 꿈을 꾼다고 생각하는 꿈을 꾼 것인가?" 이러한 의심은 공허한 말장난에 불과하다. 장자(莊子)의 꿈은 비유일 뿐, 정상적인 사람은 꿈과 현실을 구별할 줄 안다.

그는 감각이 우리를 속일 수 있다고 생각했다. 물컵에 젓가락을 넣으면 휘어진 것처럼 보이고, 수평선은 곡선이지만 직선으로 보이고, 지구가 태양을 돌지만 태양이 지구를 도는 것처럼 보인다. 그러나 이

■ 스웨덴 크리스티나(Christina) 여왕의 개인교사로 일한 만년의 데카르트. 오른쪽 책상 옆에 서서 여왕에게 무언가를 설명하고 있다.

것은 감각이 우리를 속인 게 아니라, 감각에 비친 그림을 합리적으로 설명하지 못했기 때문에 생긴 오류일 뿐이다. 감각을 의심하는 것은 난센스다. 당신의 몸이 존재한다는 게 의심스러운가? 정강이를 걷어차면 무척 아플 텐데, 그래도 몸의 존재를 부인하겠는가?

데카르트는 올바른 사유를 위해 모든 감각을 끊으려 했고, 당연한 귀결로 육체와 영혼을 분리해서 생각하는 이원론에 빠졌다. 그의 이원론은 신(神)에서 비롯된 '영혼'과 기계에 불과한 '육체'로 인간을 두 동강냈다. 사람의 몸은 기계에 불과하며, 이 기계는 심장의 불을 연료

삼아 움직인다. 연료에 해당하는 피가 온몸을 순환하는 데는 8분 정도 걸린다. 영혼과 육체는 이질적인 존재인데, 뇌 아래에 있는 송과선을 통해 서로 연결된다……. 영혼과 육체를 나눠버린 사람이 어떻게 형이상학과 해부학을 섞겠다는 생각을 했을까? 매우 빈약한 논증임을 한눈에 알 수 있다. 데카르트는 인간에겐 정신이 있는 반면 다른 동물에겐 정신이 없다고 보았는데, 이는 황당한 오류였다. 그는 다른 동물들이 거울에 비친 자기를 인식할 줄 모른다고 했지만, 침팬지와 돌고래는 그런 능력이 있다. 대부분의 동물은 쾌락과 고통, 기쁨과 공포 등 최소한의 감정을 느낄 줄 안다. 그러나 데카르트는 강아지가 아프거나 배고플 때 내는 낑낑 소리도 기계의 소음으로 간주했다. 이 강아지가 죽는다면 기계가 정지한 것에 불과하다는 것이었다. 그는 인간 이외의 동물을 모두 기계로 간주, 아무 거리낌 없이 잔인한 해부를 일삼았다. 만년에는 숱한 동물을 해부해서 영생의 비밀을 찾으려 했다니, '정신없는 동물'은 해부당하는 동물이 아니라 데카르트 자신이 아니었나 싶을 지경이다.

내가 발견한 것은 결국 나 자신

데카르트의 생각은 삶과 괴리되어 있었다. '방법론적 회의'에 몰두할 동안에도 살아야 하니 잠정적으로 세상의 윤리를 인정하며 따른다고 했다. 하지만 '철학의 제1원리'를 발견한 뒤에도 그의 행동 패턴

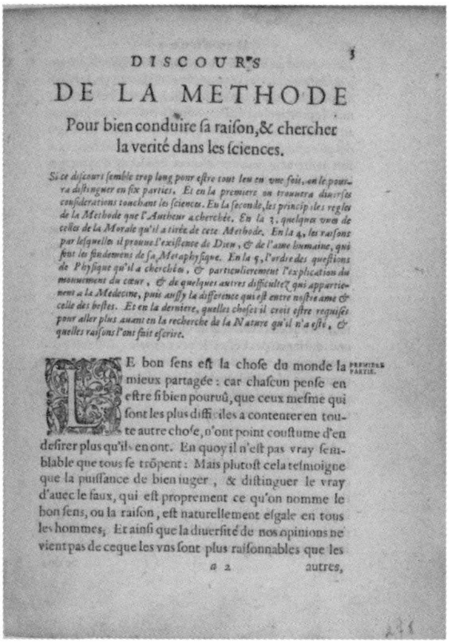

DISCOURS 3

DE LA METHODE

Pour bien conduire sa raison, & chercher la verité dans les sciences.

Si ce discours semble trop long pour estre tout leu en une fois, on le pourra distinguer en six parties. Et en la premiere on trouuera diuerses considerations touchant les sciences. En la seconde, les principales regles de la Methode que l'Autheur a cherchée. En la 3, quelques unes de celles de la Morale qu'il a tirée de cete Methode. En la 4, les raisons par lesquelles il prouue l'existence de Dieu, & de l'ame humaine, qui sont les fondemens de sa Metaphysique. En la 5, l'ordre des questions de Physique qu'il a cherchées, & particulierement l'explication du mouuement du cœur, & de quelques autres difficultez qui appartienent a la Medecine, puis aussy la difference qui est entre nostre ame & celle des bestes. Et en la derniere, quelles choses il croit estre requises pour aller plus auant en la recherche de la Nature qu'il n'a esté, & quelles raisons l'ont fait escrire.

LE bon sens est la chose du monde la mieux partagée: car chascun pense en estre si bien pouruû, que ceux mesme qui sont les plus difficiles a contenter en toute autre chose, n'ont point coustume d'en desirer plus qu'ils en ont. En quoy il n'est pas vray semblable que tous se trompent: Mais plutost cela tesmoigne que la puissance de bien iuger, & distinguer le vray d'auec le faux, qui est proprement ce qu'on nomme le bon sens, ou la raison, est naturellement esgale en tous les hommes; Et ainsi que la diuersité de nos opinions ne vient pas de ce que les vns sont plus raisonnables que les autres, PREMIERE PARTIE.

a 2

■ 데카르트는 《방법서설》의 머리말에서 모든 사람들이 '자기 머리'로 생각할 자유를 강조했다. "내가 걸어온 오솔길이 어떤 것인지 보여주고, 내 삶을 한 폭의 그림처럼 그려서 모든 사람들이 스스로 판단할 수 있도록 하고 싶다."

은 철저히 인습에 파묻혀 있었다. 애초에 그의 철학은 실제 삶과 아무 관계가 없었던 것이다. 키르케고르는 헤겔에 대해 "으리으리한 사상의 대궐을 지어놓고 자신은 대궐 옆의 개집에서 산다"고 비꼬았는데, 이 말은 데카르트에게도 해당될 것이다.

데카르트는 "모든 것을 회의했다"고 썼지만, 이 세상엔 여전히 회의할 게 수두룩하다. 진리를 추구하는 사람들은 자기 머리로 모든 걸 다시 회의해야 할 운명일까? 이른바 '합리주의'의 태두로 불리는 데카르트는 최소한의 합리성을 갖춘 사람이었기에, 자기주장도 회의의 대상이 될 수 있음을 알고 있었다. 실제로 데카르트는 《방법서설》 머리말에서 모든 사람들이 '자기 머리'로 생각할 자유를 강조했다.

"이 시론은 본받을 만한 것도 있지만 본받지 않는 게 더 좋을, 다른 이야기도 들어 있는 하나의 우화다. 내가 걸어온 오솔길이 어떤 것인지 보여주고, 내 삶을 한 폭의 그림처럼 그려서 모든 사람들이 스스로 판단할 수 있도록 하고 싶다."

데카르트가 제시한 '철학의 제1원리'는 세상 사람들 수만큼 다양한 '존재의 제1원리'가 되었다. "나는 OO한다, 고로 나는 존재한다"란 말은 무수한 변주가 가능하며, 실제로 숱한 패러디를 낳았다.

"나는 폭로한다, 고로 나는 존재한다." 장 주네(Jean Genêt, 1910~1986)

"나는 반항한다, 고로 나는 존재한다." 알베르 카뮈(Albert Camus, 1913~1960)

"나는 소비한다, 고로 나는 존재한다." 장 보드리야르(Jean Baudrillard, 1929~2007)

"나는 접속한다, 고로 나는 존재한다." 제러미 리프킨(Jeremy Rifkin)

"나는 OO한다, 고로 나는 존재한다." 지상의 70억 명 인간은 모두 자기 존재 이유를 주장하는 게임을 할 수 있지 않을까? 미식가라면 "나는 먹는다, 고로 나는 존재한다", 독서광이라면 "나는 읽는다, 고로 나는 존재한다", 몽상가라면 "나는 꿈꾼다, 고로 나는 존재한다" 등등……. 데카르트는 자기 이야기를 진솔한 우화로 표현하여 누구나 자유롭게 사고할 수 있다는 선례를 보여주었기 때문에 위대했다.

데카르트는 '철학의 제1원리' 위에 '학문의 나무'를 심고자 했는데, 그 기둥은 형이상학이었다. 그는 여러 학설을 뒤죽박죽 섞어 놓은 전통 학문의 체계보다 한 개인이 잘 디자인한 엄밀한 지식의 체계가 나을 거라고 생각했다. 그 꿈은 나름 정당했지만, 형이상학은 '학문의 나무'를 지탱하기엔 너무 허약한 기둥이었다.

한 철학자의 형이상학은 어차피 한 번의 모험으로 끝난다. 추상적 언어로 읊은 난해한 시(詩)에 불과하기 때문이다. 과학의 지식은 한 사람의 머리에서 나오지 않는다. 오랜 세월 수많은 사람이 객관적인 증거를 차곡차곡 쌓아서 이룬 과학의 성과는 형이상학처럼 잘 무너지지 않는다. 갈릴레이와 함께 태동한 과학혁명 앞에서 데카르트의 형이상학은 설 자리가 없었다.

대학시절, 데카르트는 오류투성이로 보였고 인간적으로 좋아하기 어려웠다. 철학사에서 한결같이 그를 '근대철학의 아버지'로 부르는 게 거슬렸다. 철학사를 쓴 사람들은 자기 머리로 생각하지 않는 걸까? 이른바 '철학자'들 중에는 기존 철학사의 권위에 도전하는 사람이 한 명도 없는 걸까? 데카르트를 읽고, 이해하고, 정리해야 마음이 편해질 것 같았다. 감히 그를 비판할 깜냥이 되진 않지만, 머릿속에 박혀있는 '데카르트 바이러스'를 어떻게든 파악하고 배설해야 비로소 자유로워질 수 있을 것 같았다.

30년 만에 다시 만난 데카르트는 별로 다르지 않았다. 그러나 PD 생활 내내 입버릇처럼 스스로 던진 "네 머리로 생각하라"는 말을 데카르트가 이미 400년 전에 강조했음을 발견했다. 모든 책은 자신의 거울일 뿐일까? 내가 발견한 것은 데카르트가 아니라 결국 나 자신이었다.

자기 머리로 생각하고 있는가

김은주 선생이 쓴《생각하는 나의 발견 방법서설》은 데카르트의 사유 실험을 차근차근 해설하면서 균형 있는 평가를 곁들인 훌륭한 해설서다. 김은주 선생은 가르치는 일보다 배우는 일이 속 편하다는 자각으로 뒤늦게 철학의 문을 두드렸다고 한다. 5년 동안 국어교사로 근무한 경력에 걸맞게 글이 깔끔하고 단정해서 읽기 편하다.

70년대와 80년대에는 잘 번역된 저서도 드물고 이렇다 할 입문서도 없어서 애를 먹었는데, 요즘은 맘만 먹으면 얼마든지 쉽게 철학에 다가설 수 있으니 참 공부하기 좋은 세상이다. 김은주 선생의 책은 바이러스처럼 심란했던 데카르트, 그 까다로운 세계로 나이 든 철학도를 이끌어주고 거기서 벗어날 수 있게 해주었다.

"철학이 과학의 토대라는 데카르트의 생각은 근대철학의 출발점이 됐지만, 과학혁명의 진전을 거스른 최초의 반혁명이기도 했다. 과학은 자신의 발전을 가로막고 있던 신학의 품에서 해방된 후 곧장 철학의 품마저 떠나버렸다. 과학이 보기에 철학은 아무 쓸데없이 발목을 붙들고 늘어지는 철지난 사변에 불과했다."

자기 머리로 생각하지 않는 사람들이 너무 많다. 유태인 학살을 지휘했던 아이히만부터 한국의 지배층을 이루는 영혼 없는 자들까지……. 불의와 독재가 유지될 수 있는 건 자기 머리로 생각할 줄 모르는 기계 부품들이 권력 주변에 수두룩하기 때문이다. 중세의 도그마가 지배하던 시절, 데카르트는 인간이 최소한의 존엄성과 자존감을

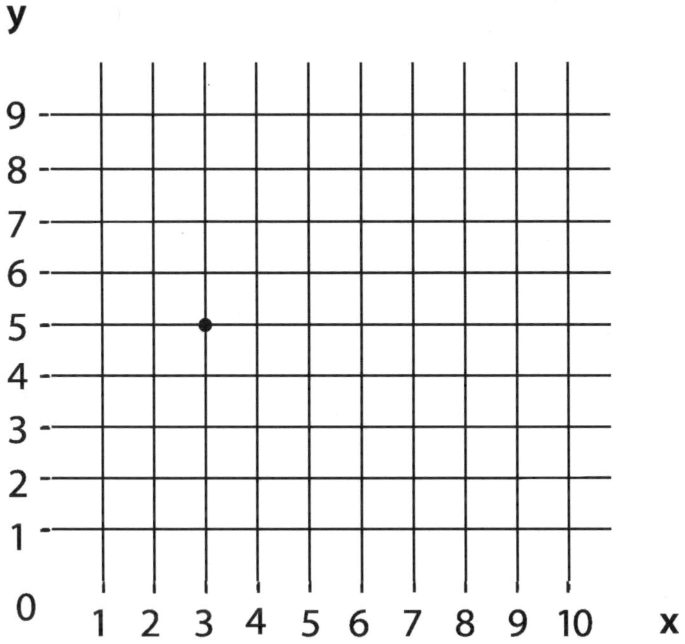

■ 데카르트가 창안한 x축, y축의 그래프.

가지려면 자기 머리로 생각해야 한다고 역설했다.

철학자 데카르트는 '자기 머리'로 '생각'했기 때문에 여전히 이름이 '존재'한다. 그의 철학은 오래전에 박제가 됐지만, 그가 개척한 수학의 새로운 방법론은 현대 우주론에서 여전히 유용하다고 한다. 데카르트가 고안한 x축과 y축의 좌표계는 쓸모 있는 업적으로 오래 남을 것 같다.

—

키르케고르의 추억

피와 살의 진리를 추구한 사람

키르케고르는 (철학)교수와 사상가는 본질적으로 다르다고 생각했다. "나는 방대한 정신적 유산을 남기게 될 것이며, 교수들이 내 모든 사상을 강의할 텐데, 강의가 시작되는 그 순간 나는 오해될 것"이라고 했다. 심지어, "(그들은) 바로 이 말까지도 강의할 것"이라고 예견했다. 객관적 지식은 요약해서 전달할 수 있지만 믿음의 역설과 내면의 진리는 강의로 전달할 수 없다. 삶의 열정은 각자의 가슴 속에서 스스로 불타오른다. 키르케고르는 읽는 이가 내면의 각성에 도달하도록 자신의 책이 자극을 줄 수는 있겠지만, 자기 내면의 불꽃을 상대방에게 직접 건네줄 수는 없다고 생각했다.

사람들은 키르케고르 하면 '실존주의'를 떠올리는데, 그 역시 이렇게 될 줄 알았을 것이다. 복수(複數)의 사람이 추종하는 이데올로기를 가리키는 'OO주의'란 말을 키르케고르는 거부했을 게 분명하다. 그의 사상에 'OO주의'란 딱지를 붙여서 객관적 지식으로 분류하는 순간, 키르케고르가 강조한 '실존'은 창고에 갇혀서 질식하게 된다. 사람들은 '실존주의'란 말 앞에 '유신론', '무신론' 같은 수식어까지 덧붙인다. 유신론적 실존주의는 키르케고르–야스퍼스(Karl Jaspers, 1883~1969)–마르셀(Gabriel Marcel, 1889~1973), 무신론적 실존주의는 니체–하이데거(Martin Heidegger, 1889~1976)–사르트르(Jean Paul Sartre, 1905~1980) 이런 식으로 모두 학교에서 배웠는데, 이 사실을 키르케고르가 알면 무덤에서 벌떡 일어날 것이다. 사르트르가 이렇게 분류한 뒤 정설이 된 걸 보면, 인간은 별 생각 없이 권위에 따르는 동물이라는 생각이 든다.

19세기 인물인 키르케고르는 신이 있냐 없냐를 따진 형이상학자가 아니라, 신의 존재 여부와 관계없이 지적 솔직성을 최고의 가치로 여긴 사람이었다. 그는 신을 믿지 않는 사람들을 존중했지만, 입으로 신을 믿는다고 하면서 실제 생활에서 세속의 권력과 명예를 좇는 권력자들과 성직자들을 참지 못했다. 키르케고르에게 중요한 것은 지식 자체가 아니라, 진리를 내면화하고 피와 살로 만들어서 실천하는 일이었다. 그가 22세 때 덴마크 북부의 길렐라이에(gilleleje)에서 쓴 일기의 한 구절은 평생토록 변하지 않은 그의 신념을 보여준다.

"중요한 것은 내가 그것을 위해 기꺼이 살고 죽을 수 있는 이념을 찾는 것이다. 내가 이른바 객관적 진리를 발견한다고 한들, 내가 철학자들의 체계를 향해 애써 나아가고 그 조각조각을 모아서 하나의 전체로 만들 수 있다 한들, 그것이 나의 삶에 깊은 의미를 지니고 있지 않다면 도대체 무슨 소용이 있을 것인가?”

대학시절, 나는 키르케고르에 온통 사로잡혀 있었다. 나 또한 ‘그것을 위해 기꺼이 살고 죽을 수 있는 이념’을 갈구했다. 몇몇 동료 학생들이 마르크스 원전을 몰래 읽으며 혁명을 꿈꾸기 시작할 무렵, 나는 모든 걸 바칠 절대적 진리를 추구했고, 내가 찾아 헤매던 영혼의 멘토가 바로 키르케고르였다. 불행인지 다행인지 내가 다니던 철학과에는 키르케고르에 대한 강의가 없었다.

이것이냐 저것이냐

당시 종로서적에서 펴내고 있던 한글 번역판을 혼자서 닥치는 대로 읽었는데, 나를 키르케고르의 세계로 제일 먼저 이끈 것은 〈유혹자의 일기(Forforerens dagbog)〉였다. 글에는 매혹적인 향기가 넘쳤고, 행간마다 달콤한 음악이 들려왔다. ‘유혹자’ 요하네스는 처녀들을 설레게 하는 탐미적 인물이다. 그는 코델리아 자매를 유혹하고, 그들이 마음을 바치려는 순간 환영(幻影)처럼 사라져버린다. 젊은 여성의 영혼에서 일어나는 섬세한 떨림과 갈등과 고뇌를 느끼며 즐기지만, 결코 책임질 상황 속에 자신을 빠뜨리지 않는다. 1년 전 파혼한 레기네 올센(Regine Olsen, 1822~1904)이 자기를 쉽게 잊도록 유도하기 위해 위악적(僞惡

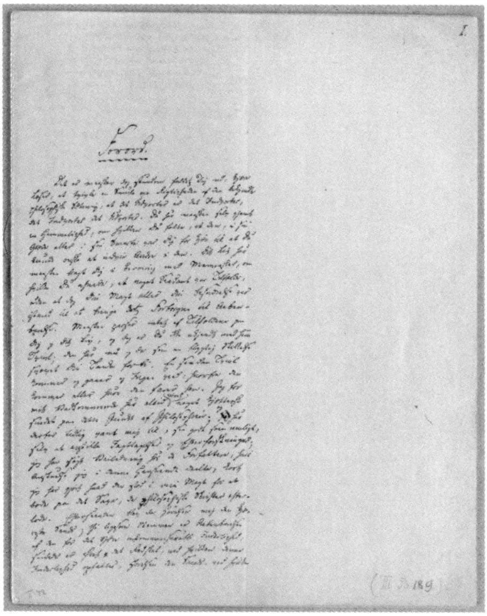

■ 키르케고르가 1843년에 출간한 《이것이냐 저것이냐》의 서문. 그는 활동 전반기 내내 필명으로 저서를 출간했다.

的)으로 이 책을 썼다는 건 곧 눈치 챌 수 있었다. 그러나 키르케고르가 이 책을 무기로 독자들을 '유혹'하여 기독교의 진리로 이끌려 한다는 걸 깨달은 건 한참 뒤였다.

〈유혹자의 일기〉는 독립된 책이 아니라 키르케고르의 첫 작품인 《이것이냐 저것이냐(Enten-Eller)》의 1부에 포함된 한 챕터이다. 《이것이냐 저것이냐》는 심미적 인생관(1부)과 윤리적 인생관(2부)을 나란히 제시하고 독자가 둘 중의 하나를 선택하도록 구성한 책으로, 〈유혹자의 일기〉는 1부의 저자 'A'가 우연히 발견한 원고 뭉치의 내용인 걸로 설정돼 있다. 《이것이냐 저것이냐》가 키르케고르의 저서 중 유일하게 폭발적인 인기를 누린 것은 〈유혹자의 일기〉 덕분이었는데, 이 결과에 키르케고르는 떨떠름한 표정을 지었다.

훗날 그는 "저술 활동의 첫 작품부터 종교적인 의도를 갖고 있었지만 독자들은 이 점을 알아채지 못했다"고 술회했다. 그는 《이것이냐 저것이냐》의 끝부분에 실명으로 쓴 '두 개의 종교적 강화(講話)'를 붙여놓았다. 이 종교적 강화가 책 전체의 진정한 메시지였다는 것이다. 그는 이 책이 자기의 본의와 정반대로 받아들여진 걸 자조했다. "사람들은 내가 왼손으로 내민 걸 오른손으로 잡았고, 오른손으로 내민 걸 왼손으로 잡았다." 나 또한 당시 덴마크의 독자들과 그리 다르지 않았던 셈이다.

내게 가장 깊은 흔적을 남긴 책은 《그리스도교의 훈련(Christelige Taler)》이었다. 진정한 기독교도가 되려면 예수와 동시대로 타임머신 여행을 떠나야 했고, 다시 이 시대로 돌아와 자신의 십자가를 짊어져야 했다. 이 책을 통해 예수의 시대로 가보자. 헐벗고 비천한 모습의 예수가 말한다. "수고하고 짐 진 자들은 모두 내게로 오라, 내가 너희를 쉬게 하리라." 부자나 권력자가 이렇게 말한다면 먹여주고 재워줄 경제력이 있으니 상식에 맞는다. 하지만 아무것도 가진 게 없는 예수가 이 말을 했을 때, 가슴에 손을 얹고 솔직히 대답해보자. 이 말을 믿을 수 있겠는가? 정신병자나 사기꾼이라고 의심하기 십상 아닌가?

예수의 말이 거슬려서 믿음 앞에서 망설이는 순간, 사람들은 실족(失足)하게 된다. 믿음의 길은 수난일뿐 아니라 실족의 위험이 가득한 위험한 길이다. 신이 인간의 몸으로 태어났다는 말은 절대적 역설이며, 이 역설을 있는 그대로 받아들이는 게 믿음의 출발이다. 키르케고르가 묘사한 참된 기독교도의 길은 쉽지 않아 보였다. 그가 제시한 영웅적 기독교도의 모습은 내게 오래도록 각인됐지만, 그 높은 이상을 추구하는 건 무모해 보였다. 이상이 높을수록 광신(狂信)으로 오해받을 위험도 비례해서 커지는데, 이걸 감당할 자신이 없었다. 나는 키르케고르의 이 책을 읽은 뒤 기독교도가 되는 걸 포기했다. 예수처럼 십자가를 지고 묵묵히 수난을 겪기는커녕, "왼손이 하는 일을 오른손이 모르게 하라"는 말도 실천할 수 없는 깜냥이었으므로.

지혜이자 기술인 간접 전달

하지만 기독교도의 길을 포기했다고 해서 키르케고르를 떠난 것은 아니었다. 그의 소통방식인 '간접 전달'은 여전히 내 마음을 사로잡고 있었다. '간접 전달'은 소통의 지혜일 뿐 아니라, 젊은 내겐 사랑의 기술이기도 했다. 이론과 정보를 전달하는 강의(講義)는 '직접 전달'이다. 듣는 이의 이해력이나 학습 수준에 따라 내용과 전달방식을 조절하긴 하지만 어떤 경우든 '직접 전달'의 범위를 벗어날 필요가 없다. 반면에 내면의 진실, 가령 "어떻게 기독교도가 되는가?" 하는 문제에서 '간접 전달'은 필수적이다.

'간접 전달'의 가장 중요한 점은 우선 "상대방이 있는 자리에서 상대방을 정확히 찾아내고, 거기에서 시작해야 한다"는 것이다. 상대방의 기분, 처지, 욕구를 충분히 고려하지 않은 채 일방적으로 자기 생각을 강요해서는 안 된다는 것이다. '간접 전달'은 또한, "비록 자신이 이끌어가려는 곳까지 상대방이 따라오지 않는다 해도 그를 위해 할 수 있는 일이 하나라도 있다면 그것을 행하라"는 것이다. 이 말은 신앙의 진리를 전달할 때뿐 아니라 사람 사이의 모든 소통에서 새겨둠직했다.

그는 기독교가 국교인 19세기 덴마크에서 살았기 때문에 기독교의 언어로 사색했다. 하지만 그는 기독교계가 거대한 착각이라고 생각했고, 수많은 사람들이 단순히 교회에 다닌다는 이유만으로 아무 성찰 없이 기독교도를 자칭하는 현실을 방관할 수 없었다. 입으로 믿는다고 하면서도 실제 생활에서 예수의 고독과 수난을 자기 것으로 받아들이지 않는다면 그게 바른 신앙일까? 믿지 않는다고 솔직히 고백한다면 차라리 괜찮겠지만, 개개인의 말과 행동이 다르고 심지어 기독교계 전체가 체계적인 자기기만에 빠져 있다면 어떻게 해야 할까?

그는 감히 완전한 기독교도라고 자칭하지 않았지만, '기독교도라면 이렇게 살아야 한다'는 것을 줄기차게 보여주었다. 이러한 메시지를 '직접 전달'의 방식으로 말한다면 정서적 반발을 불러올 뿐 아무 성과도 거두지 못할 게 분명했다. 그의 사후, 1859년에 출판된 《관점(The Point of View)》에서 스스로 밝혔듯, 그의 모든 글쓰기는 "기독교 세계에 기독교를 다시 가져오는 것"이 목표였다. 그의 이른바 '심미적' 저술들은 이교도와 다름없이 살면서도 스스로 기독교도라고 자부하는 덴마크의 독자들을 참된 기독교로 끌어오기 위한 '간접 전달'이었다.

키르케고르가 종횡무진 활용한 '간접 전달'은 다른 사상가들과 구별되는 그만의 특징이다. 예수는 무지한 제자들이 스스로 진리를 자각하게끔 유도하기 위해 늘 비유로 이야기했다. 소크라테스는 사람마다 자기 속에 있는 진리를 이끌어내기 위해 옆에서 질문을 던지는, 이른바 '산파술'을 구사했다. 키르케고르의 '간접 전달'은 예수와 소크라테스처럼 읽는 이가 스스로 진리를 터득하도록 유도하는 고도의 전략이었다.

키르케고르는 단순히 자기를 숨기기 위해 가명을 쓴 게 아니라, 특정한 성격의 인물을 창조하고 그 인물로 하여금 책을 쓰게 만들었다. 셰익스피어는 햄릿을 창조하고, 햄릿의 입을 통해 말하게 했다. "존재냐 비존재냐, 그것이 문제다." 키르케고르도 《이것이냐 저것이냐》 1부의 필자인 청년 'A'를 창조하여 그의 입으로 말하게 했다. "결혼을 하라, 그대는 후회할 것이다. 결혼을 하지 말라, 그래도 역시 그대는 후회할 것이다." 이 말은 키르케고르가 쓴 게 분명하지만, 심미적 인생관을 가진 'A'의 세계관일 뿐 키르케고르 자신의 메시지라고 단정하기 어렵다. 키르케고르는 심미적 인생관을 추구하면 절망에 빠진다는 것을 보여주기 위해 'A'란 인물을 창조한 것이다.

《이것이냐 저것이냐》 2부의 윤리적 인생관을 대표하는 인물 'B'는 판사 빌헬름이다. 그는 결혼생활에도 아름다움이 있으며, 윤리적인 것과 아름다움이 균형을 이루는 삶이 바람직하다고 1부의 청년 'A'를 타이른다. 하지만 지상의 윤리적인 삶은 인간을 영원으로 이끌지 못하므로 역시 절망이다. 키르케고르는 책 맨 끝에 '두 개의 종교적 강화'를 붙여 자신의 목소리를 전한다. 하지만 그는 결론을 강요하지 않는다. 읽는 이가 알아서 선택하라는 것이다.

키르케고르를 연구하는 사람들은 대부분 교회에 다니지만 나는 기독교도가 아닌데도 키르케고르를 사랑하는 기묘한 포지션을 갖게 됐다. 그건 키르케고르의 지적 솔직성, 논리적 일관성, 그리고 이 '간접 전달' 때문이었다.

회의보다는 경이가 낫다

키르케고르가 창조한 가명의 저자들 중 가장 '철학적'인 사람은 《철학적 단편(Philosophiske Smuler)》과 《결론적 비학문적 후서(Afsulttende uvidenskabelig Efterskrift til de Philosophiske Smuler)》를 쓴 요하네스 클리마쿠스(John Climacus)다. 천국에 이르는 사다리를 타고 올라갔다는 중세 철인의 이름에서 따왔다. 그의 '철학적' 저술들은 당대를 풍미했던 헤겔철학에 대한 신랄한 공격이었다.

책 제목의 '단편'이란 말은 헤겔의 '체계'와, '비학문적'이란 말은 헤겔의 '학문적'이란 말과 각각 대비된다. 헤겔은 '철학자'를 자처했지만 키르케고르는 자신이 철학자가 아니라 '시인'이라고 했다. 헤겔은 모든 것을 종합하려 했지만 키르케고르는 모든 걸 구별하려 했다. 헤겔은 "외면은 곧 내면이고 내면은 곧 외면"이라고 했지만 키르케고르는

■ 키르케고르의 필명은 요하네스 클리마쿠스다. 그는 6~7세기에 실존했던 인물로서 '사다리 요한'으로 알려져 있다. 그림은 천국을 향해 사다리를 오르는 수도사들을 그린 이집트 시나이 산 카트리나 수도원의 12세기 이콘.

"외면성과 내면성은 질적으로 다르다"고 강조했다. 헤겔은 세계사와 기독교 정신을 종합하여 "이성적인 것은 현실적이고, 현실적인 것은 이성적"이라고 결론지은 반면, 키르케고르는 유한한 인간과 영원한 신은 질적으로 다르므로, 인간이 신과 만나려면 무한한 비약을 감행할 수밖에 없다고 말했다. 이러한 비약이 실제로 가능한 일인지는 모르겠지만, 키르케고르가 성실한 추론 끝에 내린 논리적 결론인 것은 분명하다.

그에게 신앙이란, 이성으로 납득할 수 있기 때문이 아니라 이성에 거슬리기 때문에 믿는 것이고, 절대적 진리에 대해서 침묵하는 내면성이 중요했다. 성(聖)과 속(俗)을 종합해서 현란한 지식의 체계로 떠벌리는 헤겔의 철학은 그가 추구한 참된 기독교도의 길과 정면으로 충돌했다. 키르케고르는 신앙의 본질을 얘기할 때마다 헤겔을 맹렬하게 비판했다. 헤겔에 대한 키르케고르의 풍자는 미완의 저서 《모든 것을 의심해야 한다(De omnibus dubitandum est)》에서 극적으로 나타난다.

이 책의 주인공은 젊은 철학도인 요하네스 클리마쿠스다. 당시 헤겔은 데카르트의 방법론적 회의를 적용하여 세상의 모든 지식을 회의(懷疑)하면 마침내 '순수존재'에 도달한다고 추론했다. '순수존재(純粹存在)'는 말하자면 '순수사유(純粹思惟)'와 동의어인 셈인데, 헤겔은 이 두 개념의 절대적 모순에서 존재의 운동과 사유의 운동이 시작된다고 보았다. 키르케고르가 볼 때 이건 난센스였다. 그는 주인공 요하네스 클리마쿠스로 하여금 헤겔을 반박하는 대신 순박한 철학도답게 헤겔의 주장에 절대적으로 복종하게 만든다. "모든 것을 회의해야 한다"는 헤겔의 가르침을 따라 요하네스 클리마쿠스는 "글자 그대로 모든 것을 회의"하는데, 그 결과는 '사유의 시작'이 아니라 '실존의 종말'이었다.

"사상의 영웅에 대한 사랑스런, 젊은이다운 무제한의 신뢰를 지닌 실존하는 회의가로 하여금 헤겔의 철학에서 자기 실존을 위한 진리를 추구하게 해보자. 그는 헤겔에 대한 엄청난 풍자시를 짓게 될 것이다. (중략) 순수한 사유의 철학은 실존하는 개인에게는 환영(幻影)에 지나지 않는다. 순수한 사유의 안내로 실존한다는 것은 덴마크가 작은 점으로 표시된 소형 유럽 지도를 갖고 덴마크를 여행하려고 하는 것과 같다. 이 젊은이의 찬탄과 열망, 끝없는 신뢰는 바로 헤겔에 대한 풍자가 될 것이다."

젊은 철학도 요하네스 클리마쿠스는 키르케고르가 헤겔의 《논리학(Logik)》과 《미학강의(Vorlesungen über die Ästhetik)》를 처음 읽은 1838년 무렵, 즉 25세 때의 자기 모습이다. 독일어로 회의(Zweifel)는 절망(Verzweifel)과 어원이 같다. 회의가 악화되면 절망으로 변하는 셈이다. 키르케고르는 헤겔의 말투를 빌어 "회의는 사유의 절망이고, 절망은 인격의 회의"라고 결론지었다. 그는 이른바 '철학'은 근대철학의 '회의'가 아니라 고대철학의 '경이'에서 출발하는 게 낫다고 보았다. 철학에서 진리를 구하던 나는 요하네스 클리마쿠스에서 내 모습을 보았고, 이 미완성의 책에 대한 소논문을 쓴 뒤 철학과를 떠났다.

포이어바흐를 칭찬한 키르케고르

나는 20대에 기독교도의 길을 포기했지만, 키르케고르는 42세로 세상을 떠날 때까지 참된 기독교도가 되려고 노력했다. 그는 자신이 기독교도로서《그리스도교의 훈련》의 가명의 저자인 안티 클리마쿠스보다 낮은 단계에 있다고 고백했다. 또한 그는 정신적 유서라 할 수 있는《관점》에서 '하느님을 믿는다'고 직접 밝혔지만 "믿느냐 안 믿느냐" 양자택일의 권리를 독자 개개인에게 맡겼다. 나는 안 믿는 쪽을 선택했고, 키르케고르는 나의 선택을 나무라지 않을 거라고 생각한다.

키르케고르는 신앙을 선택했지만, 믿지 않는 이들의 선택을 존중했다. 그는 아르투어 쇼펜하우어와 자신이 별로 다르지 않다고 일기에 썼다. 자기 이름의 이니셜 S. A.(Søren Aabye)는 쇼펜하우어 이름의 이니셜인 A. S.(Arthur Schopenhauer)를 거꾸로 놓은 것이며, 순서만 다를 뿐 생각이 비슷하다고 썼다.

키르케고르는 무신론에 대항하여 싸우지 않았다. 기독교를 거부한 독일의 철학자 루트비히 포이어바흐(Ludwig Andreas von Feuerbach, 1804~1872)를 그는 높이 평가했다. 포이어바흐는 1842년에 출간된《기독교의 본질(Das Ivesen des Christentums)》에서 "신이 인간을 만든 게 아니라 인간이 신을 만들었다"고 주장했다. 그에 따르면 신의 모든 언행은 결국 인간의 언행으로 환원되며, 기독교가 말하는 '사랑'은 인간의 가장 소중한 가치인 '사랑'에 신적인 아우라를 씌워 놓은 것에 불과했다. 키르케고르는 1843년 일기에 썼다. "포이어바흐는 일관성이 있고 경청할 만하다."

키르케고르는 자신이 추구한 이상적인 기독교도의 모습은 포이어바흐의 비판 너머에 있다고 생각했다. 그는 일기에 덧붙였다. "기독

■ 키르케고르는 기독교를 거부한 포이어바흐를 높이 평가했다. 키르케고르는 자신이 추구한 이상적인 기독교도의 모습은 포이어바흐의 비판 너머에 있다고 생각했다.

교를 이해하기 위해 사람들이 '불의 강(독일말로 Feuer는 불, Bach는 강을 뜻한다)'을 꼭 건너야 하는 건 아니다." 키르케고르가 볼 때, 포이어바흐는 열정이 거세되고 세속의 때가 묻은 기독교에 환멸을 느꼈기 때문에 이러한 진단을 내놓았고, 그건 나름 합리적이고 정당했다. 그는 자신과 포이어바흐가 평화롭게 양립할 수 있다고 생각했다.

키르케고르는 자신과 생각이 다른 사람을 인정하고 존중할 줄 알았다. 상생의 지혜를 배우려면 먼저 차이를 인정할 줄 알아야 한다. 합리적인 개인주의가 무척 아쉬운 요즘, 키르케고르의 태도는 되새겨 볼 필요가 있다.

단독자

그의 '단독자'는 심하게 오해되어온 개념일 것이다. 대학시절 한 동료는 '단독자'로 자처한 키르케고르가 오만해 보인다고 말한 적이 있다. 하지만, '단독자'는 세상과 관계를 끊고 독불장군 행세를 하거나, 세상 사람들이 고통으로 신음할 때 나 몰라라 하는 고립된 개인이 아니다. 절대자와 고독하게 홀로 마주서면 누구나 겸허하게 자신을 돌아볼 수밖에 없을 것이다. 일상으로 돌아와서 주변을 둘러보면 자기와 같은 '단독자'들이 존재한다는 걸 발견하게 될 것이다. 시름으로 가득한 이 세상을 함께 살아가는 평등한 인간들이다. 나는 기독교도가 아니지만 키르케고르가 묘사한 '단독자'는 무척 아름답게 보인다.

"그대는 기도하기 위해 문을 걸어 잠근다. 하지만, 기도를 마치고 문을 나와서 처음 만나는 사람이 바로 그대가 사랑해야 할 이웃이다."

키르케고르가 우울한 역설의 사상가가 된 게 아버지 미하엘 페더센(Michael Pedersen, 1756~1838)의 그림자 때문이라는 분석이 있다. 소년시절 양치기였던 아버지는 너무 춥고 배고파서 하느님을 저주한 적이 있는데, 그 뒤부터 돈이 모이기 시작했다. 결혼 후 태어난 아이들이 일찍 죽자 미하엘은 자기가 부자가 된 게 하느님의 저주 때문이 아닌지 의심했다. 첫째 아내가 죽은 뒤 그는 하녀와 재혼했고, 넉 달 만에 쇠렌 키르케고르가 태어났다. 아버지로서는 57세 때 얻은 늦둥이 자식이지만, 어머니 입장에서는 결혼 전에 얻은, 의도하지 않은 자식이었다. 키르케고르는 일기에 썼다. "나는 위조지폐가 낙엽처럼 하늘에서

■ 덴마크 코펜하겐 아시스텐스 묘지에 있는 키르케고르의 무덤.

쏟아지던 1813년에 태어났다."

레기네 올센과의 파혼은 그의 글에 깊은 흔적을 남겼다. 서로 사랑하는 여느 젊은 남녀처럼 그들은 약혼반지를 주고받았다. 그러나 키르케고르는 깊은 번민에 빠졌다. 결혼한 뒤에도 사상가로서 산다면 자기의 우울한 사상이 그녀를 질식시킬 것이다. 그녀와의 결혼생활에 충실하려면 자기의 사상을 포기해야 한다. 키르케고르는 결혼할 경우 《서문집》을 쓰게 될 거라고 상상한 적이 있다. 책을 마무리할 정도로 저술에 몰두할 수 없으니 매번 서문만 쓴 채 중단하게 될 것이며,

결국 남는 것은 《서문집》뿐일 거라는 뜻이었다. 그는 종교적 저술 활동이 자기의 소명이며, 하느님이 이 결혼에 대해 거부권을 행사했다고 결론짓고 약혼을 파기했다.

《이것이냐 저것이냐》부터 《그리스도교의 훈련》까지, 그의 가명의 저술들은 일반 독자뿐 아니라 특별히 레기네를 염두에 두고 쓴 것이었다. 그녀의 마음을 다독여 위로하고 내면의 성장을 돕는 한편, 자신이 파혼을 선택한 이유를 그녀에게 납득시키려 했다. 레기네는 이러한 그의 의도를 알아채고 따뜻한 감사의 마음을 표시했다. 레기네로부터 돌려받은 약혼반지는 원래 다섯 개의 다이아몬드를 별 모양으로 마운팅했는데, 키르케고르는 이것을 십자가 모양으로 개조해서 평생 간직했다.

키르케고르는 힘없고 가난한 사람에게는 친절했지만 배운 자의 위선에는 단호하게 맞섰다. 그는 생애 마지막 해인 1854년, 팸플릿 《순간》을 발행하며 온 힘을 다해 덴마크 국교를 공격하다가 세상을 떠났다. 스스로 폭탄이 되어 자신을 던진 이 마지막 논쟁에서 그는 '하느님의 밀정(密偵)'을 자처했고, '아테네의 쇠파리' 노릇 끝에 독배를 들어야 했던 소크라테스를 자신과 동일시했다. 그의 논쟁이 성공했는지 실패했는지 따지는 것은 무의미하다. 그는 "(철학)체계 안에서 체계를 공격하는 게 불가능하다"고 말한 바 있다. 그렇다면 "기독교계 안에서 기독교계를 공격하는 게 불가능하다"는 것도 분명 알았으리라. 그의 이성을 삼켜버릴 정도로 그의 분노가 컸다는 사실이 나를 슬프게 한다. 그가 기독교를 넘어 더 넓은 지평에서 사색하는 코즈모폴리턴이 되지 못한 게 안타깝다.

그는 기독교계에 불을 질렀다고 생각했다. 이 불은 산불처럼 사방으로 번져서 기독교계의 모든 착각과 위선을 불살라야 했다. 이는 흔히 생각하듯 곪아터진 교회의 비리를 고발하는 것과는 차원이 달랐다. "기독교가 제거된 기독교 세계 자체를 폐지해야 한다"는 키르케고르의 말은, "신은 죽었다"는 니체의 선언과 사실상 같았다. 그러나 신은 적어도 키르케고르의 마음속에 살아 있었다. 그가 '영원에 대한 동경'을 안은 채 죽었을 때 신(神)도 함께 죽은 걸까? 덴마크 국교는 키르케고르의 맹렬한 공격에 잠깐 놀랐지만 곧 평정을 회복했다. 오늘날 대형교회는 아무 일도 없다는 듯 번창하고 있다. 키르케고르(Kierke-Gaard)란 이름은 '교회 뒤뜰에 있는 무덤'이란 뜻이다.

—

니체의 초인은 누구일까?

《차라투스트라》는 철학이 아니라 시

군대 간 아들이 요즘 《차라투스트라는 이렇게 말했다(Also sprach Zarathustra)》를 읽더니 조금 어렵다고 한다. 왜 니체를 읽고 싶어 하는지 물어보지는 않았다. 내가 그 나이 때 느낀 것과 비슷하리라 넘겨짚은 거였다. 니체는 망치를 들고 모든 우상을 파괴하려 했고, 이 세상 모든 걸 준다 해도 순응하지 않으려 했다. 그는 "고통뿐인 삶이여, 얼마든지 다시 오라"고 외친 운명애(運命愛, amor fati)의 사람이었다. 삶의 의미를 묻는 젊은이들은 반항의 아이콘인 그에게 열광하고 그의 드높은 고독을 동경한다.

'초인(超人)'과 '영원회귀(永遠回歸)'의 비밀을 알아내겠다고 두 눈 부릅

뜨고 니체를 읽은 게 30여 년 전이다. 아들에게 덜컥 "쉽게 설명해주겠다"고 장담한 뒤 책을 다시 펴들었지만 곧 괜한 말을 했다 싶었다. 좀 어렵더라도 아들 자신의 열정으로 니체와 씨름하는 게 더 중요하다는 걸 깜박한 것이다.

니체를 안다고 얘기하는 건 누구도 쉽지 않을 것이다. 그의 책 두어 권 읽고 뭔가 안다고 생각하면 '장님 코끼리 만지기'가 된다. 니체는 《차라투스트라》의 표지에 "모든 사람을 위한, 그러나 누구를 위한 것도 아닌 책"이라고 써 넣었다. 온 인류를 위해 썼지만 이해하는 사람이 아무도 없을 거라는 뜻으로 보인다. 이 책은 읽는 이가 자기를 비춰보는 거울일지도 모른다. 니체의 속마음을 파악하지 못한 채 자기 자신의 모습만 발견하기 십상이니까. 하긴, 그게 니체의 의도에 맞을지도 모른다. 각자 자기 운명의 주인이 되라는 게 니체의 핵심 메시지라고 할 수도 있으니까.

아들이 읽는 《차라투스트라》와 내가 읽는 《차라투스트라》는 다를 수밖에 없을 텐데, 자연스러운 일이다. 아들은 진지하게 차라투스트라의 말을 이해하려고 노력했을 게 분명하지만 나는? 고백컨대, 30여 년 만에 첫 페이지를 여는 순간 불경스럽게도 폭소를 터뜨린 것이다! 광활한 우주에서 벼룩보다 작은 차라투스트라가 무대 위로 툭 튀어 오르더니 큰소리로 온 세상을 호령하는 모양이 코믹하게 느껴졌다. 이 책이 나온 1883년에는 엄청나게 파격적이고 용감한 내용이었겠지만 지금 기준으로 보면 그럭저럭 알아들을 수 있는 얘기들인데도 차라투스트라의 말투가 너무 심각하고 과장돼 있어서 자꾸 웃음이 나왔다.

“피로 쓴 글들만 사랑한” 니체의 글을 가볍게 여기는 건 절대 아니지만, 《차라투스트라》를 젊은이의 헌신과 외경으로 읽을 나이는 이미 지난 게 아닌지 자문해볼 수밖에 없었다. 이해하는 게 사랑하는 것과 동의어라면, 젊은 피 끓어 넘치는 아들이 나보다 훨씬 더 니체를 잘 이해할 수 있지 않을까 생각됐다. 니체의 마음에 공감하는 데에 나이와 연륜은 큰 도움이 안 되며, 내가 아들보다 더 잘 알 거라는 생각은 틀렸음을 인정한다.

하지만 젊었을 때 안 보이던 니체의 몇 가지 특징이 눈에 띄었는데, 이를 간략히 얘기하는 것도 아주 무의미하지는 않을 것 같았다. 《차라투스트라》를 절대적 진리나 신비로운 계시(啓示)가 담긴 철학책이 아니라, 스토리가 있는 시(詩)라고 생각하며 차근차근 읽는 건 어떨까? 내용을 조금씩 음미하고 맘에 드는 대목들을 암송하며 읽으면 덜 힘들지 않을까?

가령 ‘권력의지(Wille zur Macht)’란 말을 일종의 시어(詩語)로 보면 아무 문제가 없지만, 이게 옳은지 그른지 따지기 시작하면 미궁을 헤매게 된다. “권력의지가 존재의 본질”이라는 니체의 말은 유일한 진리도 아니지만 허황된 사기도 아니다. 둘 중 하나로 단정하려 들면 형이상학 특유의 독단에 빠지게 된다. 비트겐슈타인(Ludwig Wittgenstein, 1889~1951)은 《논리철학논고(Logisch-philosophische Abhandlung)》를 마무리하며 “말할 수 없는 것에 대해서는 침묵해야 한다”고 썼는데, 바로 이런 경우를 두고 한 말이다. 니체 자신도 형이상학의 독단을 강요할 생각은 전혀 없었을 테니 그냥 시로 읽고, 좋아하든 싫어하든 맘대로 하기!

'초인'은 신일까, 인간일까

《차라투스트라는 이렇게 말했다》를 이제부터 아예 '시'라고 부를까 한다. '철학'이라고 생각하는 순간부터 옳으냐 그르냐를 따져야 하고 어느 입장을 취하든 아무 증거도 댈 수 없으니 머리가 지끈거리기 시작할 게 분명하다. 《마녀의 도서관 편지》를 쓴 김이경의 지적처럼, "익숙하지 않은 것에 인과론을 들이대는 오랜 습관"으로 읽어서는 니체의 핵심에 접근하기 어려울 것이다. 하지만 니체의 '초인(Übermensch)'은 내겐 여전히 '철학적' 관심사다. 나도 니체처럼 진심으로 '초인'을 기다린다. 그런데 그가 말한 '초인'과 내가 기다리는 '초인'은 좀 다른 게 분명하다.

차라투스트라의 과장된 언사 때문에 폭발했던 웃음을 거두고, 그를 기개 넘치는 시인으로 간주하기로 한다. 시를 쓰되 좀스럽게 쓰지 말고 똑 이렇게 쓰렸다! "나는 그대들에게 초인을 가르치러 왔노라. 인간은 극복되어야 할 존재다." 짧은 시구에 심오한 비전이 담겨 있다. 《차라투스트라》에서 눈에 번쩍 띄는 대목은 일단 이 한 줄이다.

니체에게 진리란 이론이 아니라 삶 자체였다. "진리란 무엇인가?"라는 로마 총독 빌라도의 물음에 예수는 대답했다. "내가 바로 진리다." 니체의 대답도 예수와 같았을 것이다. 진리는 내가 결정하고 내

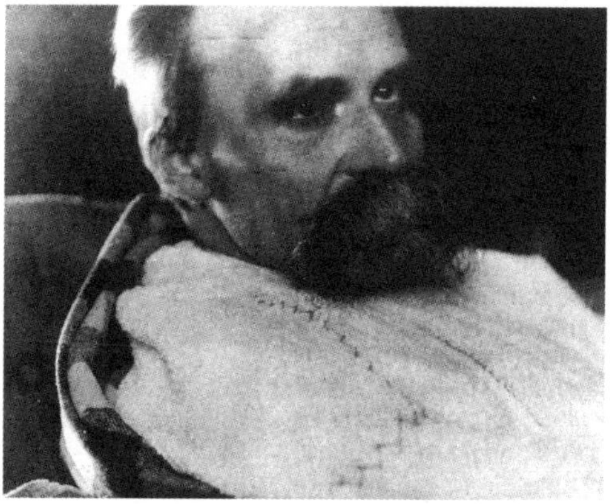

■ 1899년 투병 중인 니체. 니체는 인간에 대해 이렇게 말한다. "그대들은 벌레로부터 인간에 이르는 길을 걸어왔지만, 아직 그대들 내면에는 많은 것들이 여전히 벌레다. 일찍이 그대들은 원숭이였고, 지금도 인간은 어떤 원숭이보다 더 원숭이다."

가 의지하고 내가 창조하는 그 무엇이며, 내가 나 자신이 되는 것을 가로막는 모든 것은 우상(偶像)일 뿐이었다. 니체는 우상 파괴에 모든 열정을 바쳤고, "망치를 들고 철학을 하는 자"를 자처했다. 모든 우상 파괴의 마지막에 신(神)이 있었다. 목사 집안에서 독실한 기독교도로 자라난 니체는 결국 《차라투스트라》의 입을 통해 "신은 죽었다"고 선언했다. 이 말로 니체는 자신의 과거와 결별했고, 19세기 유럽 정신사의 토대를 부정했다.

신(神)은 니체 자신이 발 딛고 서 있던 유럽 문명의 기반이었다. 로마가 기독교를 국교로 삼은 뒤 유럽인은 노예도덕에 길들여졌고, 왜소하고, 나약하고, 비굴해졌다. 르네상스와 프랑스 혁명은 중세의 거대한 그림자에서 인간의 모습을 햇빛 아래로 드러냈지만, 유럽 문명은 거대한 데카당스였고 인간은 불안한 동물이었다. 니체가 볼 때, 그 당시 유럽인들은 어떤 존재였을까? "인간이란 짐승과 초인을 이어주는 밧줄, 심연 위에 걸린 하나의 밧줄이다. 저편으로 건너가는 것도, 도중에 있는 것도, 뒤돌아보는 것도 위험하고, 벌벌 떨며 멈추어 서 있는 것도 위험하다. 인간이 위대한 점은 그가 다리이지 목적이 아니라는 데 있다."

니체는 다윈의 진화론을 알고 있었다. 수십억 년 생명의 나무[1]가 진화해온 과정에서 인간이 지상에 존재한 세월은 그리 길지 않았다. "인간은 짐승과 초인 사이에 놓인 밧줄"이라는 말은 인간 중심의 사고방식만 벗어던지면 얼마든지 수긍할 수 있다. 차라투스트라는 '목적이 아니라 다리'에 불과한 인간을 이렇게 묘사했다. "그대들은 벌레로부터 인간에 이르는 길을 걸어왔지만, 아직 그대들 내면에는 많은 것들이 여전히 벌레다. 일찍이 그대들은 원숭이였고, 지금도 인간은 어떤 원숭이보다 더 원숭이다."

니체가 '원숭이'라고 비하한 인간의 대표적 속성은 무엇일까? 인간에 대한 이해를 돕는 학문은 많다. 정치, 경제, 사회, 심리 등 여러 관점이 있겠지만, 진화심리학이나 동물행동학으로 인간을 설명하는 것도 얼마든지 가능하다. 가령, 인간은 전통, 규범, 인습의 테두리 안에서만 행동한다. 사람과 사람 사이를 지배하는 법칙은 무척 정교하지만 침팬지 사회의 법칙과 질적으로 다르지 않다. 말하자면, 대중은 믿고 따를 리더가 있어야만 단결하여 정치적 행동을 할 수 있다. 니체가 볼 때 인간의 본성 중 가장 끈질긴 것은 우상을 만들고 섬기는 습성, 곧 노예근성이었다.

니체는 '신은 죽었다'고 선언했다. 그렇다면 낡은 신이 죽은 텅 빈 세계, 발 딛고 설 땅이 사라진 폐허에서 인간은 무엇을 해야 할까? 니체가 볼 때 인간은 새로운 신을 만드는 대신 '초인'으로 거듭나야 했다. 그에게 '초인'은 신이 사라진 허무의 세계에서 매순간 더욱 강해지는 존재, 선과 악을 뛰어넘어 자족하는 인간, 낡은 문명에서 해방된 자유로운 영혼, 스스로 생성하며 즐거워하는 어린이였다. 차라투스트라는 '초인'을 알리러 온 예언자였다.

여기까진 명료하다. 그런데 '초인'에 대한 철학적 추론은 딱 여기서 멈춘다. 《차라투스트라》는 '초인'이 어떤 존재인지 끝내 명확히 설명하지 않는다. 호모 사피엔스에서 진화한 새로운 종류의 동물을 가리키는 것 같지는 않다. 니체는 술의 신 디오니소스(Dionysos)를 예찬했고, 나폴레옹 보나파르트(Napoléon Bonaparte, 1769~1821)를 높이 평가했다. 말년에는 로마 황제 율리우스 카이사르(Gaius Julius Caesar, 기원전 100~44)를 자처했는데, 니체 자신을 포함하여 이런 특출한 개인들을 '초인'이라 부른 걸까? 자신이 늘 질타한 노예근성이나 데카당스와 반대되는, 고고한 품성의 귀족 집단을 가리킨 걸까?

《차라투스트라》에 나오는 미친 사람은 "우리가 신을 죽였다"고 선언한 뒤 "이제 우리 스스로 신이 되어야 하지 않을까?" 자문했다.[2] 그렇다면 인간이 신으로 변한 결과가 바로 '초인'이라는 뜻으로 해석되는데, 이 추론은 나를 무척 혼란스럽게 한다. '초인=신'이란 등식으로 귀결되는 이 말은 '신의 죽음'이란 소식과 정면으로 배치되기 때문이다. 하긴, 이런 모순 때문에 니체가 틀렸다고 주장한다면 어리석은 일일 것이다. 니체의 방대한 세계를 설명하며 "내게 니체의 인용문을 주면 그와 반대되는 인용문을 찾아주겠다"고 말한 사람도 있으니 말이다. '초인' 또한 '권력의지'란 말과 마찬가지로 시적 이미지일 뿐이니 여기서 추론을 멈출 수밖에 없다.

진화론의 입장에서 보면 "인간이 신으로 변한다"는 말은 "신이 인간으로 태어났다"는 기독교의 교리만큼 엄청난 비약으로, 일종의 종교적 신념이다. 인간은 생명의 나무 꼭대기에 있는 동물이다. 반면 신은 (1) 만일 존재한다면 생명의 나무 저 너머 하늘에 계실 거고, (2) 지금까지 존재한 적이 없다면 미래에도 존재하지 않을 것이다. 니체의 '초인'은 실재할 가능성이 없어 보이니, 인간과 신의 경계를 넘나드는 니체의 드높은 상상이 빚어낸 영웅의 시적 이미지라고 해두자.

'영원회귀'의 소박한 의미

《차라투스트라는 이렇게 말했다》의 근본 사상인 '영원회귀'도 옳고 그름을 떠나 애매한 시어이긴 마찬가지다. 그의 '영원회귀'는 부처가 설파한 바, 모든 사물이 인과의 끈으로 연결된다는 '연기론'과 달라 보인다. 솔로몬의 《전도서(Ecclesiates)》에 나오는 "하늘 아래 새로운 것이 없다"는 말과도 관계가 없는 것 같다. 우주가 무한히 생성과 소멸을 되풀이한다는 순환우주론은 얼핏 니체의 '영원회귀'와 비슷해 보이지만, 니체는 빅뱅이론의 한 갈래인 순환우주론을 알지 못했고, 그런 우주론을 펼 생각도 없었을 것이다.

내가 이해할 수 있는 '영원회귀'는 지구 표면 위에서 생물과 무생물이 순환한다는 '가이아 이론' 수준이다. 첫째, 일반적으로 생물과 무생물이 순환한다는 건 자명해 보인다. 지구에 생명이 탄생하기 전에는 모든 게 무생물이었고, 언젠가 모든 생명이 멸종한다면 다시 무생물의 시대가 올 것이다. 몇 억 년이 될지 모르지만 거기서 언젠가 다시 생명이 태어날 수 있을 것이다.

둘째, 개체의 삶과 죽음도 순환한다. 사람이든, (다른) 동물이든, 식물이든 죽으면 모두 흙으로 돌아가며, 흙으로 돌아간 여러 생명은 가이아의 품속에서 모두 섞인 뒤 다시 새로운 개체로 태어난다. 현대 생물학은 개체의 경계가 허물어지는 게 죽음이라고 정의한다. 모든 개체들은 살아 있을 때는 경계에 갇힌 고독한 존재지만, 죽은 뒤에 비로소 서로 섞이며, 여기서 고독한 개체가 새롭게 태어난다. 이 과정은 무한히 반복된다.

셋째, '먹는다'는 모든 생명체의 기본활동도 삶과 죽음의 순환이다. 내 몸 속으로 들어가는 모든 음식은 죽음을 통해 나의 생명을 유지하고 강화시킨다. 내가 죽으면 나 또한 다른 생명, 즉 미생물의 먹이가 된다. 화장을 해도 마찬가지다. 기체가 되어 떠돌다가 어느 미생물의 먹이가 될 것이다. 이 미생물은 죽어서 식물을 키우고, 동물을 키우고, 다시 인간을 키운다. 모든 생명이 멸종하면 무생물의 시대가 오고, 오랜 세월이 지나면 다시 생명이 탄생할 것이다.

■ 디오니소스를 새긴 그리스 시대 대리석 조각(뉴욕 메트로폴리탄 미술관). 니체는 그리스 신화의 세계에 평생 심취해 있었다. 그의 사상 중심에 있는 '영원회귀'는 신화적 상상에 바탕을 둔 개념이 분명하다.

니체가 생각한 '영원회귀'는 이런 뜻은 아니었을 것이다. 《차라투스트라》 3편의 '쾌유되는 자'에 니체의 '영원회귀'를 압축한 시구가 나온다.

"모든 것은 가고 모든 것은 되돌아온다. 존재의 수레바퀴는 영원히 굴러간다. 모든 것은 죽고 모든 것은 다시 꽃핀다. 존재의 연령은 무한하다. 모든 것은 부서지고 다시 결합한다. 존재의 동일한 집은 영원히 재건된다. 모든 것은 헤어지고 다시 만난다. 존재의 둥근 고리는 영원히 자신에 충실하게 회전한다. 매순간에 모든 존재는 시작된다. 중심은 어디에나 있다."

니체는 그리스 신화의 세계에 평생 심취해 있었다. "갈기갈기 찢긴

디오니소스는 영원히 다시 태어날 것이고, 영원히 파괴로부터 되돌아올 것"이라는 《권력의지(Wille zur Macht)》의 한 구절은 '영원회귀'란 말이 신화적 상상에 바탕을 둔 표현이라고 짐작케 한다. 1881년 실스마리아에서 니체가 이 생각을 벼락처럼 떠올린 건, 마호메트가 동굴 속에서 알라의 계시를 받은 것과 비슷해 보인다.

"네가 지금 살고 있고 살아왔던 이 삶을 너는 다시, 그리고 또다시, 무수히 반복해서 살아야 할 것이다. 거기에 새로운 것은 전혀 없으며, 네 삶의 모든 고통, 모든 기쁨, 크고 작은 모든 것들이 틀림없이 네게로 다시 찾아올 것이다."

신이 죽은 허무의 세계 그 자체를 긍정하는 것, 지나간 삶의 모든 괴로움이 영원히 되돌아온다 해도 언제든 다시 받아들이는 것, 니체는 이 '영원회귀'를 "도달할 수 있는 최고의 긍정 형식"이라고 불렀다. '영원회귀'를 정면으로 바라보며 생을 긍정하는 '운명애'를 통해 니체의 '초인'은 완성된다.

전혜린의 유고 에세이집 《이 모든 괴로움을 또다시》의 제목도 여기서 따온 것이다. 하지만 이걸 '절대적 진리'로 여기고 신봉하면 일종의 종교적 도그마가 될 테니 역시 시적 이미지로 받아들이는 게 나을 것이다. "모든 것은 똑같이 되풀이된다"는 니체의 말은 "같은 강물에 두 번 들어갈 수 없다"는 헤라클리투스(Heraclitus, 기원전 540~470)의 말과 모순된다. 나더러 굳이 하나 고르라면 헤라클리투스 쪽 손을 들어주고 싶지만, 니체의 글을 시라고 간주하면 옳고 그름을 따지는 게 무의미해 보인다. 일종의 신비체험을 표현한 '영원회귀'에서 "빛나는 정오의 순간"을 떠올리며 용기 있게 삶을 긍정한다면 멋진 일일 것이다.

박찬국 교수는 니체에게 '영원회귀'란 허무주의(Nihilismus)를 극복하기 위한 '실험적 사상'이라고 지적한다. 플라톤이 말한 선(善)의 이데아는 기독교의 신(神)이 되어 삶의 가치와 의미를 제공해왔다. 그러나 신이 죽은 자리에 이제 아무 가치도 남아 있지 않다. 유럽의 역사는 존재하지 않는 피안의 허상을 위해 피와 살로 된 땅 위의 삶을 희생시키며 살아온 허무주의의 역사였다. 18세기 계몽주의를 딛고 태어난 마르크스의 혁명론 또한 존재하지 않는 미래를 위해 현재를 희생시키는 이론이므로 결국 허무주의다.

"전통 형이상학도, 미래에서 위안을 찾는 근대의 계몽주의도, 니체에게는 니힐리즘을 극복하려는 실험들이다. 니체가 볼 때 이러한 사상들의 문제점은, 값싼 위로를 제공함으로써 권력의지를 연약하게 만든다는 점이었다. 권력의지는 오히려 시련을 필요로 하며, 시련을 통한 자기초극이야말로 권력의지의 목표다." 박찬국 교수는 초인의 길에서 반드시 딛고 가야 할 최대의 시련이자 최고의 긍정형식이 바로 영원회귀라고 설명한다.

존 레논이 노래한 '초인'

내가 생각하는 '초인'—굳이 '초인'이란 말을 쓴다면—은 내 깜냥만큼 아주 범상하다. "신이 죽었다"는 말에 모든 사람이 동의한다고 가정하더라도 굳이 인간이 신이 되어야 할 필요는 없고, 그럴 수도 없다는 게 내 생각이다.

신 없이도 인간은 선할 수 있고, 서로 아끼며 도울 수 있다. 인간이 인간을 죽이는 어리석은 전쟁을 영원히 추방하자고 뜻을 합칠 수 있다. 강한 사람이 약한 사람을 착취하는 비인간적인 자본의 질주에 제동을 걸기 위해 지혜를 모을 수 있다. 결코 낙관적이라고 말할 수는 없다. 몇몇 개인이 각성한다 하더라도 지구 위의 모든 국가와 조직은 성장 이데올로기의 채찍 아래 점점 더 빠른 속도로 파국을 향해 질주하고 있다. 이 파국을 막으려면 압도적 다수의 인간이 상생과 평화를 소중히 여기는 일대 가치의 전환을 이뤄야 한다. 인류의 운명을 인류가 스스로 제어할 수 있을 만큼 지성과 선의를 가진 사람이 압도적 다수가 되는 세상이 온다면 그게 바로 인간이 '초인'으로 진화하는 순간 아닐까.

2,000년 가까이 기독교 문화 속에서 살아온 서양인들은 '신'이란 말을 떼놓고 사고하기 어렵다. 우주의 기원을 탐구하는 현대 과학자들조차 빅뱅을 얘기할 때 '창조'란 말을 쓴다. '빅 히스토리'를 주창한 데이비드 크리스천은 《시간의 지도(Maps of time)》에서 인간의 기원을 '현대의 창조신화'에 비유해야만 독자들을 설득할 수 있었다. 창조론과 진화론의 논쟁은 21세기에도 끈질기게 이어지고 있다.

《만들어진 신(God delusion)》을 쓴 리처드 도킨스(Richard Dawkins)는 "미국의 무신론자여, 커밍아웃하라"고 외쳤다. 양심의 자유를 누리려면 용감하게 정체성을 밝혀서 스스로 기본권을 찾아야 한다는 것이다. 도

■ 종교는 공동체의 결속을 다지고 소통을 촉진하는 순기능을 가지고 있다. 하지만 한국의 일부 기독교인들이 보이는 이기적, 배타적, 독선적인 오류는 종교의 순기능보다 역기능을 더욱 크게 드러내고 있다.

킨스의 생각에 공감하는 사람이 늘어나고 있다. 종교가 합리적인 사고를 방해하며 평화를 위협한다는 것이다. 《무신예찬(50 voices of disbelief : why we are atheists)》이란 책은 신을 믿지 않는 50명의 다양한 무신론 이야기를 담고 있다. 기독교와 이슬람이 자기 신을 내세우며 싸운다면 신은 누구의 편이란 말인가? 신이 이 모든 사람들의 기도를 다 들어준다면 인류는 벌써 멸종했어야 하는 것 아닌가? 신의 이름으로 저지른 역사 속의 무수한 악행과 비리를 어떻게 설명할 것인가? 인간은 신의 도움을 받지 않아도 충분히 도덕적일 수 있지 않은가?

미국에서 신을 믿지 않는 사람은 동성애자보다 더 심한 곤욕을 치러야 한다. 정치인들은 선거 때마다 신앙을 검증받아야 한다. 도킨스는 미국이 신정국가로 흘러가는 걸 경고할 필요가 있다고 판단했겠지만, '무신론'이란 용어는 효과적이지 않아 보인다. 이 말이 불러일으키는 무시무시한 이미지 때문이 아니다. '신이 존재하느냐 존재하지 않느냐'의 프레임으로 들어가서 논쟁하면 결론이 날 수 없기 때문이다. 신을 믿지 않는 이유는 신을 믿는 이유만큼 다양하며, 어느 입장이든 대칭되는 논거를 끝없이 제시할 수 있다. 양쪽 모두 자기 신념을 미리 전제한 뒤 논증하는 순환론에 빠져 있으므로 애초에 토론이 되지 않는다. 도킨스는 토마스 아퀴나스의 방대한 논증을 어떻게 일일이 감당할 생각일까.

차라리 "신은 관념과 언어로 존재하지만, 시간과 공간 속에 존재하지 않는다"고 말하면 훨씬 간명할 것 같다. 존재의 차원이 다르다는 것이다. 쿨(cool)한 기독교 신자라면 동의할 수 있는 말이다. 빅뱅을 밝혀낸 우주론의 성과에 기대어 에피쿠로스처럼 간단히 말할 수 있을 것이다. "신은 우주 안에 존재하는가? 그렇다면 그는 신이 아니다. 신은 우주 밖에 존재하는가? 그렇다면 그는 우리와 관계가 없다."

기독교의 나라 미국에서 기독교 신자의 비율이 줄어들고 있다는 조사결과가 나왔다. 개신교의 비율이 미국 역사상 처음으로 50% 아래로 떨어졌다는 것이다. 2007년부터 2012년까지 개신교는 53%에서 48%로, 기독교는 78%에서 73%로 줄었다. 반면 '특정 종교 없음'은 15%에서 19%로, '무신론'은 1.6%에서 2.4%로 증가했다(퓨 리서치센터, 미국 성인 2,973명 대상 조사, 2012). 인류가 진화하면서 신의 숫자가 줄어들어 왔다는 우스개가 있다. "인류의 종교는 다신교에서 일신교로 진화했고, 곧 영(零)신교로 진화할 것"이라는 것이다.

종교의 좋은 면까지 부정하는 것은 위험할 수 있다. 공동체의 결속을 다지고 소통을 촉진하는 종교의 순기능은 구석기시대 크로마뇽인이 이미 증명했다. 네안데르탈인이 멸종하고 크로마뇽인이 살아남은 건 종교의례를 통해 동질감과 네트워크를 이뤘기 때문이기도 했다. 종교가 다양해지면서 여러 부작용도 생겨났다. 기독교의 다양한 분파도 마찬가지였다. 다수집단은 소수집단을 '사이비'로 낙인찍는다. 세월호 침몰 이후 '구원파'에 대한 여론몰이가 한 달 가까이 이어졌는데, 이 차이는 '큰 사이비'와 '작은 사이비'의 차이에 불과할지도 모른다.

종교의 자유를 침해해서는 안 될 것이다. 그러나 최근 한국의 일부 기독교인들이 보인 이기적, 배타적, 독선적인 오류는 지탄받아 마땅하다. 한국의 기독교는 서양에 비해 기복신앙의 요소가 강하다. "기독교 국가는 잘 살고 이슬람 국가는 못 산다"는 생각은 돈을 위해 '하나님'을 이용하는 꼴이니 뻔뻔해 보인다. "하나님이 시련을 주셔서 이 나라를 부강하게 하신 것"이란 발상은 세속의 성공을 위해 '하나님'을 이용하는 논리와 별로 다르지 않다. 합리적인 역사의식이 아니며, 사람들의 구체적 아픔에 대한 공감이 결여돼 있다.

근본주의 기독교 집안에서 태어나 결국 신이 없다고 생각하게 된 미국의 대럴 레이(Darrel Ray)는, 종교가 우리의 삶과 문화에 어떻게 영향을 미치는지 분석하면서 '갓 바이러스(God Virus)'란 개념을 도입했다. 인간은 '신'이란 말을 써도 사고할 수 있고, '신'이란 말을 안 써도 사고할 수 있다. '신'이란 관념을 갖고도 양심적일 수 있고, '신'이란 관념을 버려도 양심적일 수 있다. 그렇다면 '신'은 정상적인 사고에 쓸데없이 덧붙여진 불필요한(superfluous) 관념 아닐까?

레이의 《신들의 생존법(The God Virus)》에 따르면, 신은 인간의 두뇌에 끼어 있는 바이러스와 같다. 이 바이러스는 병원체처럼 숙주를 감염시키며 집요하게 번식한다. 숙주는 자기가 병에 걸렸다는 걸 완강히 부인하고, 자기 합리화의 논거를 끊임없이 생산한다. 레이의 접근법은 논리적으로 말이 되지만, 믿는 이들의 격렬한 반발을 일으킬 뿐 효과적인 치료제는 아닌 것 같다. "너 예수병 환자야" 하는데 순순히 동의할 기독교인이 어디 있겠는가?

레이의 이론에 따르면 니체의 '초인(Übermensch)'은 '갓 바이러스'를 완전히 떨쳐버린 자유로운 인간 아닐까. 니체는 신에 의존하지 않는 지혜롭고, 생명력 넘치는 인간을 꿈꾸었다. 이 '초인'이 가능한지 여부를 떠나, 전 인류가 '초인'으로 진화하려면 엄청난 시간이 필요할 것이다. 이걸 앞당기려고 조바심한다면 니체처럼 미칠 위험을 감수해야 할지도 모른다. 믿는 사람과 믿지 않는 사람은 일단 평화롭게 공존하는 예의부터 배워야 할 것 같다.

약한 자를 절멸시키는 강자가 아니라, 약자를 착취, 억압, 기만하지 않으며 서로 공감과 연민, 소통과 우정을 나누는 강자야말로 진정한 '초인' 아닐까. 니체와 같은 극단적인 고독보다 인간과 인간의 나눔과

연대에서 행복을 느끼는, 비교적 소박한 초인을 기대할 수는 없는 걸까. 인간의 정체성을 유지하면서도 우리가 함께 지향할 만한 현실적인 '초인'은 이 정도 수준일 것이다. 존 레논(John Lennon, 1940~1980)은 이 일이 '그리 어렵지 않다'고 노래했다.

이매진

천국이 없다고 상상해봐요, 해보면 쉬워요.
발아래엔 지옥이 없어요, 머리 위엔 하늘뿐이죠.
모든 사람이 오늘을 위해 사는 걸 상상해봐요.
국가가 없다고 상상해봐요, 그리 어렵지 않아요.
서로 죽이고 죽일 이유도 없죠, 종교도 없어요.
평화롭게 함께 사는 모든 사람을 상상하세요.
제가 몽상가라고 말하시겠죠, 하지만 저 혼자가 아닙니다.
언젠가 당신도 함께할 거예요, 세상은 하나가 될 거예요.

니체의 삶, 그 일관성

니체는 초인을 찬양하며, 약자에 대한 연민을 경멸하고, 민주주의를 비난하고, 복지제도를 저주하고, 전쟁을 찬양했다. 비범하지 못한 나로서는 이러한 극단적인 귀족주의에 동의하기 어렵다. 심지어 "퇴

■ 니체가 죽고 나서 그의 사상은 유럽에 급속히 받아들여졌으며, 그중 히틀러를 빼놓을 수 없다. 나치가 끔찍한 만행을 저지르면서 죄책감을 덜 느낀 게 니체의 '초인' 사상 덕분이었다는 건 인정해야 할 것이다.

락하고 있는 종족의 절멸, 보통선거, 바꿔 말하면 가장 저열한 본성의 소유자들이 억압을 가하는 조직의 절멸, 평범함과 그 효력의 절멸"을 얘기한 대목은 파시즘의 냄새를 물씬 풍긴다. 고귀한 자가 저열한 자를 절멸해도 된다면 히틀러의 유태인 학살이 합리화되는 건 물론, 반사회적 인격장애를 가진 사람의 '묻지 마 살인'도 용서될 텐데, 그게 니체가 뜻한 바였다고 생각할 수는 없다.

니체가 세상을 떠난 1900년 이후 그의 사상이 유럽에 급속히 받아들여졌고, 니체에 열광한 사람들 중에 히틀러를 위시한 게르만 우월주의자도 있었다는 걸 기억한다. 니체는 누이동생 엘리자베트와는 달리 게르만 우월주의를 혐오했지만, 그의 사상이 순식간에 인종주의 이데올로기로 변질할 소지가 있다는 건 부인할 수 없는 사실이다. 나치의 유태인 학살이 니체 때문에 일어났다고 말한다면 비약이겠지만, 나치가 끔찍한 만행을 저지르면서 죄책감을 덜 느낀 게 니체의 '초인' 사상 덕분이었다는 건 인정해야 할 것이다. 그의 '초인'은 프로토-파시즘(proto-fascism, 파시즘의 원형)의 혐의를 벗기 어렵다.

니체도 인간이었다. 루 살로메(Lou Andreas-Salomé, 1861~1937)는 1882년 니체를 만난 인상을 자세히 기록했다.

"고독, 이것이 니체가 사람의 마음을 사로잡는 최초의 강한 인상이었다. 우울한 기분에 잠겨 있을 때면 그의 눈에서는 고독이, 마치 섬뜩한 심연으로부터 나오는 것처럼, 음울하게 그리고 거의 위협적으로 말하고 있었다. 니체의 거동은 은둔자나 묵언수행자와 같은 인상을 주었다. 일상생활에서 그는 매우 예의바르고 거의 여성적일 정도로 부드러웠으며 언제나 호의적인 마음을 지니고 있었다. 이 고독한 자는 가면을 좀 서툴게 쓰고 있었을 뿐이었다. 마치 사막과 산중에서 온 사람이 세속적인 사람의 옷을 걸치고 있는 것처럼."(고명섭, 《니체 극장》)

그는 혼자서 유럽 문명 전체와 맞섰고, 누구도 감히 엄두를 내지 못할 드높은 고독 속에서 사색했다. 니체가 루 살로메의 마음을 얻는 데 실패한 뒤 병적인 여성혐오에 빠졌다는 사실은 굳이 언급할 필요가 없을 것이다. 살로메가 남긴 상처를 극복하는 과정에서 《차라투스트라는 이렇게 말했다》를 썼다는 얘기도 진부해 보인다. 그의 정신은 1888년경부터 조금씩 무너지기 시작했다. 이 해 가을에 쓴 자서전 《이 사람을 보라(Ecce Homo)》의 소제목은 '나는 왜 이렇게 현명한가', '나는 왜 이렇게 좋은 책을 쓰는가' 등 허세와 자기과시로 가득 차 있다. 그러나 이러한 니체의 독백은 더 이상 올라갈 수 없는 산꼭대기에 홀로 선 사람의 목소리처럼 처연하게 울린다.

그가 유럽 문명의 데카당스를 질타하며 모든 우상을 파괴하려 한 것을 나는 여전히 찬탄한다. 하지만 그가 약자에 대한 연민을 비웃고 사람 사이의 연대를 나약함의 징표로 간주하여 경멸한 것은 무척 안타깝다. 니체는 19세기의 황혼 속에 세상을 떠났지만, 20세기가 동틀 무렵부터 수많은 사람들의 마음을 사로잡았다. 생애 마지막 10년 동안 그가 나날이 미쳐간 것은 철저한 고독을 선택한 필연적 귀결로, 그의 표현대로 '하나의 운명'이었다. 그가 미쳤기 때문에 그의 삶은 일관성이 있어 보인다.

1. 생명의 나무는 지금까지 지구에서 살다가 멸종했거나 여전히 살고 있는 모든 생물의 진화 계통을 나무로 나타낸 그림이다. 지구상의 생물들이 공통 조상에서 갈라져 나와 다양하게 진화해온 과정을 쉽게 보여주기 위해 찰스 다윈이 도입했다.

2. '신이 없다면 인간이 신이 되어야 한다'는 생각은 도스토옙스키(Fyodor Mikhailovich Dostoevskii, 1821~1881)도 마찬가지였다. 《카라마조프 형제들(Bratya Karamazovy)》의 이반과 《악령(Besi)》의 키릴로프도 똑같은 말을 한다. 니체나 도스토옙스키나, 기독교 문명의 테두리 안에서 사색한 사람들이 도달할 수 있는 결론이다. 신(神)이란 말을 안 쓰고도 사고할 수 있다는 걸 19세기 유럽인들은 몰랐던 것 같다. 프랑스 시인 라마르틴(Alphonse de Lamartine, 1790~1869)은 "신은 세상을 창조하다 말고 낮잠을 자러 갔다"고 투덜댔다. 피아노의 시인 쇼팽(Fryderyk Franciszek Chopin, 1810~1849)은 조국 폴란드가 러시아에게 잔인하게 짓밟혔다는 소식을 듣고 미칠 듯이 신을 저주했다. 20세기, 인간의 자유를 예찬한 니코스 카잔차키스(Nikos Kazantzakis, 1883~1957)의 《그리스인 조르바(Zorba the Greek)》마저 신에 대한 토론이 책 전체의 1/3에 달한다. "신이 없다면 인간이 신이 되어야 한다"는 말을 합리적으로 설명한다면, 종교의 굴레에서 벗어나 인간 개개인의 존엄성, 즉 신성(神性)을 회복하자는 뜻으로 읽어도 좋을 것이다. 모든 개인은 불성(佛性)을 갖고 있으며, 서로 존중해야 한다는 뜻으로 해석한다면 누가 반대하겠는가.

—

가난한 시대의 웃음

모든 강연은 사기일까?

세상의 부조리에 분노할 줄 모르면 젊은이답지 않다. 반대로, 제 맘에 안 든다고 번번이 화를 내면 지혜롭게 늙기 어렵다. 삶의 비극적 의미를 잘 아는 사람이 가장 즐거운 사람이라는 말이 있다. 나스레딘 호자(Naşr al-Din Khoja, 1208~1284)의 언행은 늘 상식과 어긋났는데, 비극으로 흐르는 대신 끝없는 유머의 원천이 됐다. 유머가 세상을 구원할 수는 없겠지만, 유머 없이 이 세상을 살아가려면 무척 힘겨울 것이다.

나스레딘 호자는 13세기 터키 콘야 근처, 악세히르에 살았던 사람이다. 나스레딘은 이름이고 '호자'는 '선생님'이란 뜻이다. 그는 이슬람 문화권에서 가장 지혜로운 사람으로 알려져 있지만, 태어난 날과 사망한 날은 정확히 모른다. 나스레딘은 책을 쓰지 않았고, 제자들이 그의 행적을 기록하지도 않았다. 그의 일화는 입에서 입으로 전해졌고, 후세 사람들이 새로운 이야기를 지어내며 그를 주인공으로 끌어들이기도 했다. 그의 이야기는 다양한 '유머 모음'의 형태로 전해지는데, 정확히 얘기하면, 수세기 동안 쌓인 민중들의 해학을 나스레딘의 이름으로 담아낸 이야기들이다.

나스레딘은 강연하길 몹시 싫어했다. 그가 지혜롭다는 소문이 퍼지자 이웃마을에서 강연 요청이 왔다. 그는 사양했지만, 거듭되는 요청을 뿌리칠 수 없어서 결국 이웃마을을 찾았다. 민바르(이슬람 사원의 강연을 위한 연단)에 서서 그가 사람들에게 물었다. "지금부터 제가 무슨 얘기를 하려는지 아시는 분, 손들어보세요." 아무도 손을 들지 않았다. "아무도 들을 준비가 안 돼 있으니 강연을 할 수 없습니다." 나스레딘은 한마디를 남기고 집으로 돌아왔다. 마을 대표들은 긴급회의를 열어 대책을 세운 뒤 다시 그를 초청했다. 나스레딘이 같은 질문을 던졌다. "제가 무슨 얘기를 하려는지 아시는 분, 손들어보세요." 이번에는 청중 모두 손을 들었다. 호자는 이번에도 그냥 강연장을 나왔다. "다 아시는데 굳이 강연을 할 필요가 없지요." 마을 대표들은 다시 회의를 열어 회심의 결론을 내렸다. 이번에는 틀림없이 강연을 해주실 거야……. 다시 청중 앞에 선 나스레딘이 질문했다. "제가 무슨 얘기를 하려는지 아시는 분, 손들어보세요." 왼쪽에 앉은 사람들은 손을 들었고 오른쪽에 앉은 사람들은 손을 들지 않았다. 나스레딘은 결국 강연을 하지 않았다. "아는 분들이 모르는 분들한테 가르쳐주시면 되겠네요."

그가 왜 이토록 강연하기를 싫어했는지 누구도 설명하지 않았다. 선생입네 하고 앞에서 가르치는 게 우스꽝스런 일이라고 여겼을 수 있다. 삶의 지혜라는 건 강연 같은 걸로 전달할 수 없다고 생각했을 수 있다. 일방적인 지식 전달이란 게 허망한 일이며, 이미 머리가 굳은 사람의 생각을 바꾸는 게 불가능에 가깝다는 걸 너무나 잘 알았기 때문일 수 있다.

그는 당나귀를 거꾸로 돌아앉아서 타고 다닌 사람으로 유명하다. 사람들이 이유를 물으면 "나는 똑바로 있는데 이 당나귀가 거꾸로 가는 거지" 능청스레 대답했다고 한다.

바보스러울 정도로 솔직한 그의 태도는 그 자체가 세상에 대한 풍자가 된다. 그는 사람들이 자기 머리로 생각하지 않고 남의 말에 휘둘리면 얼마나 우스꽝스런 일이 일어나는지 보여주었다. 나스레딘과 아들과 당나귀가 길을 가고 있었다. 나스레딘이 당나귀에 타고 아들이 걸어가자 사람들이 수군댔다. "애를 걷게 하고 어른 혼자 편하게 가다니, 쯧쯧." 나스레딘이 걸어가고 아들을 당나귀에 태웠다. 사람들이 또 수군댔다. "어린 것이 편하게 가고 아버지를 고생시키다니, 불효막심하군." 나스레딘과 아들은 둘 다 걸어가기로 했다. 사람들이 비웃었다. "바보 같으니라고, 당나귀가 있는데 왜 둘 다 걸어갈까?" 나스레딘과 아들은 함께 당나귀를 탔다. 사람들이 혀를 찼다. "불쌍한 당나귀, 얼마나 힘들까? 자기밖에 모르는 인간들 같으니라고." 나스레딘과 아들은 당나귀에서 내렸다. 두 사람은 힘을 합해 당나귀를 짊어지고 걸어갔다.

당나귀를 거꾸로 타고 가는 이유를 나름 합리적으로 설명한 일화도 있다. 어느 날, 사람들이 그에게 가르침을 청했다. 그는 모스크로 가자며 당나귀를 거꾸로 탄 채 출발했고, 사람들이 그를 따라왔다. 왜 당나귀를 거꾸로 타고 가시냐고 사람들이 묻자 그가 대답했다. "이분들이 앞장서서 가면 사람들은 이분들이 무례하다고 하겠지요. 제가 먼저 가면서 앞을 보면 제가 건방진 게 되지요. 이렇게 앞에서 뒤로 돌아 이분들을 마주보며 가는 게 제일 낫지요."

배고플 때 웃는 방법

나스레딘은 찢어지게 가난했다. 티무르(Timur, 1336~1405)의 가혹한 수탈 아래 모두 가난했는데 그 또한 예외가 아니었다. 그래서인지 그의 일화들은 배고픔과 관련된 얘기 투성이다.

어느 날, 그가 낯선 마을에 도착했다. 그 마을 최고 부자의 아들이 시름시름 앓으며 죽어가고 있었다. 마을 사람들이 그를 의사로 착각하여 부잣집으로 안내했다. 이리저리 맥을 짚는 시늉을 해보았지만 가망이 없어 보였다. 안주인이 따끈한 미음을 가져왔다. 당연히 환자에게 먹일 줄 알았던 미음을 나스레딘이 허겁지겁 먹어버렸다. 얼마 후 환자는 숨을 거두었다. 환자의 아버지가 나스레딘에게 항의했다. "아니, 환자가 죽어가는데 선생님께서 미음을 드시면 어떻게 합니

■ 나스레딘 호자 동상. 나스레딘은 이름이고 '호자'는 '선생님'이란 뜻이다. 그는 이슬람 문화권에서 가장 지혜로운 사람으로 알려져 있다. 그의 동상은 이슬람 곳곳을 비롯해 모스크바에서도 발견할 수 있다.

까?" 나스레딘이 대답했다. "제가 먹었기 때문에 한 사람만 죽은 것입니다. 아드님이 드셨다면 두 사람이 다 죽었을 것입니다."

웃어야 할지, 울어야 할지…… 배고픈 얘기는 수도 없이 많다. 나스레딘 호자가 빵집에 들어갔다. 찐빵 하나를 먹었는데 꿀맛이었다. 하나 더 시켜서 맛있게 먹었다. 그런데 돈이 없었다. 친절하던 빵집 주인은 그가 돈이 없다는 걸 확인하고 얼굴색이 변했다. 주인은 "당장 꺼지라"며 나스레딘 호자의 뺨을 세차게 후려갈겼다. 아픈 뺨을 움켜쥐고 빵집 문을 나서던 호자가 문득 뭔가 생각난 듯 발걸음을 돌려 주인에게 다가섰다. "내일도 이 값에 빵을 먹어도 될까요?"

배고픈 건 슬픈 일이다. 얼핏 보면 싱거운 우스개 같지만, 차분히 곱씹어보면 깊은 슬픔이 묻어난다. 얼마나 배가 고팠기에 "일단 먹고 보자" 생각했을까? 눈에 불이 날 정도로 뺨을 맞은 심정은 어땠을까? 또 굶을 생각을 하니 얼마나 참담했기에 내일도 빵 먹는 대가로 뺨을 때려달라고 했을까? 감정이입을 하고 다시 읽으면, 눈물이 날 정도로 웃긴다.

정의로운 소통법

가난한 동네에 도둑 얘기가 빠질 수 없다. 한밤에 도둑이 들었는지 덜거덕거리는 소리가 났다. 아내가 나스레딘에게 나가서 살펴보라고 했다. 나스레딘의 대답이 걸작이다. "우리 집에 쓸 만한 물건이 어디 있다고……. 도둑이 찾아내도록 내버려둔 다음에 뺏는 게 낫지 않겠소?" 다른 도둑 얘기는 허무 개그다. 어느 날 밤, 도둑이 들어서 자루 속에 식기와 냄비를 모두 담아서 달아났다. 나스레딘은 누더기 이불을 뒤집어 쓴 채 엉금엉금 도둑 뒤를 따라갔다. 한참 걸어가던 도둑이 짜증을 내며 뒤를 돌아보았다. "아니, 왜 자꾸 따라오는 거요?" 나스레딘이 대답했다. "지금 이사 가는 거 아닌가요?"

훔쳐갈 것도 없는 나스레딘의 집을 터는 도둑은 또 얼마나 비참했을까? 엉금엉금 도둑 뒤를 따라가는 나스레딘의 모습은 정복자 티무르의 수탈에 허덕이던 당시 서민들의 눈물겨운 풍경화다.

빚지고 사는 이웃 얘기도 많이 나온다. 어느 날 나스레딘이 지붕을 수리하러 집 꼭대기에 올라가 있는데 이웃사람이 불렀다. 그가 사다리를 타고 내려가자 이웃사람이 말했다. "미안한데 만 원만 꿔줄 수 있겠나?" 나스레딘은 약이 올랐다. "아니, 그 얘기를 그냥 하지, 왜 바쁜 사람을 일부러 내려오게 만드나?" 이웃사람이 대답했다. "큰 소리로 얘기하면 다른 사람이 들을까봐 그랬지." 나스레딘은 정의를 실현해야겠다고 생각했다. 나스레딘이 작은 목소리로 말했다. "나를 따라오게." 이웃사람을 데리고 지붕으로 올라간 나스레딘이 귓속말로 속삭였다. "유감이네만, 지금 만 원이 없어서 못 꿔주겠네."

나스레딘은 부자들이란 뼛속까지 탐욕스럽다고 생각한 모양이다. 유명한 부자 한 명이 웅덩이에 빠져 죽을 위험에 처했다. 사람들이 그를 구해주려고 앞 다투어 소리쳤다. "손을 주세요, 손을." 부자는 손을 내밀지 않은 채 점점 더 깊이 물에 빠져들었다. 나스레딘이 부자를 향해 상체를 내밀며 말했다. "손을 받으시오." 부자는 그제야 나스레딘의 손을 붙잡고 올라와서 목숨을 건졌다.

신의 방식, 인간의 방식

그는 알라를 믿지 않으면 살 수 없는 이슬람 문화권에 속했지만, 알라가 세상에 정의와 평화를 가져다 줄 거라고 생각하지는 않은 것 같다. 동네 아이 다섯 명이 호두를 100개 정도 주웠는데, 서로 많이 가지려고 싸움이 났다. 아이들은 나스레딘에게 달려와서 문제를 해결해 달라고 부탁했다. 나스레딘이 물었다. "어떻게 나눠줄까? 신의 방식으로 나눠줄까? 아니면 내 방식으로 나눠줄까?" 아이들은 신의 방식으로 나누는 게 좋겠다고 입을 모았다. 나스레딘은 호두를 아무렇게나 집어서 첫째 아이에게 50개, 둘째 아이에게 10개, 셋째 아이에게 25개, 넷째 아이에게 15개를 주고 다섯째 아이에겐 아무것도 주지 않았다. 아이들이 어리둥절해서 물었다. "선생님, 이건 공정하지 않아요!" 나스레딘이 대답했다. "신은 이렇게 나눠주신단다. 내 방식으로 했다면 공정하게 나눠줬겠지. 저 도시를 한번 봐라. 신이 사람들에게 어떻게 재물을 나눠주셨는지 보이지 않냐?"

역사를 보면 나스레딘은 13세기 인물이고 티무르가 통치한 것은 14세기 후반이다. 하지만 나스레딘의 이야기에 티무르가 여러 번 등장한다. 모든 구전설화가 그러하듯, 나스레딘과 티무르의 일화도 입에서 입으로 전해지며 슬쩍 창작된 부분이 많을 것이다. 아무튼, 전해지는 얘기에 따르면 폭군 티무르가 나스레딘의 지혜에 홀딱 반해서 자기 자문역으로 삼았다고 한다. 그는 티무르에게 직언을 서슴지 않았다. 티무르는 도시에 들끓는 거지를 소탕하기 위해 거지 명단을 작성하라고 명령했다. 나스레딘은 맨 위에 큰 글씨로 "티무르"라고 썼다. 왜 자기 이름을 썼냐고 티무르가 묻자 나스레딘이 대답했다. "남의 것 내놓으라 하는 건 똑같지 않습니까? 다른 거지들은 따라다니며 애원하는 반면, 티무르는 안 주면 죽인다고 위협하는 게 다를 뿐이지요."

■ 옥에 갇힌 바예지드 1세를 만나는 티무르. 티무르는 칭기즈칸의 뒤를 따라 바그다드, 다마스쿠스, 이스파한, 델리, 앙카라, 사라이, 모스크바까지 정복했다.

나스레딘은 요즘말로 '평화주의자'였던 게 분명하다. 티무르가 반란을 진압하러 사마르칸트에 가자고 하자 그는 이런저런 핑계를 대며 못 간다고 버텼다. 티무르의 성화에 못 이긴 그가 결국 당나귀를 타고 나타났는데, 활은 들고 있었지만 화살이 없었다. 티무르는 "전쟁터에 가면서 화살을 안 가져오면 어떻게 하나"고 물었다. 나스레딘이 대답했다. "상대방이 화살을 쏘면 그걸 받아서 쏘려구요." 티무르가 다시 물었다. "그쪽에서 화살을 안 쏘면 어쩌려구?" 나스레딘이 말했다. "그러면 안 싸우면 되지요."

늙어서도 어린애 같았던 나스레딘

나스레딘도 한때 티무르의 자문역이든, 재판관이든, 지방 관리든 일을 하며 약간의 재산을 가진 적이 있는 것으로 보인다. 그가 정원에 사과나무를 키우던 시절, 이웃 아이들이 제집 드나들듯 하며 사과를 따가곤 했다. 나스레딘이 몽둥이를 들고 아이들을 쫓아가며 "이놈들, 잡으면 귀를 떼버리겠다"고 위협하자 아이들은 꺅 비명을 지르며 도망갔다. 사람들이 물었다. "선생님은 존경받는 분이고 그리 가난하지도 않으신데, 아이들이 사과 좀 따 먹기로서니 어찌 그리 화를 내십니까?" 나스레딘이 대답했다. "내가 무섭게 소리를 지르지 않으면 아이들은 재미가 없어서 우리 정원에 오지 않을 거요." 나스레딘은 어른보다 아이들을 좋아한 게 분명하다.

그는 결혼을 두 번 한 것으로 알려져 있다. 믿거나 말거나, 그의 아내 중 한 명이 사팔뜨기여서 물건이 두 개로 보였다는 얘기가 있다. 먹을 게 조금이라도 더 있었으면 하고 간절히 바란 끝에 누군가 지어낸 얘기일까? 나스레딘이 수프를 한 그릇 끓여서 아내와 나눠 먹자고 내밀었다. 아내가 기뻐하며 말했다. "어머, 어떻게 수프를 두 그릇이나 끓이셨어요?" 나스레딘은 혼자 생각했다. '마누라가 사팔뜨기라 좋은 점도 있군.' 식사를 마친 나스레딘이 설거지를 했다. 아내가 앉은 채 말했다. "여보, 당신 옆에서 설거지하는 그 남자는 누구에요?"

마누라를 귀찮게 여긴 듯한 일화가 많지만, 따스한 부부애를 보여주는 이야기도 적지 않다. 사람들이 세상의 종말에 대해 묻자 나스레딘이 대답했다. "마누라가 죽는 게 소종말(小終末)이고 제가 죽는 게 대종말(大終末)이지요." 그는 평소에 죽는 게 무섭다고 얘기하곤 했는데, 정작 죽음의 병상에서는 편안한 표정으로 농담을 하며 웃기도 했다. 사람들이 조심스레 물었다. "죽기 싫다 하신 분이 아무렇지도 않으니 이상하네요?" 나스레딘이 대답했다. "이런 꼴로 누워있게 될까 두렵다고 한 건데, 이미 그 상태가 돼버렸으니 뭐가 더 무섭겠소?"

수백 년 동안 쌓인 민중의 해학

나스레딘은 공자가 말한 예순 살의 지혜인 '이순(耳順)', 일흔 살의 지혜인 '종심소욕불유구(從心所慾不踰矩)'의 경지를 보여준다. 당대의 여러 현인들이 그와 지혜를 겨루길 원했다고 하는데, 한 번도 논쟁을 벌인 적이 없다. 나스레딘이 산을 옮기는 기적을 행할 수 있다는 소문이 났다. 사람들은 기적을 보여달라고 간청했다. 그는 얼토당토않은 구설(口舌)이 귀찮았지만 사람들의 끈질긴 요청에 결국 굴복했다. 많은 사람들이 에워싸고 구경하는 가운데 그가 산에게 말했다. "이리 와라!" 산은 꼼짝도 하지 않았다. 잠시 후 그는 산을 향해 걸어가기 시작했다. 사람들이 웅성거렸다. "왜 저리로 가시는 걸까?" 나스레딘이 뒤를 돌아보며 한마디 툭 던졌다. "재가 내게 오려 하지 않으니 내가 가는 수밖에……."

터키 사람들은 낯선 사람을 만났을 때 나스레딘의 우스운 일화를 한마디씩 주고받으며 화기애애한 분위기를 만든다고 한다. 터키는 물론 우즈베크와 남부 러시아 사람들도 그가 자기네 조상이라고 주장한다. 우리나라에도 《행복한 바보》(이양준), 《억지 부리는 남자》(성동기), 《바보 현자의 웃음철학》(신양섭), 《이슬람의 현자 나스레딘》(이상해), 《나스레딘 호자의 행복한 이야기》(박종욱) 등 여러 가지 편역본이 나와 있다.

나스레딘의 일화는 무척 많지만, 그의 전모를 묘사하는 건 불가능에 가깝다. 구전설화라서 사실과 허구가 얽혀 있는 게 첫째 난점이고, 그의 인간성을 두루 살펴보려면 그 많은 일화들을 거의 모두 인용해야 한다는 게 둘째 난점이다. 그를 소개하는 글은 무한정 길어질 위험이 있는데, 기회가 되면 별도의 책으로 써보고 싶다.

지혜의 비결은 '잘 듣기'

뼈저리게 슬픔을 아는 사람이 진정 유머를 알 수 있다. 나스레딘이 그런 사람이었다고 나는 생각한다. 그는 가난하지만 넉넉하며, 바보 같지만 속이 꽉 차 있으며, 잘난 체하는 법이 없지만 지혜롭다. 그는 언제나 소박한 유머로 힘없는 사람들의 마음을 어루만진다. 그는 부처나 예수처럼 종교 지도자가 되는 대신 평범한 사람의 지혜, 그 극한을 보여주었다.

부처님과 예수님은 늘 제자들과 함께 지냈고, 돌아가신 뒤에 종교로 변질될 소지를 남겼다. 두 분의 행적은 제자들의 기록으로 후세에 전해졌지만, 다중은 언제나 두 분의 가르침을 오해해서 정반대의 것으로 바꾸어 놓곤 했다. 오늘날 부처님과 예수님의 이름을 아는 사람은 많지만, 그분들이 했던 말과 생각을 체득해서 현실에 맞게 실천하는 사람은 드물다. 나스레딘은 부처나 예수와 달랐다. 그를 스승으로 삼고 싶어 한 사람들이 많았지만 그는 한 번도 선생 티를 낸 적이 없고, 오히려 엉뚱하고 우스꽝스런 언행으로 사람들을 웃기곤 했다. 그를 멘토로 모시고 싶다는 엉뚱한 생각도 해보았다. 당나귀를 거꾸로 탄 채 앞서 가는 그를 따라가며 대화하고 싶다는 마음도 들었다. 하지만, 그는 귀찮은 사람 따돌리는 요령도 탁월하니 나 같은 제자 지망생을 유쾌하게 속여서 혼자 남게 할 것이다.

먼 나라에서 그의 지혜를 확인하러 사람이 왔다. 나스레딘의 집을 찾아 헤매던 그는 쓰러져가는 담벼락을 몸으로 받치고 서 있는 노인을 발견하고 물었다. "나스레딘 호자의 집이 어디요?" 노인이 대답했다. "선생은 예고 없이 누가 불쑥 찾아오는 걸 제일 싫어하시거든요. 제가 가서 얘기하고 올 테니 잠깐만 이 담벼락을 잡고 계시오." 낯선 이는 노인이 하자는 대로 했다. 옆 골목으로 사라진 노인은 돌아오지 않았다. 해질 무렵까지 힘겹게 기다리던 이 사람을 동네사람들이 발견하고 왜 이러고 계시냐고 물었다. 낯선 이가 자초지종을 설명하자 동네사람들이 말했다. "그 노인네가 바로 나스레딘 호자일 거요."

나스레딘 호자는 언제나 평범한 사람으로 살았고, 현자(賢者)로 자기를 포장한 적이 없다. 부처님과 예수님만큼 사후에 유명해지지 못했지만, 종교로 변질될 빌미를 아예 남기지 않았기 때문에 두 분과 다른 특별한 지혜를 보여준 셈이다.

상식이 무너지고 배운 자들의 궤변이 판치는 요즘, 유머가 가장 높은 차원의 지혜가 아닐까 하는 생각이 든다. 사람은 나이 들수록 귀가 어두워지고 목소리가 커지기 쉽다. 남의 말 안 듣고 완고하게 자기주장만 내세우는 노인들이 너무 많아진 것 같다. 말 많고 탈 많은 세상, 지혜롭게 늙고 싶다면 다음 일화를 기억해둠 직하다.

어느 날 사람들이 나스레딘에게 물었다. "선생님은 어떻게 그렇게 현명한 사람이 되셨어요?" 나스레딘이 대답했다. "아주 간단하지요. 현명한 사람이 말할 때 나는 주의 깊게 듣지요. 그리고 다른 사람이 내 얘기를 들을 때 나도 내 얘기를 주의 깊게 듣지요."

세상의 모든 인문학

축의 시대

세상의 지식을 모두 머릿속에 넣는다 해도, 그 지식이 내 피와 살이 되어 나의 실천으로 연결되지 않는다면 무슨 소용이 있을까? 많이 아는 게 중요한 게 아니라, 하나를 알아도 뼛속 깊이 체득하여 실제로 살아내는 게 중요하다. 부처, 공자, 소크라테스, 예레미야, 조로아스터 등 우리가 아는 최초의 현자들은 모두 이렇게 생각했다. 나의 삶은 인류의 운명과 연결되어 있다. 최초의 현자들은 혼자 잘 먹고 잘 사는 걸 추구하지 않았다. 삶의 의미를 캐묻고, 이를 동시대 사람들과 나누고자 했다. 개인의 운명이 인류의 운명과 다르지 않기 때문에 이들은 언제나 소통을 열망했다.

농업혁명으로 인류의 생산력은 비약적으로 발전했다. 고을마다 시장이 열려 재화를 교환했고, 인류의 삶은 풍요로워졌다. 세월이 흐르면서 시장은 도시로, 도시는 국가로 확대됐다. 사유재산의 발생은 판도라의 상자를 활짝 열어젖혔다. 전쟁과 약탈이 이어졌고, 빈부격차와 계급차별이 심해졌다. 인간은 에덴동산에서 쫓겨나 눈물의 골짜기에서 살게 됐다. 판도라의 상자에서 마지막으로 나온 것은 '희망'이었다. 최초의 현자들은 고통으로 가득한 삶의 의미를 캐묻고 희망의 씨앗을 모색했다. 신화의 상상을 벗어나 자기 머리로 자연의 이치를 성찰했고, 개인의 실존과 윤리, 국가와 사회의 이치를 탐구했다.

마침 문자가 발명됐기 때문에 이들의 가르침이 우리에게 전해질 수 있었다. 부처, 공자, 소크라테스 이전에도 무수히 많은 현자들이 존재했지만, 우리가 아는 최초의 현자들은 고대 국가가 성립되고 문자가 발명된 뒤에 태어났다. 그 시기는 대체로 기원전 800년에서 기원전 200년 사이다. 동서양을 막론하고 비슷한 시기에 인류의 지혜가 한꺼번에 피어난 것이다. 최초의 사색은 철저하고 급진적이었다. 자연과학의 성과가 축적된 오늘날도 인간에 대한 성찰의 깊이는 그 시대를 뛰어넘지 못한다.

칼 야스퍼스는 기원전 500년을 전후로 약 600년의 기간을 '축의 시대(Achsenzeit)'라고 불렀다.[1] 지금까지 인류가 도달한 지적 통찰은 모두 그 시대의 사상을 '축'으로 회전해왔다는 뜻이다.

부처(기원전 563~483)와 공자(기원전 551~479)는 축의 시대 한복판에서 세상을 향해 진리를 설파했다. 하지만 세상은 귀 기울이지 않았다. 그다음 세대에서 세상은 좀 더 거칠고 험한 눈물의 골짜기가 됐다. 서양에서는 에피쿠로스가 삶의 지혜를 설파하고, 디오게네스가 문명에 저항하고, 피론이 독단적 판단의 병폐를 질타했다. 바로 그 무렵 동양에서는 장자가 작위의 껍질을 벗어던지라 했고, 묵자가 신분을 초월한 사랑을 외쳤고, 양주(楊朱)가 전쟁에 반대하며 개인의 존엄성을 옹호했다. 그로부터 2,000여 년이 지난 요즘 세상은 어떤가? 물질은 풍요로워졌지만 사람들의 정신세계는 빈곤하다. 민주주의와 정의가 확산된 것 같지만 착취와 수탈의 테크닉도 무척 정교해졌다. 전쟁과 테러는 끝없는 악순환 속에 되풀이되고 있다.

카렌 암스트롱[2]이 《축의 시대》를 쓴 것은 9·11 사태가 일어난 뒤였다. 기술문명이 어느 때보다 발달한 이 시대에 우리는 전례 없는 규모로 폭력이 분출하는 걸 목격했다. 인류가 폭력을 휘두르며 서로 해치는 능력은 인류가 이룬 경제, 과학의 진보와 비례해서 발전해온 것 같다. 카렌은 "뛰어난 물질적 성취에 뒤처지지 않는 정신적 혁명이 없으면 이 행성을 구할 수 없을 것 같다"고 한탄한다. 그는 야스퍼스가 '축의 시대'라고 부른 그 시대의 현인들의 가르침에서 우리 시대를 구하는 영감을 얻을 수 있다고 말한다. 카렌이 볼 때, "신이여 우리를 축복하소서(God bless America)"를 외치며 이라크를 침공한 미국이나, 알라의 이름으로 보복테러를 하는 이슬람 근본주의 세력, 그리고 혼란스런 이 시대를 살아가는 우리 모두, 종교의 외피가 아니라 인간 내면을 보는 지혜를 '축의 시대'에서 배워야 한다. 중요한 것은 '무엇을 믿느냐'가 아니라 '어떻게 행동하느냐'였다.

현자들의 황금률

종교의 핵심은 깊은 수준에서 자아를 변화시키는 행동과 실천이다. '축의 시대' 현인들은 자기중심주의와 탐욕, 폭력과 무례를 버려야 한다고 강조했다. 서로 죽이는 것뿐 아니라, 적대적인 말을 하거나 성마르게 행동하는 것도 잘못된 일이다. 일부 무슬림의 테러는 잘못이지만, 무슬림을 비아냥대는 샤를리 에브도의 만평은 무례하다. 무례가 쌓이고 쌓여 폭력의 악순환을 낳는 것이다. '축의 시대' 현자들은 예외 없이 공감과 자비를 설파했다. 이러한 자비는 자기 민족에게만 제한되는 게 아니라, 어떻게든 전 세계로 확대해야 했다. 사람들이 자비와 공감의 폭을 자기가 속한 집단으로 제한하는 것은 '축의 시대'가 끝나간다는 증거였다.

'축의 시대'의 예언자, 철학자, 시인들은 워낙 급진적이었기 때문에 후대 사람들은 그들의 메시지를 희석해서 받아들이는 경향이 있었다. 사람들은 '축의 시대' 개혁가들이 없애고자 한 종교성을 만들어냈다. 가령, 사람들은 '믿음'이란 건 어떤 교의에 속하는 명제들을 믿는 것이라고 여기며, 특정 종교에 속하는 사람들을 '신자(信者)'라고 부른다. 그러나 '축의 시대' 철학자들은 이러한 교리나 신조에는 관심이 없었다. 부처는 신(神)에 대한 믿음을 거론한 적이 한 번도 없다. 소크라테스가 말한 '다이몬'은 초월신이 아니라 자기 내면의 소리였다. 카렌 암스트롱은 《축의 시대》 머리말에서 이렇게 말했다. "부처나 공자에게 신을 믿느냐고 묻는다면, 그들은 약간 망설인 다음 그것은 적절한 질문이 아니라고 대답했을 것이다."

'축의 시대' 동서양의 현자들은 공통된 윤리의 황금률을 제시했다. "네가 당하고 싶지 않은 일을 남에게 하지 마라." 이들에게 종교란 특정 교리에 대한 믿음이 아니라 모든 존재의 신성한 권리를 존중하는 것이었다. 사람들이 서로 친절하고 관대하게 행동할 때 세상이 유지될 수 있다는 것이었다. 우리의 신앙이 다른 사람들의 신앙과 깊은 수준에서 일치한다는 사실을 발견하는 것은 곧 나 자신을 확인하는 경험이기도 하다. '축의 시대'의 일치된 결론은 인류의 정신적 탐구를 철저히 밀고 가면 모두 똑같은 지점에 이를 수밖에 없음을 웅변한다.

축의 시대 이전, 사람들은 신, 남자, 여자, 동물, 식물, 곤충, 바위가 똑같은 신성을 공유한다고 믿었다. 이 모두가 만물의 존재를 유지하는 우주의 질서에 따라서 움직였다. 심지어 신들도 이 질서에 복종해야 했다. 신들은 인간과 협력하여 우주의 신성한 에너지들을 보존했다. 사람들은 삶과 죽음, 창조와 파괴가 뗄 수 없이 얽혀 있다는 강력한 믿음을 갖고 있었다. 다른 동식물이 자기를 위하여 목숨을 내놓기 때문에 자신이 생존할 수 있다고 생각했고, 자기 몸을 내주는 동물의 희생에 존경과 감사를 표시했다. 이러한 죽음이 없으면 생명도 존재할 수 없기 때문에 사람들은 태초의 희생이 있었기에 세상이 탄생했다고 상상했다. 이러한 '영속 철학(perennial philosophy)'은 아메리카 인디언들, 호주 원주민들, 파푸아뉴기니 오지 사람들의 신념체계 속에 아직도 살아 있다. '축의 시대' 현자들은 문명세계에서 태어났지만, 수렵시대 사람들이 수만 년 동안 느꼈을 자연에 대한 경이(驚異)를 잃지 않았기 때문에 그토록 급진적으로 사색할 수 있었다.

'축의 시대' 현자들은 인간 의식의 한계까지 사색을 펼쳐 내면 깊은 곳의 초월적 차원을 발견했는데, 그것을 반드시 초자연적인 것이라고 여기지는 않았다. 다만, 말로 표현할 수 없는 경험이기 때문에 입을 다물었을 뿐이다. 현자들은 이 진리를 남에게 강요하려 들지 않았다. 각자 의문을 제기하고 스스로 깨닫는 게 필수였다. 어떤 예언자나 철학자가 자기 교리를 고집하고 강요하려 드는 것이야말로 '축의 시대'가 동력을 잃고 있다는 징후였다.

우리는 노예처럼 '축의 시대' 개혁가들을 맹신하고 추종할 수는 없다. 그렇게 하는 것이야말로 '축의 시대'의 정신에 근본적으로 위배되는 짓이다. 그 시대의 통찰에서 영감의 샘물을 마시되 우리 시대에 맞게, 내 머리로 사고해야 할 것이다. 카렌 암스트롱은 《축의 시대》 머리말에서 "우리가 할 수 있는 일은 만인에 대한 보편적 관심이라는 '축의 시대' 이상을 확대하여 거기에 여성을 포함시키는 것"이라고 결론지었다.

2500년가량의 세월이 흘렀지만 인류의 사색은 '축의 시대' 주위의 궤도를 벗어나지 않는다. 오늘날 우리가 인문학이라 부르는 자기 성찰은 모두 '축의 시대'를 중심으로 돌고 있다.

1. 칼 야스퍼스에 따르면 이 무렵 처음으로 '철학자'가 등장했고, 로고스가 신화를 대체했다. 인류가 할 수 있는 모든 성찰의 씨앗이 이때 뿌려졌으며, 이 시대의 사상은 오늘날까지도 사유의 근본을 이룬다. 중국에서는 공자, 묵자, 노자, 장자, 인도에서는 싯다르타와 마하비라(자이나교), 서아시아에서는 조로아스터, 이사야, 예레미야, 그리스에서는 호메로스, 파르메니데스, 헤라클리투스, 소크라테스, 플라톤이 활동했다. 이들은 모든 재물을 포기하고 광야로, 숲으로, 산으로 들어가기도 했으며, 세상살이의 지혜를 발견한 뒤에는 현자로, 예언자로 세상에 돌아오기도 했다. 오늘날 이성과 인격과 소통이라 부르는 것의 원형이 이 '축의 시대'에 발생했다.

2. 카렌 암스트롱은 1944년 영국에서 태어난 종교학자로, 17살 때부터 7년 동안 수녀원에서 지낸 뒤 환속했다. 《신의 역사》《마호메트 평전》《붓다》《이슬람》《마음의 진보》 등 저서를 통해 "기독교, 유대교, 이슬람교 등 세 종교 사이의 다리를 놓았다"는 평을 들었다.

ET가 인간을 보면?

초판 1쇄 인쇄 2015년 7월 17일
초판 1쇄 발행 2015년 7월 24일

지은이 이채훈
펴낸이 신경렬 | **펴낸곳** (주)더난콘텐츠그룹

기획편집부 남은영·민기범·허승·이성빈·이서하
디자인 김희연·박현정 | **마케팅** 홍영기·서영호 | **디지털콘텐츠** 민기범
관리 김태희·김이슬 | **제작** 유수경 | **물류** 박진철·윤기남
책임편집 민기범

출판등록 2011년 6월 2일 제2011-000158호
주소 121-840 서울특별시 마포구 양화로 10길 19, 상록빌딩 402호
전화 (02)325-2525 | **팩스** (02)325-9007
이메일 book@thenanbiz.com | **홈페이지** http://www.thenanbiz.com

ISBN 978-89-8405-817-0 03300